Europa – Politik – Gesellschaft

Weitere Bände in dieser Reihe
http://www.springer.com/series/11707

Die Begriffe Europa und Europäisierung stehen für einen paradigmatischen Prozess des sozialen Wandels, der Transnationalisierung und der gesellschaftlichen sowie politisch-institutionellen Modernisierung – Dynamiken, die das historische Vergesellschaftungsmodell des Nationalstaates transzendieren und transformieren. Staatlichkeit und Märkte, Recht und Sozialpolitik, Öffentlichkeit, Migration, Bildung, Wissenschaft und Forschung, die gesellschaftlichen Konfliktregimes, kollektive Identitäten und Geschlechterverhältnisse sind mittlerweile unter den Einfluss der europäischen Governance und nachhaltiger Europäisierung geraten. Für die Sozialwissenschaften sind damit neue Forschungsfelder und Problemstellungen entstanden.

Die Reihe Europa – Politik – Gesellschaft versammelt innovative und wissenschaftlich gehaltvolle Forschungsarbeiten aus Soziologie, Politik- und Verwaltungswissenschaft, Kultur-, Medien und Kommunikationswissenschaft sowie aus einschlägigen interdisziplinären Forschungsverbünden, wie den European Studies, der Osteuropaforschung und den Europawissenschaften.

Die Reihe ist dem state of the art der sozialwissenschaftlichen Europaforschung verpflichtet und öffnet neue Forschungshorizonte an den Schnittstellen von nationaler Gesellschaft, europäischen Institutionen und globalen Arenen.

Herausgegeben von Prof. Dr. Maurizio Bach Lehrstuhl für Soziologie Universität Passau, Deutschland

Jenny Preunkert · Georg Vobruba
(Hrsg.)

Krise und Integration

Gesellschaftsbildung in der Eurokrise

 Springer VS

Herausgeber
Jenny Preunkert
Georg Vobruba

Universität Leipzig
Deutschland

Europa – Politik – Gesellschaft
ISBN 978-3-658-09230-6   ISBN 978-3-658-09231-3 (eBook)
DOI 10.1007/978-3-658-09231-3

Die Deutsche Nationalbibliothek verzeichnet diese Publikation in der Deutschen Nationalbibliografie; detaillierte bibliografische Daten sind im Internet über http://dnb.d-nb.de abrufbar.

Springer VS

Lektorat: Dr. Cori Mackrodt

Gedruckt auf säurefreiem und chlorfrei gebleichtem Papier

Springer Fachmedien Wiesbaden ist Teil der Fachverlagsgruppe Springer Science+Business Media
(www.springer.com)

Vorwort[*]

Die Europäische Union hat schon zahlreiche Krisen hinter sich (dazu das Kapitel von Anja Riedeberger). Keine Krise davor aber wurde so breit wahrgenommen und intensiv diskutiert wie die aktuelle Eurokrise. Das zeigt: Mit der gemeinsamen Währung hat der europäische Integrationsprozess endgültig die Lebensverhältnisse großer Mehrheiten erreicht und Bewusstsein für europaweite Dependenzen geschaffen. Der Euro hat zu neuen europäischen Konflikten geführt und damit die Menschen einander näher gebracht, also Gesellschaft gestiftet (dazu das Kapitel von Thilo Fehmel). Allerdings: eine Gesellschaft mit Problemen.

Die Geschichte der Europäischen Integration zeigt, dass Fortschritte der Integration in der Regel nach dem folgenden Muster stattfinden: Ein Integrationsschritt erzeugt Probleme, diese Probleme können kaum anders als durch einen weiteren Integrationsschritt bearbeitet werden, der über kurz oder lang wieder zu Problemen führt. Mit jedem Integrationsschritt werden Strukturen geschaffen, die intendiert oder nicht-intendiert die Handlungsoptionen bei der Bewältigung der folgenden Probleme ändern. Jeder Integrationsschritt prägt somit die folgenden Integrationsschritte. Denn Entscheidungen werden stets auf der Basis der bestehenden Strukturen und der sich daraus ergebenden Handlungszwänge getroffen. Das Wirken solcher Handlungszwänge in der EU erkennt man daran, dass Integrationsprobleme zu ergänzender Institutionalisierung führen. In dieser Logik hat die Reduzierung der Grenzkontrollen innerhalb der EU zur Vergemeinschaftung der Kontrolle der EU-Außengrenze und in deren Folge zur schrittweisen Europäisierung der Flüchtlingspolitik geführt (dazu das Kapitel von Isabel Hilpert). Derselben Logik folgt

---

[*] Unser kurzes Vorwort verweist auf die Teilnehmenden eines ungewöhnlich dichten Diskussionszusammenhangs am Institut für Soziologie der Universität Leipzig. Herausgeberin und Herausgeber danken allen Beteiligten herzlich für die Zusammenarbeit.

die Politik, die auf offenkundige Probleme der gemeinsamen Währung reagiert. Darum drehen sich die Analysen und Kontroversen in diesem Band.

Jeder Art von Krisenmanagement gehen Konflikte um Kriseninterpretationen voraus (dazu das Kapitel von Johannes Kiess). Das muss so sein, denn von der Frage, ob und wie eine soziale Konstellation als Krise definiert wird, hängt ab, welche Zwänge und welche Handlungsspielräume sich aus ihr ergeben. Dabei ist man sich, so tief der Dissens bezüglich Ursachen, Lösungswege und Kosten der Krise auch sein mag, in einem Punkte einig. Die Krise ergab sich aus der US-subprime crisis einerseits (dazu das Kapitel von Heiner Ganßmann) und der Institutionalisierung der gemeinsamen Europäischen Währung andererseits (dazu das Kapitel von Maurizio Bach). Gläubiger weltweit reagierten mit dramatischem Vertrauensabbau. Zur Stabilisierung des Gläubigervertrauens in einzelnen Euro-Mitgliedsländern wurden Bürgschaften und Unterstützungszahlungen gewährt, die mit der Disziplinierung nationaler Fiskalpolitiken Hand in Hand gingen (dazu das Kapitel von Jenny Preunkert). Damit wurden erste Schritte hin zur Europäisierung der Fiskalpolitik eingeleitet. Allerdings wurde die Restabilisierung des Gläubigervertrauens in jenen Staaten, die Hilfe in Anspruch nehmen mussten, mit sehr erheblichen sozialen Problemen erkauft (dazu das Kapitel von Sylke Nissen).

Insgesamt hat die Eurokrise eine politische Integrationsdynamik in Gang gesetzt, die von nationalem Krisenmanagement über europäische Koordination nationaler Politiken zu einem deutlichen Kompetenzzuwachs der Europäischen Ebene führt (dazu das Kapitel von Georg Vobruba). Solche Kompetenzverschiebungen von der nationalstaatlichen auf die europäische Ebene sind ein integrationspolitischer Fortschritt, bewegen sich aber im Modus exekutivischer Politik. In Krisen muss rasch und möglichst effektiv gehandelt werden. Gerade in Finanzmarktfragen sind Maßnahmen meist nur dann wirksam, wenn sie den Betroffenen (etwa großen Finanzinvestoren) nicht vorweg bekannt sind. Demokratische Kontrolle verträgt sich aber weder mit hohem Tempo noch mit Geheimhaltung (dazu das Kapitel von Dorothee Riese). Darum sind Krisen die Stunde der Exekutive. Man kann dies verdammen, man kann dies gut finden, man kann dies als vorläufiges Resultat akzeptierten. Nach der Krise sollte Politik jedenfalls aus dem exklusiv exekutivischen Politikmodus wieder herausfinden. Allerdings sehen wir zurzeit kein theoretisches Argument im sozialwissenschaftlichen Europadiskurs, das eine Entwicklung in Richtung Demokratisierung einigermaßen verlässlich verbürgen könnte. Darum sollte der europäische Integrationsprozess von öffentlichen Diskursen begleitet werden. Fatal wäre es, wenn sich die politische Nach-Krisen-Routine im Schutz von öffentlichem Desinteresse entwickelte. Denn erst nachholende Demokratisierung macht aus dem Kompetenzzuwachs der Exekutive eine Errungenschaft der Krise.

Die Eurokrise hat die Europäische Integration nicht unterbrochen. Im Gegenteil: Die Krise hat Institutionen gefestigt und politische Möglichkeiten erweitert, hat aber der Europäischen Union auch zwei Problemkomplexe hinterlassen, ein gewachsenes Demokratiedefizit und immense soziale Probleme in den Defizitländern. Die Integrationspolitik muss beide Probleme energisch angehen, im Interesse der Betroffenen und um zu verhindern, dass die Probleme sich wechselseitig hochschaukeln und gegen die Integration wenden. Nach der Krise zeigt sich: Die Europäische Union hat mehr Möglichkeiten und steht vor viel mehr Herausforderungen.

Jenny Preunkert
Georg Vobruba

Inhaltsverzeichnis

Teil III   Politik und Ökonomie der Eurokrise

Teil I
Krise und Interpretation

Die verborgene Seite der Krise

Jenny Preunkert

1.1 Einleitung

Im Zentrum des Beitrages stehen weniger die aktuellen europäischen Krisen selbst als vielmehr die Wege der politischen Verarbeitung eben dieser Krisen und die sich daraus ergebenden institutionellen Folgen für den europäischen Integrationsprozess. Wo liegt der Unterschied? Mir geht es nicht darum festzustellen, ob eine Krise vorliegt, sondern darum, welche institutionellen Veränderungen zur Bewältigung der Krise angestoßen werden. Genauer: Ich untersuche, wann ökonomische und soziale Phänomene innerhalb der Eurozone[1] als Krisen interpretiert wurden, welche Verantwortungsstrukturen als Reaktion auf die Krisen entstehen, und welcher Handlungsbedarf aus der Kriseninterpretation abgeleitet wird. Darauf aufbauend kann dann diskutiert werden, wie die Krisen die Gesellschaften innerhalb der Eurozone verändert haben und inwieweit sie als ein Katalysator hin zu einer europäischen Gesellschaft verstanden werden können.

Krisen sind Zeiten der Unsicherheit, bisherige Gewissheiten gelten nicht mehr. Es ist nicht klar, wie es weitergeht. Damit sind sie auch Phasen des sozialen Wandels, in denen nicht nur einzelne institutionelle Elemente, sondern das institutionelle Gefüge insgesamt auf dem Prüfstand stehen und von Veränderungen be-

---

[1] Bei meinen folgenden Betrachtungen konzentriere ich mich auf die Euromitglieder, die seit dem Jahr 2002 dabei sind, und klammere weitere Beitritte aus.

J. Preunkert (✉)
Institut für Soziologie, Universität Leipzig, Beethovenstr 15, 04107 Leipzig, Deutschland
E-Mail: preunkert@uni-leipzig.de

© Springer Fachmedien Wiesbaden 2015
J. Preunkert, G. Vobruba (Hrsg.), *Krise und Integration,*
Europa – Politik – Gesellschaft, DOI 10.1007/978-3-658-09231-3_1

troffen sind. In diesem Beitrag werden nun die langfristigen Folgen der aktuellen Krisen innerhalb der Eurozone untersucht und dazu gefragt: Wie haben sich die europäischen Machtbeziehungen verändert, welche institutionellen Folgen hat die Krisenpolitik, und wie hat sich in der Folge der Krisen das gesellschaftliche Selbstverständnis gewandelt? Unter Berücksichtigung dieser drei Ebenen wird deutlich, dass die Krisen in der Eurozone nicht nur in einem institutionellen Integrationsschub resultierten, sondern auch die Beziehungen zwischen Finanzmärkten, Politik und Bürgern verändern haben. Gezeigt wird, dass die fiskalpolitischen Probleme einiger Mitgliedstaaten des gemeinsamen Währungsraums als eine „Vertrauenskrise" der Gläubiger gegenüber der Eurozone interpretiert wurden und deshalb für die Wiederherstellung des „Gläubigervertrauens" nun neben der jeweiligen Regierung auch die anderen Regierungen der Eurozone sowie die europäischen Institutionen verantwortlich sind. Dem Vertrauen der Gläubiger wird damit eine Systemrelevanz zu geschrieben, woraus ein entsprechender Handlungsbedarf abgeleitet wird, gleichzeitig führte dies auch zu einer Priorisierung. Denn den Erwartungen der Gläubiger wird nun eine höhere Bedeutung eingeräumt als den sozialen Problemen und damit dem „Leutevertrauen" (Preunkert 2014). Als Reaktion auf die Krise änderten sich somit die Beziehungen zwischen den politischen Akteuren der Eurozone und die Beziehungen zwischen Gläubigern, Leuten und politischen Akteuren.

Ich entwickle mein Argument wie folgt: Im ersten Schritt wird diskutiert, was es bedeutet, wenn Krise als sozialer Wandel verstanden wird. Im zweiten Schritt werden die wirtschaftlichen und sozialen Entwicklungen in der Eurozone nachvollzogen, um zu rekonstruieren, vor welchem empirischen Hintergrund die europäische Krisenpolitik tätig wurde. Im dritten Schritt wird dann die Kriseninterpretation und Krisenpolitik analysiert und den Fragen nachgegangen, wie aus steigenden Zinsen eine europäische Vertrauenskrise wurde und was dies für den europäischen Integrationsprozess bedeutet. Darauf aufbauend wird gezeigt, dass die Kriseninterpretation nicht nur eine bestimmte Krisenpolitik nach sich zog, sondern auch in einer Marginalisierung von sozialen Problemen resultierte, was den europäischen Vergesellschaftsprozess in eine bestimmte Richtung lenkt. Abschließend werden die Ergebnisse zusammengefasst.

1.2   Krise als Phase des Wandels

Bekannt ist: Krisen sind Phasen der Instabilität, in denen ein institutioneller Zusammenbruch zu einer realistischen Option wird. Sie erfolgreich zu bewältigen bedeutet, den Fortbestand der betroffenen Institution zu sichern. Allerdings werden Krisen hier nicht im Sinne einer Krankheit als Abweichung von einem Normalzustand verstanden, zu dem man nach ihrem Ende zurückkehrt.[2] Vielmehr wird erwartet, dass sich in Krisenzeiten die institutionellen Strukturen wie auch deren Wahrnehmung und Interpretation durch die Akteure dauerhaft ändern. So können Beziehungen in der Krise als systemrelevant erfahren werden und daher auch nach dem Ende der Krise eine besondere Bedeutung, einen besonderen Status behalten. Handlungsansätze, die vor der Krise als zuverlässig galten, können nun als riskant angesehen und daher aufgegeben werden oder umgekehrt, vormals marginale Handlungsansätze können sich bewähren und zum Standardrepertoire hinzugefügt werden. Als Reaktion auf eine Krise und zur Bewältigung derselben werden in Krisenzeiten Beziehungsmuster werden neujustiert, bisher gültige institutionelle Mechanismen auf ihre Funktionalität hin re-evaluiert und entsprechend modifiziert, und auf beiden Prozessen aufbauend können sich die gesellschaftlichen Leitbilder verändern. Die Krise und die Krisenerfahrungen resultieren damit nicht nur in einer kurzfristigen Krisenpolitik, deren monetäre und nicht-monetäre Kosten auch nach der Krise zu tragen sind, sondern können auch Veränderungen der institutionellen Strukturen insgesamt und dauerhaft anstoßen. Die Krise ist *eine Phase des sozialen Wandels*. Fragt man entsprechend dem hier vorgeschlagenen Krisenverständnis nach den langfristigen Folgen von Krisen, so finden Veränderungen auf zwei Ebenen statt, die empirisch miteinander interagieren und daher nicht zu trennen sind, die jedoch zur analytischen Schärfung des Arguments zunächst getrennt voneinander untersucht werden sollten.

Erstens stehen in Krisenzeiten die bisherigen Verantwortungsstrukturen auf dem Prüfstand. Gefragt wird, welche Akteure für das jeweilige System bestandsrelevant sind und daher mit ihren Interessen besonders berücksichtigt werden müssen. Solange ein System funktioniert, ist diese Frage nach der Systemrelevanz eher zweitrangig, da in dieser Phase die Handlungsfähigkeit der Akteure gesichert ist. In einer Krise, also in einer Phase, in der das institutionelle Gefüge instabil ist, ist es dagegen essentiell darauf zu achten, dass systemrelevante Akteure nicht handlungsunfähig werden und so das System weiter destabilisieren. In Krisenzeiten wird somit immer die „Beziehungsfrage" gestellt. So gelten nach den Erfahrungen im Herbst 2008 nahezu alle Finanzinstitute als systemrelevant, was in der Krise selbst in immensen Rettungsmaßnahmen resultierte und seitdem eine Debatten darüber im Gang hält, wie die Systemrelevanz gesenkt bzw. die Krisenfestigkeit dieser Institute gestärkt werden kann (Preunkert 2012; Mayntz 2012). Am Beispiel der Finanzmarktkrise kann demnach gezeigt werden, dass in Krisenzeiten darüber gestritten und entschieden wird, welche Akteure und Beziehungen systemrelevant sind und wessen Interessen zur Bewältigung der Krise eine hohe Priorität

---

[2] Zur Auseinandersetzung mit dem Krisenbegriff siehe Koselleck 1982.

genießen müssen. Damit einher geht die Frage, wer für die Überwindung der Krise verantwortlich ist. Eine erste Antwort könnte lauten: derjenige, der die Krise verursacht hat. Doch erscheint diese Antwort bei genauerer Analyse wenig plausibel. So konnte die französische Bank Société Générale ihre Krise nicht überwinden, dass sie den Börsenhändler Jérôme Kerviel[3] entließ, vielmehr bedurfte es auch institutioneller Reformen. Es greift zu kurz, den vermeintlichen Verursacher in die Verantwortung zu nehmen. Vielmehr werden in Krisenzeiten neben den Krisenverursachern auch die Systemverantwortlichen identifiziert, deren selbsterklärte oder zugeschriebene Verantwortung es ist, für den Fortbestand der Organisation oder des Systems zu sorgen. Krisenmanager müssen in der Lage sein, umfassende Reformen durchzuführen. In Organisationen wird Krisenpolitik meist von der höchsten Ebene aus koordiniert.[4] In den seit dem Ende des Zweiten Weltkriegs institutionalisierten nationalen Gesellschaften übernimmt der Staat die Verantwortung für nationale Krisen. „Nicht, daß es keine Krisen mehr gäbe, aber infolge zunehmender Staatsintervention hat sich die Verantwortungslage geändert. Wie immer erfolglos im Einzelnen, ist der Staat zum Adressaten für Ansprüche an Krisenmanagement und Krisenvermeidung geworden. Unter der Regie durch die ‚visible hand' gewinnt der Ruf nach staatlichen Maßnahmen den Vorrang. Dafür braucht man sich nicht als Klasse zu organisieren, darauf hat man als Staatsbürger einen Anspruch" (Luhmann 1994, S. 163 f.). Als Repräsentant der nationalstaatlichen Souveränität werden die Regierungen in der Verantwortung gesehen und sehen sich auch selbst in der Pflicht, nationale Krise zu bewältigen. Nicht nur politische, sondern auch wirtschaftliche und soziale Krisen (vgl. Rudolph 2003; Weatherford 1984; Helleiner 2003; Ingham 2004) obliegen demgemäß der Verantwortung der Regierung, sofern sie die nationalstaatlich gefasste Gesellschaft in ihrer Gesamtheit betreffen. In Krisenzeiten werden somit Krisenmanager bestimmt, deren Aufgabe es ist, die Krise zu bewältigen. Traditionell sind für nationale Krisen die jeweiligen nationalstaatlichen politischen Akteure verantwortlich. Der nationalstaatliche Raum ist damit ein Verantwortungsraum, in dem die jeweilige Regierung eine zentrale Instanz zur Bewältigung von nationalen Krisen ist. Im Umkehrschluss bedeutet dies aber auch, dass, nur wenn eine Krise als nationale Systemgefährdung

---

[3] Der Börsenmakler hatte knapp 5 Mrd. € an der Börse verloren und so der Bank nicht nur enormen Schaden zugefügt, sondern auch eine Vertrauenskrise verursacht. In seiner Verteidigung betont er stets, dass sein Vorgesetzten weggesehen hätten und daher eine Mitschuld tragen. Er wurde zu fünf Jahren Haft verurteilt.

[4] Die Akteure stehen dabei vor dem Problem erklären zu müssen, warum es zu der Krise kam, warum sie nicht verhindert werden konnte. Ein überzeugender Krisenmanager ist ein Akteur, der nachweisen kann, dass er nichts hätte verhindern können, oder der Läuterung verspricht.

wahrgenommen wird, die Regierung zumindest ein (Mit-)Krisenmanager ist.[5] Allgemeiner kann man sagen: Damit eine Krise zu einer politisch relevanten Krise wird, muss sie nicht nur als Krise, sondern auch systemgefährdende Krise wahrgenommen werden. Von europäischen Krisen kann demnach nur die Rede sein, wenn es sich bei den Entwicklungen um europäisch relevante Systemstörungen handelt. Um europäische Krisen verstehen zu können, muss daher gefragt werden, ab wann die europäischen Akteure eine europäische Systemgefährdung identifizieren und sich in der Verantwortung sehen zu handeln.

Zweitens verändern sich in der Krise und durch die Krisenpolitik die bis dahin als gängig geltenden Handlungsansätze. Sie werden in Frage gestellt, bzw. aufbauend auf den Krisenerfahrungen neubestimmt und entsprechend reformiert und verändert. In Krisenzeiten werden institutionelle Mängel und Schwachstellen sichtbar, was bedeutet, dass bisher allgemein anerkanntes Wissen entwertet wird und „Handeln […] nur schwach institutionell bestimmt ist, dass darum gesteigerter Interpretationsbedarf der Handlungskontexte und Handlungsziele besteht, und dass der Ausgang von Krisen darum schlecht prognostizierbar ist" (Vobruba 2013, S. 3). Für die Akteure hat dies zur Folge, dass sich ihre Handlungsfähigkeit reduziert, also die Fähigkeit, durch den Rückgriff auf bisher gemachte Erfahrungen und institutionalisierte Gewissheiten erfolgversprechende Handlungsoptionen für die anstehenden Handlungserfordernisse und Herausforderungen zu bestimmen. Handeln in Krisenzeiten heißt, sich auf die neue Situation einzulassen, gleichzeitig aber auch eigene Handlungsfähigkeit zu wahren und daher festzulegen, welche Erfahrungen und Deutungsmuster trotz der Krise weiterhin Bestand haben. Zur Bewältigung der Krise müssen demnach sowohl bestehende institutionelle Ordnung stabilisiert als auch neue Wege beschritten werden (Sztompka 1999, S. 50). Welcher Handlungsbedarf aus der jeweiligen Krisensituation abgeleitet wird und welche Maßnahmen umgesetzt werden, lässt sich nicht vorab soziologisch bestimmen, da die handlungsleitenden Ideen und Vorstellungen von den Akteuren aus der jeweiligen Situation und damit vor dem Hintergrund der bereits bestehenden Leitbilder sowie der neuen Krisenerfahrungen entwickelt und ausgehandelt werden. Bezogen auf die aktuelle Situation innerhalb der Eurozone muss gefragt werden, welche Entwicklungen galten als Krisen, welche Handlungsansätze wurden als erfolgreich versprechend definiert und was bedeutet dies für die politische Ausrichtung des europäischen Projektes.

---

[5] Dass die Frage, ob eine Krise systemrelevant ist, ist allerdings auch wieder das Ergebnis von Interpretationen und Aushandlungsprozessen. So galten Holzmann und Opel als systemrelevant, Schlecker dagegen nicht.

Die Krise wird hier als eine Phase des sozialen Wandels verstanden, in der sich durch die Krisenerfahrungen und Krisenpolitik die Machtstrukturen und Handlungsansätze und damit auch das gesellschaftliche Selbstverständnis langfristig verändern. Nach dem Ende der Krise kehrt man nicht zum Zustand der Normalität zurück, sondern erlebt eine neue Form von Normalität. Die Neujustierung der Beziehungen zwischen den Akteuren ist der Ausgangspunkt für die folgende Analyse. Gefragt wird, welche Akteure und Beziehungen in der Krise als systemrelevant für den europäischen Integrationsprozess definiert wurden und welche politischen Verantwortungsstrukturen diese Zuschreibung nach sich zog. Es geht somit um die Frage, welche europäischen Verantwortlichkeitsräume als Reaktion auf die Krise entstanden und was dies für den europäischen Integrationsprozess bedeutet. Allerdings reicht es der hier entwickelten Argumentation folgend nicht aus zu fragen, inwieweit die europäischen Kompetenzen im Lauf der Krise und als Reaktion auf die Krise erweitert wurden. Vielmehr muss auch analysiert werden, welche politischen Handlungserfordernisse im Sinne einer kurzfristigen Krisenbewältigung aber auch langfristigen Krisenprävention von den europäischen Akteuren aus dieser Verantwortungszuschreibung abgeleitet wurden. Die Folgen der Krise können demnach nur bestimmt werden, wenn nicht nur untersucht wird, ob der europäische Integrationsprozess durch die Krise vorangetrieben wurde, sondern auch welche politischen Handlungsansätze dabei implementiert werden, und welche gesellschaftlichen Vorstellungen als legitimatorische Unterfütterung dienen. Wie wird das doppelte Spannungsfeld zwischen Nationalstaaten und Europa sowie Markt und Politik heute verstanden? Die These ist, dass es in der Krise zu einem Zuwachs an nun wahrgenommener und institutionalisierter europäischer Verantwortlichkeit kam, dies aber mit einer Neuformulierung der ökonomischen, politischen und sozialen Beziehungen im europäischen Kontext einherging. Gläubiger gelten nun als systemrelevante Akteure, denen gegenüber eine europäische Verantwortung besteht, während die europäischen Bürger als wichtig aber nicht europäisch systemrelevant gelten und daher weiterhin in die Verantwortung der Regierungen fallen.

1.3 Empirische Ausgangslage

Bevor in den nächsten Abschnitten auf die politische Verarbeitung der Krise eingegangen wird, werden zunächst einige Fakten und Entwicklungen zusammengetragen, durch die es möglich wird, die europäische Kriseninterpretation und Krisenpolitik in einen weiteren Kontext zu stellen. Die empirischen Daten sollen später als Grundlage für eine Einordnung der politischen Krisenverarbeitung und ihren Folgen dienen.

Ausgangspunkt der aktuellen Krise in der Eurozone war die globale Finanzmarktkrise, die rasch ökonomische, soziale und politische Folgen zeitigte. Aus der Finanzmarktkrise wurde bereits im Herbst 2008 eine Krise der Realökonomie. Alle Euromitglieder hatten zwischen Herbst 2008 und Ende des Jahres 2009 ein negatives Wirtschaftswachstum. Während danach in den übrigen Mitgliedern des gemeinsamen Währungsraums die Wirtschaft wieder mehr oder weniger kontinuierlich wuchs, hatten insbesondere Griechenland, aber auch Spanien, Portugal, Irland und Italien bis in die jüngste Zeit mit negativen Wachstumsraten der heimischen Wirtschaft zu kämpfen. Aus den Problemen auf den Finanzmärkten wurden in den genannten Staaten – wenn auch aus unterschiedlichen Gründen – Wirtschaftsprobleme, die sich als zäh erwiesen. In diesem Zusammenhang zeigen sich in den späteren sogenannten Krisenstaaten Griechenland, Irland, Portugal, Spanien und mit Abstrichen auch Italien zwei diesen Ländern gemeinsame Entwicklungen, die sie von den übrigen Euro-Mitgliedsstaaten unterscheiden: 1) Die Situation auf dem Arbeitsmarkt verschlechterte sich. So sank in Griechenland die Beschäftigungsquote von über 62 % zu Beginn des Jahres 2008 bis zum Jahr 2013 auf unter 50 %. In Spanien verringerte sich im gleichen Zeitraum der Anteil Erwerbstätiger um 10 Prozentpunkte von 65 auf knapp unter 55 %, während die Erwerbsquote in Portugal zwischen 2008 und dem Frühjahr 2013 von knapp 70 % auf rund 60 % zurückging, seitdem ist ein leichter Anstieg um zwei Prozentpunkte zu verzeichnen. Eine ähnliche Entwicklung zeigt sich in Irland, hier verringerte sich der Anteil an Erwerbstätigen von 70 % auf unter 60 % im Jahr 2012, seitdem steigt er wieder, wenn auch auf sehr niedrigem Niveau. In den Jahren 2008 bis 2013 sind somit immer weniger Menschen in den untersuchten Staaten erwerbstätig, während gleichzeitig die Zahl an Arbeitslosen in allen fünf Staaten wächst. So stieg die Arbeitslosenquote in Irland zwischen den Jahren 2008 und 2012 von gut 6 auf knapp 15 %, seitdem sinkt die Quote allerdings leicht wieder. In übrigen Staaten kann zumindest bis zum Jahr 2013 eine solche Trendwende nicht beobachtet werden: In Italien steigt die Quote von knapp 7 % auch gut 12 %, in Portugal von knapp 9 auch über 16 %, in Spanien und Griechenland sogar von jeweils gut 8 % auf über 26 bzw. 27 %.

2) Im gleichen Zeitraum stiegen in den fünf Staaten die Zinsen für Staatspapiere, die Kreditwürdigkeit der Staaten nahm ab und ein Staatsbankrott wurde zu einer realistischen Gefahr (Lane 2012; Shambaugh 2012). Bis zum Jahr 2009 hatten alle Euro-Mitgliedstaaten niedrige Zinsen für ihre langfristigen Staatsschulden[6] zu zahlen, dann begannen die Zinsen für Griechenland und Irland zu steigen. Ein Jahr später lagen die Zinsen für griechische Staatsanleihen schon bei über neun Pro-

---

[6] Die folgenden Ausführungen beziehen sich auf Daten der OECD zu Staatsanleihen mit einer Laufzeit von mindestens zehn Jahren.

zent und auch die Zinsforderungen für irische und portugiesische Staatsschulden
stiegen (weiter) an. Im Jahr 2011 hatten sich die Zinsen für die griechische Staatsschulden auf über 18 % verdoppelt, die Zinsen für portugiesische Staatspapiere
erhöhten sich von sechs Prozent auf 11 % und für irische Staatspapiere von sechs
Prozent auf knapp zehn Prozent. Allerdings begannen die irischen Zinsen im Jahr
2012 wieder zu sinken und sie fallen seitdem mehr oder weniger kontinuierlich.
Für Griechenland, Portugal, Spanien und Italien erhöhten sich die Zinsenforderun-
gen noch einmal im Jahr 2012, und begannen erst im Jahr 2013 zu fallen. Heute
liegen die Zinsen für spanische und italienische Staatsanleihen bei etwas unter drei
Prozent, der irische Staat muss sogar nur noch 2,5 Zinsen zahlen, für portugiesische Staatspapiere sind noch 3,5 % fällig. Auch in Griechenland sind die Zinsen
eher am Fallen, auch wenn es hier immer wieder zu Schwankungen kommt (zumindest bis zum Regierungswechsel im Jahr 2014).

Steigende Zinsen drücken nicht nur höhere Kosten für den betroffenen Schuldner aus, sie werden auch als Zeichen des Misstrauens der Gläubiger und damit
als eine potentielle Gefahr für zukünftige Finanzierungsmöglichkeiten gewertet.
Gleichzeitig gelten hohe Beschäftigungsquoten bzw. niedrige Arbeitslosenzahlen
in den nach wie vor erwerbszentrierten europäischen Staaten als Indikatoren dafür,
dass die Regierung gut wirtschaftet und damit die soziale Inklusion der eigenen
Bürger und deren Zugang zu einem existenzsichernden Einkommen gewährleisten
kann. „[U]nemployment has special political importance because it is a popular
benchmark for the general competency of economic rule. Although ordinary ci-
tizens may not fully understand the details or causality of economic policy, they
hold their leaders politically accountable based on their broad perceptions of the
material situation" (Baxandall 2002, S. 472). Steigende Zinsen für Staatspapiere
und steigende Arbeitslosenzahlen können daher beide als Handlungserfordernisse
für die Regierungen verstanden werden. Umgekehrt gilt, je niedriger die Zinsen
und die Arbeitslosenquote desto größer ist der Handlungsspielraum der Regierung
(zur Bewältigung von anderweitigen Problemen). Bei der Frage, welcher Indikator
die stärkere Handlungsaufforderung an die Regierung in sich birgt, galt bisher,
dass die Arbeitslosenzahlen politisch brisanter sind, da ihr Anstieg nicht nur den
sozialen Frieden gefährdet, sondern auch Wahlen kosten kann.

Vergleicht man die Jahre 2005 und 2012 (Abb. 1.1), zeigt sich: Im Jahr 2005
waren die Zinsen in allen Euromitgliedern ähnlich niedrig und der Handlungsbedarf der Regierungen diesbezüglich gleich gering. Die Arbeitslosenquote variierte
zwar stärker, lag aber nichtsdestotrotz sehr nah beieinander. Das Jahr 2005 als ein
Beispiel für die Zeit vor der Krise ist daher als eine Phase anzusehen, in der das
Gläubigervertrauen kein politisches Thema war und die Situation auf dem Arbeitsmarkt nationalspezifisch beurteilt und bearbeitet wurde. Dagegen sehen wir für das

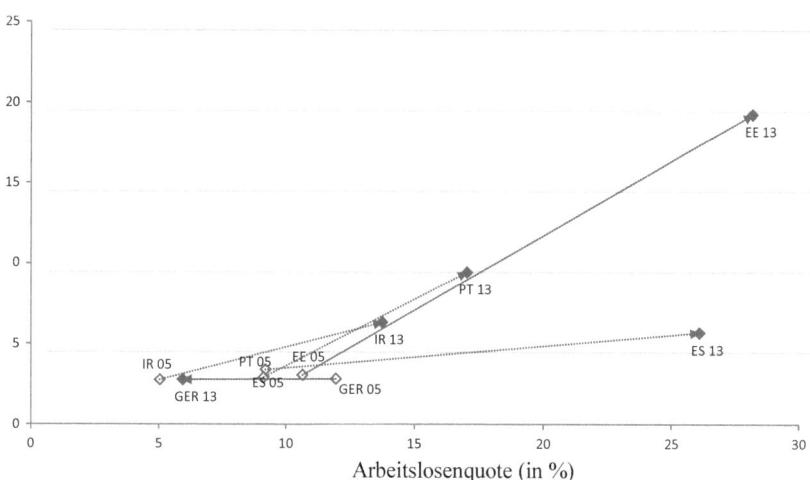

Abb. 1.1 Verhältnis von Zinsen für Staatsanleihen und Arbeitslosenquote im Jahr 2005 und 2012. (Quellen: Eurostat für Arbeitslosigkeit und OCED für Zinsen)

Jahr 2012: In der Krise divergieren die Handlungserfordernisse zwischen den verschiedenen Regierungen. In Griechenland, Irland, Italien, Portugal und Spanien sahen sich die Regierungen sowohl mit steigenden Zinsen und damit dem Misstrauen der Gläubiger als auch mit steigenden Arbeitslosenzahlen und mit dem Missmut der eigenen Bürger konfrontiert. In den übrigen Euromitgliedern blieben die Zinsen auf niedrigem Niveau und die Arbeitslosenquote blieb konstant bzw. sank sogar. Diese Regierungen gewannen somit während der Krise Handlungsspielräume. Dagegen stehen die von den beiden eben beschriebenen Problemen betroffenen Regierungen vor einem Dilemma. Denn folgt man der Logik der beiden Probleme, ergibt sich daraus folgende Situation für die Regierungen: Immer weniger Menschen haben einen Arbeitsplatz und damit ein gesichertes Einkommen, wodurch sich deren soziale Lage individuell verschlechtert und langfristig kollektiv der soziale Frieden gefährdet sein kann. Die Regierung ist daher in der Verantwortung, die wirtschaftliche Entwicklung – in der Regel durch mehr staatliche Investitionen und Konsum – zu stimulieren und die Erwerbslosen durch den Sozialstaat vor Verarmung zu schützen. Diesen investiven wie sozialstaatlichen Ausgaben stehen nun steigende Zinsen für Staatspapiere gegenüber. Steigende Zinsen gelten als Misstrauen gegenüber der staatlichen Bonität und damit auch der Fiskalpolitik. Gleichzeitig verursachen sie Kosten, da die Schulden teurer werden. Das Wiedererlangen der Kreditwürdigkeit wird im öffentlichen Diskurs mit einer Konsolidierung der Haushalte verbunden; auch ist die Sicherstellung der Schuldenbedienung zentral.

Um beiden Problemen gerecht zu werden, müssten die Regierungen demnach zum Ankurbeln der Wirtschaft und Versorgung der erwerbslosen Bevölkerung die Ausgaben erhöhen, was jedoch Bemühungen zur Haushaltskonsolidierung und Bedienung der Schulden konterkariert.

Wie wurde nun dieses Dilemma auf europäischer Ebene wahrgenommen und interpretiert? Welche Krisenpolitik erscheint den Akteuren zu dessen Bewältigung angemessen? Hierbei wird zunächst auf die politisch prominentere Seite der Krise, die steigenden Zinsen, eingegangen und gezeigt, dass die steigenden Zinsen nach und nach als eine Systembedrohung der Eurozone wahrgenommen wurden und deshalb europäisches Handeln nach sich zogen. Dagegen galten die steigenden Arbeitslosenquoten im Besonderen und die wachsenden sozialen Probleme im Allgemeinen als unschön, jedoch nicht als Systembedrohung, weshalb die Hilfe hier deutlich geringer ausfiel.

1.4   Steigende Zinsen: Der Umgang mit den Gläubigern

Zur Erinnerung: Als Folge der Finanzmarktkrise stiegen ab 2009 die Zinsen für Staatsanleihen einiger Eurostaaten. Dieser Zinsanstieg wurde einhellig als Verlust des Gläubigervertrauens interpretiert (Preunkert und Vobruba 2013). Umstritten war allerdings, welche Bedeutung die steigenden Zinsen für die Eurozone haben, wer die Verantwortung für das Wiedererlangen des Vertrauens trägt und welche Maßnahmen zur Bewältigung der Probleme geeignet sind. Im ersten Schritt wird der Frage nachgegangen, ab wann die steigenden Zinsen als Indiz einer europäischen Krise wahrgenommen wurden und wie sich die Verantwortungszuschreibungen innerhalb der Eurozone und damit die Beziehungsmuster zwischen den politischen Akteuren durch die Krise veränderten. Dabei wird deutlich, dass sich in der Frage nach der Verantwortung für die Wiederherstellung des Vertrauens jene Interessen durchsetzen konnten, die Vertrauen in Schuldnerqualität nicht nur als Aufgabe des jeweiligen Staates, sondern der Eurogemeinschaft definieren. Es kommt zu einer Ausdehnung der Verantwortlichkeiten, denn nun ist neben den einzelnen staatlichen Schuldnern auch die Eurogemeinschaft insgesamt für die Stabilisierung und Garantie einer hohen Vertrauenswürdigkeit verantwortlich. Daran anschließend wird untersucht, welchen Handlungsansatz das europäische Krisenmanagement verfolgt. Hier wird deutlich, dass in der Frage nach den geeigneten Maßnahmen zur Wiederherstellung des Vertrauens sich Interessen durchsetzen konnten, die Vertrauen nicht nur kurzfristig mit Hilfe einer Garantie der staatlichen Solvenz durch die Eurogemeinschaft, sondern auch langfristig durch eine Neuausrichtung und Begrenzung der staatlichen Handlungsspielräume zugunsten eines transnationalen Regulierung- und Kontrollrahmens wiederherstellen wollen. Mit dem Anspruch, die Gläubigererwartungen dauerhaft zu erfüllen, werden die nationalen fiskalpolitischen Kompetenzen beschnitten und es wird ein strikter Ansatz der Haushaltskonsolidierung eingeführt. Insgesamt zeigt sich, dass ein Raum europäischer Verantwortlichkeit entsteht, in welchem dem Wohlwollen der Gläubiger, das sich in niedrigen Zinsen ausdrückt, Systemrelevanz zugesprochen wird.

Ab 2009 begannen die Zinsen für Staatsanleihen in der Eurozone zunächst nur leicht, 2010 aber immer stärker zu divergieren (Eichengreen 2012; Featherstone 2011; Gros 2012; De Grauwe 2011). Die steigenden Zinsen signalisieren, dass die Gläubiger die Gefahr eines Kreditausfalls nun höher einstufen und daher eine höhere Risikoprämie fordern. Für die betroffenen Schuldner heißt dies, dass Staatsschulden teurer werden und ihr Handlungsspielraum kleiner wird. Eine Senkung der Zinsen und ein Abwenden der drohenden Staatsbankrotte schien für alle beteiligten Akteure ein Gebot der Stunde. Welcher Akteur als Krisenmanager tätig werden muss und der Verantwortliche ist, war jedoch erst einmal umstritten. Zunächst wurde gerade von den nordeuropäischen Eurostaaten darauf insistiert, dass aufgrund der bestehenden Rechtslage mit der No-bailout-Klausel jeder Schuldner für die eigene Kreditwürdigkeit verantwortlich sei (De Grauwe 2009). Im Sinne dieser Position wurde auch betont, dass die betroffenen Staaten und insbesondere Griechenland keine Hilfe zu erwarten hätten (Blythe 2014). Vor dem Hintergrund der teilweise dramatisch ansteigenden Zinsen in immer mehr Eurostaaten wurde dann allerdings die nationale Alleinverantwortlichkeit für die Solvenz der Euromitglieder in Frage gestellt. Es entwickelte sich als politischer Konsens die Einschätzung, dass ein Staatsbankrott eine „Ansteckungsgefahr" für die anderen bereits ebenfalls geschwächten Schuldner, aber auch für die gesamte Eurozone in sich bergen würde (Vobruba 2012, S. 72 ff.). Die nationalstaatlichen Entwicklungen werden nun als eine Bestandsgefahr für die gesamte Eurozone wahrgenommen; es wird von der „Eurokrise" gesprochen. Aufbauend auf dieser neuen Einschätzung der Situation und ihren möglichen Folgen verändern sich die Beziehungen zwischen den Europartnern. Die Europartner sind jetzt bereit, den Schuldnern zu helfen und einen Staatsbankrott abzuwenden. Zwar sind auf dem Papier noch immer die Staaten allein für ihre Bonität verantwortlich, sie können in Krisenfällen jedoch auf die Hilfe ihrer Partner setzen. Damit geht eine neue Verantwortungszuschreibung einher, denn die Einschätzung der Bonität einzelner Regierungen hängt nun nicht mehr nur von der nationalen Politik, sondern auch vom europäischen Handeln ab. So begannen die Ratingagenturen bei ihrer Einschätzung der Gläubigerqualitäten der Staaten auch die europäische Politik zu berücksichtigen. Beispielsweise betont die Ratingagentur *Standard and Poor's* bei der Herabstufung von vier Eurostaaten um zwei Noten und von fünf Staaten um eine Note am 13. Januar 2012: „Today's rating actions are primarily driven by our assessment that the policy initiatives that have been taken by European policy makers in recent weeks may be insufficient to fully address ongoing systemic stresses in the eurozone." Mittlerweile definieren sich die europäischen Politiker selbst als die zentralen Verantwortlichen zur Bewältigung der Krise (u. a. Mitglieder der Eurozone 2011, 2012a, b).

Das als Reaktion auf die institutionellen Turbulenzen entwickelte europäische Krisenmanagement wurde ad hoc und schrittweise eingeführt, die Europartner reagierten dabei stets auch auf die sich verändernde Situation (Sachverständigenrat 2011, S. 76–127; 2012, S. 62–149). Konkret bedeutet dies, dass zur unmittelbaren Krisenhilfe zunächst im April 2010 ein einmaliges bilaterales Hilfspaket für Griechenland, später die provisorische und zeitlich begrenzte Europäische Finanzstabilisierungsfazilität (2010–2013), und dann mit dem Europäischen Stabilitätsmechanismus ein ca. 700 Mrd. € umfassender, dauerhafter Rettungsfonds eingerichtet wurde (Preunkert und Vobruba 2012). Alle drei Rettungsmaßnahmen werden gespeist aus Geldern und Garantien der Euroregierungen, der Kommission und des IMF und dienen dazu, bedrohte Regierungen mit Krediten und Sicherheiten zu unterstützen. Darüber hinaus kauft die Europäische Zentralbank im Rahmen der Outright Monetary Transactions[7] Staatsanleihen auf den Sekundärmärkten. Allerdings kann die Hilfe nur in Anspruch genommen werden, wenn die Staaten sich verpflichten, durch Einsparungen und/oder Erhöhung der Steuereinnahmen die Staatsschulden zu senken sowie durch Strukturreformen die eigene Wettbewerbsfähigkeit zu stärken. Jeder Staat, der Hilfe in Anspruch nimmt, verpflichtet sich zu einem jeweils individuell ausgehandelten Spar- und Reformpaket (Matthijs 2014).

Als Reaktion auf die steigenden Zinsen entwickelte sich eine europäische Verantwortungsstruktur, die mit einer Einschränkung des nationalen politischen Handlungsspielraums einhergeht. Parallel gab es erste Debatten und Maßnahmen, mit denen solche Krisen künftig vermieden werden sollten. Der bisherige Stabilitäts- und Wachstumspakt wird aufgrund der Krise als zu schwach eingestuft, um die Eurozone vor Krisen zu schützen (Bieling 2013, S. 292). Durch sechs europäische Gesetzgebungsmaßnahmen (genannt Sixpack), die am 13. Dezember 2011 in Kraft traten, und zwei ergänzende Maßnahmen (Twopack), welche am 30. Mai 2013 in Kraft traten, wurde der Stabilitäts- und Wachstumspakt reformiert und um weitere Kontrollmechanismen ergänzt. Der neue Stabilitäts- und Wachstumspakt beruht auf einem präventiven und einem korrektiven Handlungsansatz. Prä-

---

[7] Dem OMT voraus ging das „Securities Markets Programme" (SMP). Im Rahmen des SMP kaufte die EZB von Mai 2010 bis etwa Februar 2012 mit einer Summe von etwa 220 Mrd. € Anleihen von Euro-Staaten, die ihre Schulden am Kapitalmarkt nicht mehr problemlos refinanzieren konnten. Im Gegensatz zum OMT mussten die Regierungen hierfür keine Vorleistungen erbringen (Gros 2012; Salines et al. 2012, S. 669).

ventiv verpflichten sich die Regierungen, ihre Budgets durch die Kommission im Rahmen des Europäischen Semesters kontrollieren zu lassen und gegebenenfalls an die Vorgaben der Kommission anzupassen. Korrektiv meint, dass die Regierungen bei der Erstellung und Umsetzung ihres Haushaltes Vorgaben einhalten und dies von der Kommission nun mit strengeren Sanktionsmöglichkeiten überwachen lassen. Mit dem Maßnahmenpaket wurden im Vergleich zum früheren Pakt strengere Vorgaben zur Haushaltsdisziplin in den EU-Staaten eingeführt und die Kontroll- und die Sanktionsmechanismen wurden verschärft. Beispielsweise hat die Europäische Kommission in letzter Instanz die Möglichkeit, Sanktionen in Höhe von 0,2 % des Bruttoinlandsprodukts des Defizitsünders zu verhängen, sofern sich nicht eine Mehrheit der Regierungen dagegen ausspricht. Zusätzlich zu diesen Regulierungs- und Kontrollmechanismen einigten sich die EU-Staaten (mit Ausnahme des Vereinigten Königreichs und der Tschechischen Republik) auf den sogenannten Europäischen Fiskalpakt mit strengen Obergrenzen für die Staatsverschuldung. Mit dem Beitritt zu dem Pakt verpflichten sich seine Mitglieder, eine sogenannte „Schuldenbremse" im nationalen Recht, möglichst in der Verfassung, zu verankern. Als Reaktion auf die Krise werden nationale fiskalpolitische Handlungsspielräume eingeschränkt, während die europäische Regulierungs- und Kontrollmöglichkeiten ausgedehnt werden. Ziel ist es dabei stets, Staatsschulden zu reduzieren und so langfristige Solvenz der europäischen Staaten zu erreichen. Zwar werden im Rahmen des Europäischen Semesters auch weiterhin beschäftigungs- und sozialpolitische Ziele verfolgt, der Schwerpunkt liegt jedoch auf der Konsolidierung der Staatshaushalte.

Seit Herbst 2012 scheinen sowohl die nationalen Maßnahmen als auch das europäische Krisenmanagement Wirkung zu zeigen, denn die Zinsen der betroffenen Staaten fallen. Irland und Portugal konnten sich ab Herbst 2013 bzw. Winter 2014 wieder selbstständig ohne Hilfe auf den Finanzmärkten refinanzieren. Diese Entwicklungen haben einige europäische Politiker trotz weiterhin hoher bzw. sogar noch wachsender Staatsschulden veranlasst, das Ende der Krise bzw. den Scheitelpunkt der Krise auszurufen. Unabhängig von der Frage, ob die Krise im Abklingen oder doch noch nicht ausgestanden ist, kann Bilanz zu den institutionellen Folgen der Krise für die Eurozone gezogen werden. Die Krise hat die strukturellen Beziehungen zwischen den Regierungen und ihren Gläubigern sowie zwischen den Europartnern verändert. Als gemeinsamer Nenner hat sich die Überzeugung zwischen den Europartnern etabliert, dass die Bereitschaft von Gläubigern, den Regierungen von Euromitgliedern Kredite zu gewähren, systemrelevant ist; und zwar nicht nur für die jeweiligen Regierungen, sondern auch für die Eurozone insgesamt. Als Reaktion auf die Krise und durch die Krisenerfahrungen entstand eine europäische Verantwortlichkeit gegenüber den privaten Gläubigern staatlicher Schulden. Durch diese neuen Strukturen wurden zusätzliche Sicherheiten für die Gläubiger geschaffen. Die Gläubiger können nun darauf vertrauen, dass ihre Forderungen bedient werden. Für die betroffenen Staaten bedeutet dies, dass in Krisenzeiten ihre Zahlungsfähigkeit und damit ihr Zugang zu den Finanzmärkten gesichert ist. Allerdings müssen die Regierungen dafür Handlungsspielräume aufgeben. Denn die Bedingungen der europäischen Rettungspakete wie auch der reformierte Stabilitäts- und Wachstumspakt begrenzen den fiskalpolitischen Handlungsrahmen der Regierungen und forcieren eine strikte Austeritätspolitik mit all den damit verbundenen sozialpolitischen Kürzungen und Einsparungen. Die Krisenpolitik war zwar in dem Sinne erfolgreich, dass die Zinsen für Staatsanleihen in den betroffenen Staaten sinken, aber die Staatsschuldenquoten konnten nicht reduziert werden, vielmehr wachsen sie in den meisten Fällen.

1.5 Steigende Arbeitslosigkeit: Der Umgang mit den Bürgern

Im Fokus der politischen Aushandlungsprozesse standen lange Zeit ausschließlich die steigenden Zinsen, und auch jetzt (2015) wird die Debatte noch von dem Thema geprägt. Welche politische Aufmerksamkeit erfuhren nun die oben skizzierten sozialen Probleme auf europäischer Ebene? Untersucht man den zeitlichen Verlauf der Krise, so wird ersichtlich, dass in den sogenannten Krisenstaaten bereits ab 2009 die soziale Situation kritisch wurde, während die Zinsen erst im Jahr 2010 zu steigen begannen. Die sozialen Probleme sind somit „älter" als die Zinsprobleme. Zwischen 2009 und 2013 war in allen betroffenen Staaten das Wirtschaftswachstum negativ, und das Problem der Arbeitslosigkeit sich weitete aus. Die zunehmend prekäre wirtschaftliche wie soziale Situation führte zur Verunsicherung der Bevölkerung und zu politischer Frustration, wie die Proteste und die sinkenden politischen Vertrauenswerte gegenüber den eigenen Regierungen und den europäischen Organisationen zeigen (ILO 2013). Auf nationaler Ebene wurde die Eurokrise denn auch von häufigen Regierungswechseln, teilweise einem Wandel der Parteienlandschaft und in Griechenland und Italien auch von politischen Krisen begleitet (Matthijs 2014). Im Folgenden wird nun die politische Debatte um die sozialen Probleme auf europäischer Ebene rekonstruiert. Gezeigt wird, dass die sozialen Probleme seit 2012 zwar wahrgenommen werden, sie allerdings nicht als systemrelevant für die europäischen Strukturen gelten, weshalb es nur unsystematische Hilfe gibt.

Auf europäischer Ebene wurden die sozialen Probleme lange Zeit ignoriert. Zwar gab es vonseiten der betroffenen Regierungen immer wieder Vorstöße, auch diese Entwicklungen im europäischen Kontext zu thematisieren und zu problematisieren, doch fanden diese Bemühungen wenig Resonanz. Erst im Jahr 2012 wird die steigende Arbeitslosigkeit auf europäischer Ebene breiter thematisiert. Die hohe Arbeitslosigkeit bzw. niedrige Beschäftigungsquote gefährde den sozialen Frieden in den Staaten, heißt es. Besondere Aufmerksamkeit erfährt die hohe Jugendarbeitslosigkeit, die als eine Gefahr für die heranwachsende Generation und damit für die Zukunft der betroffenen Staaten gilt (Matthijs 2014). Gefordert wird nun von verschiedenen Seiten, dass die europäischen Partner solidarisch sein müssten, da eine solche Situation nicht dem europäischen Selbstverständnis entspreche.[8] Bezeichnend ist hierbei, dass die Entwicklungen zwar problematisiert werden, sie jedoch nicht als systemgefährdende Entwicklungen interpretiert werden, weshalb auch keine europäische Krise darin gesehen wird. Die wachsenden Probleme gelten als bedauerlich und dem europäischen Gesellschaftsmodell nicht würdig, von ihnen gehe jedoch keine Gefahr für die europäischen Strukturen aus. Dies hat zur Folge, dass als primäre Adressaten für die Lösung des Problems die Nationalstaaten identifiziert werden (Matthijs und McNamara 2015). Diese sollen zwar Solidarität erfahren und Unterstützung bekommen, jedoch wird damit nicht die Notwendigkeit verbunden, europäische Verantwortlichkeitsstrukturen aufzubauen. Dementsprechend fällt auch die europäische Hilfe deutlich geringer, unsystematisch und weniger institutionalisiert aus.

Schwerpunkt der Hilfe liegt bei der Unterstützung im Kampf gegen die hohe Jugendarbeitslosigkeit. Einzelne Staaten, wie Deutschland, gewähren den betroffenen Staaten dabei bilaterale Unterstützung. Darüber hinaus stellen die europäischen Fonds Sonderprogramme und Maßnahmen in der Höhe von 8 Mrd. € in zwei Jahren bereit (The Economist 2013). Kennzeichen dieser Mittel ist, dass sie nur einmalig gewährt werden und an keine Verstetigung gedacht ist. Auch fallen sie im Vergleich zu den Eurorettungsmaßnahmen eher gering aus. Die sozialen Probleme und politischen Verwerfungen in den Krisenstaaten stellen folglich das europäische Krisenmanagement nicht infrage. Vielmehr werden punktuelle, zusätzliche Hilfen gewährt, welche jedoch nicht strukturell in die Krisenpolitik eingebettet sind. Im Gegensatz zu den Gläubigern war es den von Arbeitslosigkeit und zunehmend auch von Armut betroffenen Leuten bislang nicht möglich, als systemrelevante Akteure wahrgenommen zu werden und dafür zu sorgen, dass ihr Unmut als Vertrauenskrise eingestuft wird.

Vergleicht man beide Seiten der Krise, wird offenkundig: Nach der gängigen politischen Kriseninterpretation sind Finanzmärkte eine zentrale Funktionsbedingung für den Fortbestand der Ökonomie. Gläubiger und ihre Interessen gelten als

---

[8] Erste Hinweise dafür, dass Solidarität nicht nur von bestimmten politischen Akteuren gefordert wird, sondern auch bei den Bürgern der Geberländer vorhanden ist, liefert Lengfeld 2014.

systemrelevant für die Finanzmärkte und damit auch für die übrige Ökonomie und die Politik. Dementsprechend stehen die Veränderungen auf den Finanzmärkten und die sich daraus ergebenden wechselseitigen Abhängigkeiten und Beeinflussungen zwischen den Euromitgliedern im Zentrum der Aufmerksamkeit. Demgegenüber treten die Bedeutung und der Einfluss der Leute zurück. Soziale Probleme gelten nicht als Systemgefahr für den Euro, weshalb sie in den europäischen Debatten weitgehend ausgeklammert werden bzw. weiterhin ausschließlich dem Aufgabenbereich der Regierungen zugerechnet werden (Preunkert und Vobruba 2013). Verstärkt wird dies durch die Asymmetrie der Wahrnehmbarkeit der beide Probleme: Vertrauen wie Misstrauen, welches im Zinsniveau zum Ausdruck kommt, wird schnell und offensichtlich deutlich. Wenn die Gläubiger ihre Erwartungen enttäuscht sehen, dann steigen die Zinsen bzw. Schuldner bekommen Probleme, sich zu refinanzieren. Dagegen ist das politische Vertrauen bzw. Misstrauen der Leute diffus und die Folgen eines Vertrauensverlustes sind weniger offensichtlich.

1.6 Fazit

In dem Beitrag wurde untersucht, wie die aktuellen Krisen politisch auf europäischer Ebene verarbeitet werden und welche politischen Folgen sie haben. Es wird die These vertreten, dass Krisen erst durch entsprechende Interpretationen zu Krisen werden. Auch die Krisenpolitik wird nicht von objektiven Kriterien, sondern von den Kriseninterpretationen und Krisenerfahrungen bestimmt. Durch die Abhängigkeit der Ökonomie und der Politik von den Finanzmärkten wird den Erwartungen der Gläubiger im aktuellen Fall systemrelevante Bedeutung eingeräumt und ersten Anzeichen von Enttäuschungen und „Vertrauensentzügen" wird mit umfassenden politischen Maßnahmen begegnet. Innerhalb der Eurozone kommt dazu, dass soziale Probleme traditionell in den Kompetenzbereich der nationalen Politik fallen. Während ökonomische Entwicklungen genau beobachtet und daraus mögliche Handlungserfordernisse abgeleitet werden, stehen soziale Probleme weniger im Zentrum der europäischen Beobachtung bzw. werden als nationale Herausforderungen interpretiert. Für deren Bewältigung werden den Staaten vereinzelt bilaterale und/oder europäische Hilfen angeboten, die Lösung sozialer Probleme wird jedoch nicht strukturell in der europäischen Krisenpolitik verankert.

Krisen sind Phasen der institutionellen Instabilität, und sie sind Phasen des sozialen Wandels. Denn durch die Krisenerfahrungen, Krisenpolitik und die Eigendynamik von Krisen verändern sich die institutionellen Strukturen. Auch wenn eine Krise überwunden ist, kehrt man nicht zum Vorkrisenzustand zurück, sondern es entwickeln sich neue Strukturen und Gegebenheiten. Im Falle der Eurokrise bedeutet dies, dass durch die Krise neue Verantwortungsstrukturen und Zuordnungen implementiert wurden, die den Integrationsprozess nachhaltig verändert haben. Durch die Krise sind europäische Verantwortungsstrukturen gegenüber den Gläubigern der Staatsschulden entstanden. Dagegen werden die sozialen Probleme weiterhin vor allem im Zuständigkeitsbereich der Nationalstaaten gesehen. Die Krise hat somit einen Integrationsschub mit einer besonderen politischen Ausrichtung bewirkt. Die Mitglieder der Eurozone haben füreinander Verantwortung in einem Ausmaß übernommen, das vor der Krise undenkbar und auch vertraglich ausgeschlossen war.

Literatur

Baxandall, P. 2002. Explaining differences in the political meaning of unemployment across time and space. *Journal of Socio-Economics* 31:469–502.

Bieling, H.-J. 2013. European financial capitalism and the politics of (De-)financialization. *Competition and Change* 17:283–298.

Blythe, M. 2014. The sovereign debt crisis that isn't: Or, how to turn a lending crisis into a spending crisis and pocket the spread. *ACES Cases* 2014.1: American Consortium on European Union Studies (ACES).

De Grauwe, P. 2009. *Economics of monetary union*. Oxford: Oxford University Press.

De Grauwe, P. 2011. A Fragile Eurozone in Search of a Better Governance. *CESifo Working Paper*, 3456 Brussels.

Eichengreen, B. 2012. European monetary integration with benefit of hindsight. *Journal of Common Market Studies* 50 (1): 123–136.

Featherstone, K. 2011. The JCMS annual lecture: The Greek Sovereign debt crisis and EMU: A Failing State in a Skewed Regime. *Journal of Common Market Studies* 49 (2): 193–217.

Gros, D. 2012. On the stability of public debt in a Monetary Union. *Journal of Common Market Studies* 50:36–48. (Annual Review)

Helleiner, E. 2003. *The making of national money. Territorial currencies in historical perspective*. Ithaca: Cornell University Press.

Ingham, G. K. 2004. *The nature of money*. Cambridge: Polity.

International Labour Organisation (ILO). 2013. *World of Work Report 2013. Repairing the Economic and Social Fabric*. Geneva: International Institute for Labour Studies.

Koselleck, R. 1982. Krise. In *Geschichtliche Grundbegriffe*, Hrsg. O. Brunner, W. Conze, und R. Koselleck, 617–650. Stuttgart: Klett-Cotta.

Lane, P. R. 2012. *Financial Globalisation and the Crisis*. BIS Working Papers 397: Bank for International Settlements.

Lengfeld, H. 2014. Die Kosten der Hilfe. Europäische Fiskalkrise und die Bereitschaft zur Zahlung einer europäischen Solidaritätssteuer. *Arbeitsbericht des Instituts für Soziologie* Nr. 64, Leipzig.

Luhmann, N. 1994. *Die Wirtschaft der Gesellschaft*. Frankfurt a. M.: Suhrkamp.

Matthijs, M. 2014. Mediterranean blues: The crisis in Southern Europe. *Journal of Democracy* 25:101–115.

Matthijs, M., und K. McNamara. 2015. The Euro Crisis' theory effect: Northern Saints, Southern Sinners, and the Demise of the Eurobond. *Journal of European Integration* 37:229–245.

Mayntz, R. 2012. *Crisis and control: Institutional change in financial market regulation.* Frankfurt a. M.: Campus.

Mitglieder der Eurozone. 2011. *Erklärung der Staats- und Regierungschefs des Euro-Währungsgebiets.* 9. Dezember 2011. Brüssel.

Mitglieder der Eurozone. 2012a. *Erklärung der Staats- und Regierungschefs des Euro-Währungsgebiets.* 2. März 2012. Brüssel.

Mitglieder der Eurozone. 2012b. *Gipfelerklärung der Mitglieder des Euro-Währungsgebietes.* 29. Juni 2012. Brüssel.

Preunkert, J. 2012. Die europäische Antwort auf die Finanzmarktkrise. *Zeitschrift für Politik* 22 (1): 69–94.

Preunkert, J., und G. Vobruba. 2012. Die Eurokrise – Konsequenzen der defizitären Institutionalisierung der gemeinsamen Währung. In *Entfesselte Finanzmärkte. Soziologische Analysen des modernen Kapitalismus,* Hrsg. K. Kraemer und S. Nessel, 201–223. Frankfurt a. M.: Campus.

Preunkert, J., und G. Vobruba. 2013. Die beiden Hälften der Eurokrise. *Gegenworte. Hefte für den Disput über Wissen.* Nr. 30. 22–25, Berlin-Brandenburgische Akademie der Wissenschaft.

Preunkert, Jenny 2014. Vertrauen in der Krise – Vertrauen als Verantwortungszuschreibung. In *Systemzwang und Akteurswissen. Theorie und Empire von Autonomiegewinnen,* Hrsg. Thilo Fehmel, Stephan Lessenich und Jenny Preunkert, 175–195. Frankfurt a. M.: Campus.

Rudolph, T. J. 2003. Who's responsible for the economy? The formation and consequences of responsibility attributions. *American Journal of Political Science* 47:698–713.

Sachverständigenrat zur Begutachtung der gesamtwirtschaftlichen Entwicklung. 2011. *Verantwortung für Europa wahrnehmen.* Jahresgutachten 2011/2012. Wiesbaden: Statist. Bundesamt.

Sachverständigenrat zur Begutachtung der gesamtwirtschaftlichen Entwicklung. 2012. *Stabile Architektur für Europa – Handlungsbedarf im Inland.* Wiesbaden: Statist. Bundesamt.

Salines, M., G. Glöckler, und Z. Truchlewski. 2012. Existential crisis, incremental response: The eurozone's dual institutional evolution 2007–2011. *Journal of European Public Policy* 19 (5): 665–681.

Shambaugh, J. C. 2012: The euro's three crises. *Brookings Papers on Economic Activity,* 44.1 157–211.

Standard and Poor's. 13.01.2012. *Factors behind our Rating Actions on Eurozone Sovereign Governments.* http://www.standardandpoors.com/ratings/articles/en/us/?articleType=HTML&assetID=1245327305715. Zugegriffen: 1. Nov. 2014.

Sztompka, P. 1984. The Global Crisis and the Reflexiveness of the Social System. *International Journal of Comparative Sociology* 25: 45–58.

The Economist. 2013. „Youth Unemployment in Europe. Guaranteed to Fail." The Economist, July 20, 2013. http://www.economist.com/news/leaders/21582006-german-led-plans-tackling-youth-unemployment-europe-are-far-too-timid-guaranteed-fail. Zugegriffen: 1. Dec. 2014.

Vobruba, G. 2012. *Kein Gleichgewicht. Die Ökonomie in der Krise.* Weinheim: Beltz Juventa.

Vobruba, G. 2013. Gesellschaftsbildung in der Eurokrise. *Leipziger European Series,* Nr. 3.

Weatherford, S. M. 1984. Economic ‚stagflation' and public support for the political system. *British Journal of Political Science* 14 (1): 187–205.

Konfligierende Krisenframings deutscher Gewerkschaften und Arbeitgeberverbände

Johannes Kiess

Wenn von Krise die Rede ist, sei sie physisch, psychisch, sozial, ökonomisch oder politisch, steht auch die Frage nach ihrer Lösung im Raum. Um eine Krise zu lösen, muss das bestehende physische, psychische oder institutionelle Setup, welches sich als nicht krisenresistent oder selbst als krisenverursachend gezeigt hat, verändert oder sogar ersetzt werden. Aus soziologischer Perspektive scheint es allerdings nicht ratsam, solche alltäglichen, häufig medizinisch oder ökonomisch geprägten und damit auf bestimmten Paradigmen beruhenden Krisenverständnisse und vor allem die Bezeichnung einer Situation als Krise fraglos zu übernehmen. Vielmehr sollte die Beschreibung und Analyse von Krisen das Krisen*framing* involvierter Akteure umfassen (Habermas 1973; Preunkert 2011, S. 439; Repplinger 1999, S. 212) und so die Standortabhängigkeit von Krisenwahrnehmungen reflektieren. Krisen sind, so wird in diesem Beitrag argumentiert, als Entscheidungssituationen immer auch *windows of opportunity*, die die Möglichkeit eröffnen, existierende Konfliktrahmen oder einzelne Gesetze und Arrangements zu ändern (Fehmel in diesem Band). Es ist zu vermuten, dass Krisen von unterschiedlichen Akteuren ganz verschieden interpretiert und bewertet werden. Folgender Frage wird deshalb in diesem Kapitel nachgegangen: Wie interpretierten die Sozialpartner in Deutschland die Krise 2008 bis 2013 öffentlich und welche strategischen Ziele verfolgten sie?

J. Kiess (✉)
Seminar für Sozialwissenschaften, Universität Siegen, Adolf-Reichwein-Str. 2, 57068 Siegen, Deutschland
E-Mail: kiess@soziologie.uni-siegen.de

© Springer Fachmedien Wiesbaden 2015
J. Preunkert, G. Vobruba (Hrsg.), *Krise und Integration,*
Europa – Politik – Gesellschaft, DOI 10.1007/978-3-658-09231-3_2

Nachdem im ersten Abschnitt der Krisenbegriff diskutiert und das analytische Potenzial einer *framing*-Perspektive auf Krisen herausgearbeitet wird, wendet sich Abschn. 2.2 dem bisherigen Stand der Forschung zu. Im dritten Abschnitt wird das methodische Vorgehen skizziert. Schließlich werden im vierten Abschnitt anhand strategischer Äußerungen im öffentlichen Raum, den Pressemitteilungen von sechs deutschen Verbänden, unterschiedliche Krisen*framings* analysiert. Untersucht werden auf Seiten der Gewerkschaften die IG BAU, die IG Metall sowie der DGB und auf Seiten der Arbeitgeberverbände der Hauptverband der deutschen Bauindustrie (HDB), der Arbeitgeberverband Gesamtmetall und die Bundesvereinigung der deutschen Arbeitgeberverbände (BDA). Hinter der Auswahl der Akteure steht die Vermutung, dass sich das Krisen*framing* zwischen Gewerkschaften und Arbeitgeberverbänden, zwischen *low-skill, low-wage* Sektor (Bauindustrie) und *high-wage, high-skill* Exportsektor (Metallindustrie) sowie zwischen Sektororganisationen und Dachverbänden unterscheidet. Analytisch wird ferner zwischen drei Ebenen des *framings* unterschieden: Das signifikatorische *framing* beinhaltet Aussagen über die Ausmaße der Krise, über das diagnostische *framing* werden Ursachen benannt und Schuld zugewiesen, und im prognostischen *framing* werden schließlich Lösungen angeboten und es wird auf Konsequenzen von (Nicht-) Handeln verwiesen.

Auf Grundlage der eigenen empirischen Ergebnisse, der Befunde in der Literatur sowie der theoretischen Annahmen wird in diesem Kapitel argumentiert, dass die Krise als diskursives Feld zu interpretieren ist, in dem konfligierende Interessen versuchen, den nationalen, aber auch den darüber liegenden europäischen Konfliktrahmen zu verändern. Dahinter steht, kurz gefasst, das folgende theoretische Argument: Institutioneller Wandel ist, sogar in Krisenzeiten, meist inkrementeller Wandel (Mayntz 2012; Preunkert 2012). Allerdings sind Institutionen (Arrangements, Regeln, Gesetze, Wissensbestände) Gegenstand von Interessenkonflikten. Die Krise wird als rhetorisches Mittel und situativ als Möglichkeit, als *window of opportunity* aufgegriffen. Krisen bieten die Möglichkeit für institutionelle Veränderungen. Unter anderem kommt es darauf an, wer in einer Krisensituation in der Lage ist, die eigenen Vorschläge als krisenlösend und damit als im Interesse aller darzustellen. Mit dem hier gewählten qualitativen Zugang und Material ist es nicht möglich, die Wirksamkeit des Krisen*framings* bestimmter Akteure zu messen. Allerdings lässt sich umso mehr über das ‚wie‘ und das ‚warum‘ des *framings* erfahren, da die Pressemitteilungen den ungefilterten *speech act* darstellen (im Vergleich z. B. zu Experteninterviews oder einer Zeitungsanalyse).

2.1 Erfolg oder Untergang: die Krise als Entscheidungssituation

In diesem ersten Abschnitt wird ein soziologischer Zugriff auf das Phänomen Krise entwickelt. Dem häufig für selbstverständlich gehaltenen Umgang mit dem Begriff wird zuerst eine Bedeutungsklärung und zweitens eine dringend gebotene analytische Schärfung entgegengestellt.

Wenn von Krise gesprochen wird, wird immer auch eine stabile Situation vor der Krise impliziert – und der Anspruch, die Krise zu überwinden. Damit zeigt der Krisenbegriff einen Wendepunkt an, so zum Beispiel in der Medizin (Fieberkrise) oder in der Ökonomie (Inflationskrise, Überproduktionskrise usw.). Nach Koselleck entwickelte sich der Begriff in seiner heutigen Bedeutung mit der Moderne selbst, wobei die ursprüngliche Bedeutung des Wortes *crisis* eher im Begriff der Kritik erhalten ist (Koselleck 1982, S. 132): Erst im Übergang zu einem modernen Geschichts- und Gesellschaftsverständnis erlangte der Krisenbegriff seine Entweder-oder-Charakteristik, und jede ‚objektive‘ Krise wurde eine Frage von Leben und Tod, bei der die Antwort richtig oder falsch, gerecht oder ungerecht, heilend oder tötend sein kann (Koselleck 1982, S. 619). Allerdings ist damit noch nichts über den Handlungsdruck gesagt, den der Krisenbegriff transportiert.

Der Krise haftet eine Doppeldeutigkeit an. Jänicke beispielsweise unterscheidet zwischen einem optimistischen (Chance) und einem pessimistischen (Gefahr) Krisenverständnis (Jänicke 1973, S. 10). Ad-hoc Definitionen verweisen ebenfalls regelmäßig auf die im chinesischen Schriftzeichen für ‚Krise‘ enthaltene Doppeldeutigkeit. Die Ratgeberliteratur im Besonderen ist voll solcher Hinweise. Jede Krise, so die Botschaft, ist auch eine Chance und der selbstverantwortliche Mensch ergreift diese selbstverständlich. Aber auch in der sozialwissenschaftlichen Literatur, zum Beispiel zu *critical junctures* (Bermeo und Pontusson 2012, S. 1), ist diese Doppeldeutigkeit des Krisenbegriffs gegenwärtig.

Gegenüber der stabilen Situation davor oder danach ist die Krise selbst eine Phase des radikalen Wandels, der Revolution, aber auch der drohenden Katastrophe. In dieser Situation, wenn so viel auf dem Spiel steht, ist entschlossenes Handeln gefragt. Das impliziert allerdings meist auch kollektives Handeln, denn nur gemeinsame Anstrengungen können die Katastrophe abwenden. Das ‚wir‘ taucht mit beharrlicher Regelmäßigkeit gerade in der Krise auf (Steil 1993, S. 10). Umgekehrt gibt es zur Identifikation mit dem ‚wir‘ keine Alternative, außer Verrat; der Druck, die gemeinsamen Anstrengungen zu unterstützen, ist groß. Wer nicht für das konstruierte, Mehrheitsmeinung gewordene gemeinschaftliche Vorgehen ist, ist automatisch Gegner.

Viele der in Krisendiskursen mobilisierten Metaphern setzen zur Unterstützung von Identitätsbildung und Einheitlichkeit auf religiöse Analogien. Wie die Krise impliziert auch die Apokalypse eine Tabula-rasa-Logik, weshalb entsprechende *framings* eine ungemeine diskursive Macht besitzen (Nagel et al. 2008, S. 308). Diese totalitäre, weil im Angesicht der Apokalypse immer als alternativlos verstandene Konnotation kann dabei, je nach Fall, sowohl aktive als auch passive Strategien vorgeben und folgt damit religiösen Vorbildern: Man kann Krisen einerseits meistern, sie als Herausforderung begreifen und die bestehenden, offensichtlich nicht intakten Verhältnisse ändern, oder andererseits die schweren Zeiten erdulden und durchstehen. Krise und Apokalypse beinhalten jeweils auch Hoffnung und das Versprechen, dass die Krise überwunden werden kann, und sei es mittels einer göttlichen Intervention (ebd., S. 307). Auch in Diskursen, in denen keine transzendenten Mächte (mehr) adressiert werden, spielen Angst und Hoffnung eine zentrale Rolle für das Funktionieren der Krisenmetaphern: „Krisenbewußtsein und Fortschrittserwartung besetzen die Projektionsfläche einer offenen Zukunft mit konträren Affektpositionen." (Steil 1993, S. 26)

Auch in der gegenwärtigen Eurokrise tauchten die beiden ‚unausweichlichen' Optionen der Krise auf und wurden von unzähligen Akteuren als rhetorisches Mittel genutzt: entweder gestärkt aus der Krise hervorgehen (durch Ergreifen ganz bestimmter Maßnahmen oder durch kollektives „Gürtel-enger-schnallen") oder in den Abgrund stürzen. Jeder Akteur, der über eine Krise spricht, eine Situation als Krise bezeichnet oder vor einer Krise warnt, kann davon ausgehen, dass das Publikum die Dringlichkeit der Botschaft versteht. Darüber hinaus wird im Sprechen über die Krise ein Sinnzusammenhang für eine soziale Situation hergestellt – und dabei wird mit der Definition der Situation auch schon über mögliche Lösungen entschieden: „Normalität wird in Frage gestellt. Entscheidungen werden abverlangt. Je schärfer die Krise, desto bedeutender die Akteure, desto wichtiger deren der Situation angemessenes Bewußtsein, desto aufgewerteter die Theorie, mit der die Krise antizipiert oder diagnostiziert wird." (Ganßmann et al. 1987, S. 135)

Für die soziologische Beobachtung von Krisen sind mindestens zwei Perspektiven relevant (Jänicke 1973), einerseits die die auf konkrete Akteure und ihr Krisen*framing* und andererseits jene auf die von den Akteuren beschriebenen Krisenlagen.

Grundlegend hat Habermas hierzu festgestellt: Wir würden „nicht von einer Krise sprechen, wenn es sich allein um einen von außen betrachteten objektiven Vorgang handelte, wenn der Patient nicht in diesen Vorgang mit seiner ganzen Subjektivität verstrickt wäre. Die Krise ist nicht von der Innenansicht dessen zu lösen, der ihr ausgeliefert ist" (Habermas 1973, S. 9) Und Bohmann und Vobruba argumentieren weiter: „A historical situation becomes a crisis only on account of its being interpreted as a crisis by the actors in this situation. It follows that crises can only become the subject of social scientific analysis as in practice already interpreted facts." (Bohmann und Vobruba 1992, S. 145) Für den systemischen Krisenbegriff gilt: „Krisen entstehen, wenn die Struktur eines Gesellschaftssystems weniger Möglichkeiten der Problemlösung zuläßt, als zur Bestandserhaltung des Systems in Anspruch genommen werden müßten." (Habermas 1973, S. 11). Damit geht eine zeitliche Komponente einher, das heißt für die Problemlösung besteht erhöhte Dringlichkeit bei Strafe des Untergangs. Aus dieser Perspektive ist eine Krise „objektive […] Gewalt, die einem Subjekt ein Stück Souveränität entzieht, die ihm normalerweise zusteht. Indem wir einen Vorgang als eine Krise begreifen, geben wir ihm unausgesprochen einen normativen Sinn: die Lösung der Krise bringt für das verstrickte Subjekt eine Befreiung." (ebd., S. 10)

Zicht man beide Perspektiven zusammen, so zwingen nicht nur Krisen Akteure um des Systemerhalts Willen zu handeln, sondern diese Akteure selbst schreiben der Krise Bedeutung zu, konstruieren und interpretieren sie. Krisen sind folglich durch drei Charakteristika geprägt: Sie überfordern ein System in seiner momentanen Problemlösungskapazität, diese Überforderung geht mit einem bestimmten Maß an Zeit- und damit Entscheidungs- und Handlungsdruck einher und schließlich werden diese Krisen von Akteuren auch als solche wahrgenommen: Sie interpretieren also die Situation entsprechend als Krise und verknüpfen ihre Handlungspräferenzen mit dieser Krisendiagnose (Vobruba 2005, S. 16).

Diese Kombination von akteurszentriertem und institutionellem Krisenbegriff hat nicht nur analytische, sondern auch praktische Konsequenzen. Wenn Krisen nur im institutionellen Sinne zu untersuchen wären, wäre es vergleichsweise einfach, zu einer technokratischen Lösung zu kommen – oder eben nicht, dann würde aus der Krise eine Katastrophe. Hängt die Lösung der Krise jedoch *auch* von der Kriseninterpretation eines oder, was viel häufiger der Fall sein dürfte, vieler Akteure ab, ist die Entscheidungssituation nicht mehr ‚objektiv' lösbar. Aus sozialwissenschaftlicher Sicht sind Krisen also „gesellschaftliche Entscheidungssituationen" (Vobruba 1983, S. 9), deren Folgen sich unterschiedlich auf die betroffenen Akteure auswirken. Daraus ergibt sich die Frage, wer in diesen Entscheidungssituationen eigentlich entscheidet, und vor allem, auf welcher Grundlage. Wer entscheidet also, ob es eine Krise gibt, wie schwerwiegend sie ist, was ihre Ursachen sind und was zu tun ist? In Anlehnung an Carl Schmitt lautet die Frage: „Who is to be in charge of proclaiming […] the need for crisis government?" (Bracher 1972, S. 516) Denn wer die Krise definiert, definiert auch das Repertoire ihrer Lösung.

2.2 Die soziale Konstruktion der Krise: framings, Narrative, Deutungen, Rhetorik

Der Argumentation in Abschn. 2.1 folgend sind Krisen also sozial konstruierte Entscheidungssituationen. Im Folgenden werden einige an diese Perspektive anknüpfende Untersuchungen vorgestellt. Es findet sich eine ganze Reihe von methodischen Zugängen zur Untersuchung des Deutungsgehalts von Krisen, übernommen insbesondere aus dem Bereich der *cultural studies* und der Diskursanalyse. Einen wissenssoziologischen Zugang eröffnet zum Beispiel Erving Goffmans *Frame*-Analyse (Goffman 1986), welche in der Anwendung zwischen der signifikatorischen, diagnostischen und prognostischen Rahmung sozialer Situationen unterscheidet. Kurz gefasst beschreibt das signifikatorische *framing* die Charakteristika eines Phänomens (z. B. die Schwere einer Krise), das diagnostische *framing* gibt Auskunft über Ursachen und umfasst dabei eventuell auch Schuldzuschreibungen, und schließlich liefert das prognostische *framing* eine Deutung über die Konsequenzen, die aus der entsprechenden Situation und unterschiedlichen Handlungsoptionen folgen. Der Fokus der Sprechakttheorie (vgl. insbesondere Austin 1975) liegt auf den (sprach-)technischen Charakteristika der Krisenkonstruktion. Nagel et al. (2008, S. 307) unterscheiden in ihrer Studie über apokalyptische Rhetorik zwischen apokalyptischer Semantik, also den verwendeten (sprachlichen) Bildern, der apokalyptischen Syntax, also der dramaturgischen Konstruktion von Sprechakten, sowie der rhetorischen Funktion eines Sprechaktes und darüber hinaus ob dieser zielgerichtet ist oder was mit ihm bezweckt wird. In diesen exemplarisch vorgestellten Ansätzen erfolgt die diskursive Konstruktion in der Sphäre der Öffentlichkeit und damit über den Umweg der (Massen-)Medien. Das ist insbesondere für Krisen der Fall: Eine Krise, die nicht in der (betroffenen Teil-)Öffentlichkeit als solche adressiert wird, entfaltet schwerlich die in Abschn. 2.1 beschriebenen Merkmale. In diesem Sinne sind Krisen immer sozial konstruiert.

Die Betonung auf die soziale Konstruktion von Krisen zu legen, bedeutet allerdings nicht, dass diese Krisen nicht ‚real' wären. Anders gesagt: „when I say that social crises, such as the financial meltdown of 2008, are performed, I do not mean to suggest that they are merely rhetorical constructions or ontological fictions. However, to say that a situation is real is not the same as saying that its reality is self-evident. The ways in which a situation is named, described, explained and historically positioned both shape its context and determine the plausibility of one contextual account over another." (Coleman 2013, S. 330)

Ein illustratives Beispiel gibt Davies (2010), der 38 Theorien gesammelt und beschrieben hat, die alle beanspruchen, die Ursache der gegenwärtigen Krise zu erklären. Die Schuldsuche reicht von den gewachsenen nationalen Ungleichheiten, über *laissez faire*-Regulierung, Kasino-Kapitalismus, das Versagen der Ratingagenturen, die prinzipielle Ineffektivität von Märkten, bis hin zu Gier. Mit jeder Diagnose ist ein Narrativ verbunden, das eine Schuldzuweisung sowie überwiegend als alternativlos dargestellte Lösungsvorschläge enthält. Das bedeutet, gerade wenn man die diskursive Wirkmächtigkeit von Krisennarrativen im Blick hat, dass „there are no innocent descriptive presentations that should be taken just at face value: the shape of the political imagination is too important for this to be the case." (Thompson 2009, S. 520)

Allerdings benötigen politische Projekte in komplexen politischen Systemen Narrative im Sinne von Argumenten, Szenarien oder Visionen „which underwrite and stabilize the assumptions for policymaking in situations that persist with many unknowns, a high degree of interdependence, and little, if any, agreement." (Roe 1994, S. 34) Und das trifft natürlich auch auf Krisenpolitik zu. Zu Beginn des Jahres 2009 wurde die öffentliche Debatte Thompson (2009) zufolge von zwei akademischen und vier populären *frames* dominiert, die jedes für sich die Krise erklären wollten. Die beiden akademischen *frames* lassen sich als ‚epochaler Wandel' und ‚konjunktureller Einbruch' zusammenfassen. Thompson beschreibt die Entstehung dieser unterschiedlichen *frames* nicht weiter, doch es ist offensichtlich, dass beide Deutungen ganz unterschiedliche Konsequenzen implizieren. ‚Epochaler Wandel' transportiert die Lesart (oder Hoffnung), dass der moderne Finanzkapitalismus und die neoliberale Hegemonie an ihre Grenzen gestoßen sind, während ‚konjunktureller Einbruch' allenfalls begrenzte Interventionen in ein weiterhin funktionierendes System notwendig erscheinen lässt. Die populären *frames* knüpfen hieran an, zum Beispiel im Sinne eines „business as usual" (ebd., S. 521).

Für diese erste Phase der Krise (2009) untersuchten Quiring et al. den medialen Diskurs und kamen zu dem Schluss, dass dort die Krise als von ökonomischen Akteuren verschuldet dargestellt wurde. Demzufolge hätten dieselben Akteure von staatlichen Interventionen profitiert, während die öffentliche Hand die Risiken und Kosten dieser Interventionen tragen musste (Quiring et al. 2013, S. 77). Ein weiterer, sehr einflussreicher *frame* ist die Griechenlandkrise. Als rhetorische Figur taucht die griechische Krise in ganz Europa immer wieder auf „as synonymous with corruption, poor government, austerity, financial bailouts, civil unrest, and social turmoil" womit lokale und nationale Grenzen transzendiert werden (Knight 2013, S. 147) Die damit einhergehende Externalisierung spielt eine wichtige Rolle im Krisen*framing* insbesondere in Deutschland und lässt sich auch am hier untersuchten Material zeigen (siehe Abschn. 2.4). Eine wesentliche Funktion von Krisen*framing* ist außerdem Komplexitätsreduktion unter anderem in der Berichterstattung. So erklären Quiring et al. (2013, S. 182) die relativ niedrige Anzahl thematischer *frames*, die sie in ihrer Analyse identifizieren konnten, mit den für ihre Etablierung notwendigen materiellen und kulturellen Ressourcen sowie der thematischen Anknüpfungsfähigkeit.

Das zentrale Narrativ der ersten Phase der Finanz- und Wirtschaftskrise, welches in den meisten Studien herausgearbeitet wurde, konzentrierte sich auf die Deutung der Krise als Finanzkrise: Zu diesem Zeitpunkt fokussierte die Kritik auf das anglo-amerikanische Kapitalismusmodell, und die Regulierung der „außer Kontrolle geratenen" Finanzmärkte schien die dringlichste Aufgabe zu sein. Dass die Krise zumindest zu Beginn als ökonomische Krise wahrgenommen und interpretiert wurde, mag auf den ersten Blick trivial erscheinen. Allerdings sollte eine soziologische Untersuchung der Krise reflektieren, was es bedeutet, die Krise als ein ökonomisches Problem zu verstehen. Die generelle Frage lautet also: „Welche Institutionen, Wissensformen und Expertisen werden damit einbezogen bzw. ausgeschlossen?" (Kessler 2013, S. 58) Kessler zufolge ist der Diskurs erstens von drei Grundannahmen getragen: „die Konzipierung von Unsicherheit als Risiko; die Ersetzung epistemologischer durch ontologische Kontingenz; und die Effizienzmarkthypothese." (ebd., S. 65) Zweitens wiederholten zentrale Akteure wie die Bank für Internationalen Zahlungsausgleich, der Internationale Währungsfond, und das Financial Stability Board in ihren Publikationen seit 2008 kontinuierlich die Lesart, die Ursache der Krise läge in der unzureichenden *Regulierung* der Praxis auf den Finanzmärkten – und damit nicht in den Praktiken selbst (ebd., S. 61). Mit den Praktiken selbst hätten fundamentale Regeln des modernen Kapitalismus zur Disposition gestanden, und heftige politische Konflikte wären unausweichlich. So aber ließe sich die Krise mit der technischen (Nach-)Justierung des vorhandenen Regelapparates lösen.

Gegen Ende des Jahres 2009 verschob sich die öffentliche und politische Aufmerksamkeit und gleichzeitig wandelten sich die Kriseninterpretationen. Nun war nicht mehr von Finanz- oder Wirtschaftskrise die Rede, sondern von einer Staatsschulden- und der Eurokrise. Dass sich die Krise und ihre Wahrnehmung so schnell und vor allen Dingen grundsätzlich veränderte, dürfte, folgt man den Annahmen in Abschn. 2.1, nicht nur Ursachen auf der systemischen Ebene haben. Bieling argumentiert sogar, dass die Refokussierung der Debatte „organisiert" wurde und zwar unter anderem „durch die Finanzmarktakteure, die Europäische Kommission sowie die Überschuss- und Gläubigerstaaten, allen voran die deutsche Bundesregierung" (Bieling 2013, S. 320; vgl. Lehndorff 2012). Auch Colin Hay (2013) unterstellt einen solchen Zusammenhang: Nach anfänglicher Irritation (und einem Regierungswechsel) schwenkte die Krisenpolitik der britischen Regierung zweifellos auf Austerität um und folgte damit der Kriseninterpretation einer Staatsschuldenkrise. Verglichen mit dem keynesianischen Krisendiskurs und der Krisenpolitik der 1970er Jahre ist die nun dominierende Interpretation der Krise, so Pontusson und

Raess, nur erklärbar mit dem „political influence of sectorally based coalitions of firms and unionized workers demanding protection or compensation in the 1970s and the absence or weakness of such coalitions in 2008–2010" (Pontusson und Raess 2012, S. 15). Die Bedingungen für solche Koalitionen hätten sich allerdings „as a result of deindustrialization, globalization, and the decline of organized labor since the early 1980s" (ebd.) signifikant verändert. Das heißt, nicht die Dringlichkeit oder Schwere einer Krise allein beeinflusst die Krisenpolitik, sondern die Interessen von Akteuren und deren Möglichkeiten, Koalitionen zu bilden.

Um politische Agenden umzusetzen, ist, wie oben bereits argumentiert wurde, ein Narrativ hilfreich, in auf öffentliche Legitimation angewiesenen Demokratien vielleicht sogar notwendig. Für diese Narrative und für die Beeinflussung und Herausbildung von Kriseninterpretationen spielen, wie Kushner und Kushner (2013) für das Vereinigte Königreich zeigen, Emotionen eine wichtige Rolle. Obwohl die Staatsverschuldung im Vergleich zu den anderen G7-Staaten (Deutschland, Frankreich, Italien, Japan, Kanada und USA) eher niedrig war, verglich die Regierung die Situation mit der in Griechenland und setzte umfangreiche Sparprogramme durch, und zwar nach folgendem Argumentationsmuster: „Our national debt is higher than it's ever been. Our deficit and debt interest payments are unmanageable. Our debt crisis was caused by the overspending of the previous governments. We are on the brink of bankruptcy." (Kushner und Kushner 2013, S. 8). Dass diese Darstellung ihre Wirkung entfalten und die Leute überzeugen konnte, „is rooted in fear, anxiety and the almost effortless way in which the personal is woven into the national" (ebd., S. 9). „[The] clamour of the debt narrative had drowned out dissenting voices and had established a political consensus", der nicht nur rund 75 % der Wähler und Wählerinnen umfasste, sondern auch alle drei wichtigen Parteien (Labour, Tories und Liberal-Demokraten) (ebd., S. 13).

Wie aber wird ein Krisen*framing* konstruiert? Coleman greift auf Kenneth Burkes Theorie des Dramas zurück, um darzustellen, wie man aus einer Krise ein Drama macht („how to make a drama out of a crisis", Coleman 2013). Bleibt man bei diesem Bild, agieren auch soziale Akteure auf einer Bühne und in Szenen. Mehr noch: „The scene must be set – for scenes do not arrive with their own flavours or accounts of themselves. Turning a situation into a crisis entails a performative construction of meaning which relies not only upon words spoken, but tonal inflections, images, gestures and appeals to memory." (ebd., S. 330) Bereits die erste Wahrnehmung und Thematisierung der Krise verändert den interpretativen Rahmen. Deshalb würde jeder Akteur versuchen, die Krise zum Reden und Gehen zu bekommen, und dazu auf ein ganzes Arsenal an Posen, Gesten, Phrasen und Blicke zurückgreifen, „that symbolically entextualise a sharable notion of a particular historical situation" (ebd., S. 334).

Wenn Krisen Akteuren *windows of opportunities* bieten, so stellt sich die Frage, warum sich in Folge der Finanzmarktkrise 2008 eher wenig verändert hat (Mayntz 2012; Preunkert 2012). Insbesondere zwei Studien haben versucht, diese relative Resilienz bestehender Institutionen, ideologischer Vorherrschaft und Politikansätze zu erklären. De Ville und Orbie argumentieren, dass der handlungspolitische Diskurs innerhalb der Europäischen Union „has been subtly adapted to the changing crisis environment: from defensive, over offensive-desirable and offensive-necessary towards necessary-but-not-sufficient at the time of writing" (De Ville und Orbie 2014, S. 149). Diese graduelle Anpassung verhinderte den Autoren zufolge Veränderungen in der Ausrichtung der Politik und legitimierte im Ergebnis Kontinuität – trotz Krise. Blyth wiederum weist darauf hin, dass schon das Vergehen von Zeit, aber auch das Nicht-Vorhandensein von alternativen theoretischen Paradigmen institutionellen Wandel verhinderte (2013, S. 208 ff.). Außerdem ließ die personelle Kontinuität nicht erwarten, dass die Leute, deren Fehler zur Krise geführt hatten, nun einfach eine Kehrtwende vollziehen würden. Deshalb betont Blyth, es sei „politics, not economics, and it is authority, not facts, that matter for both paradigm maintenance and change" (ebd., S. 10). Bezüglich der ideologischen Hegemonie gibt es in der Tat empirische Belege dafür, dass „[m]ainstream economics is the main ruler, and thus both pro-growth and no-growth can be considered alternative discourses trying to change the reproduction of meaning exercised in business as usual" (Urhammer und Røpke 2013, S. 69).

Mein Kapitel trägt zu diesem analytischen Diskurs bei und untersucht, wie der öffentliche Krisendiskurs in Deutschland von unterschiedlichen sozialpartnerschaftlichen Akteuren unterschiedlich beeinflusst wird. Diese Beeinflussung impliziert strategisches Handeln, also in diesem Fall gezielt, Deutungsangebote, Ursachenbeschreibungen und Lösungsvorschläge zu kommunizieren. Bisherige Untersuchungen haben sich der Frage, wie Akteure den Diskurs konkret zu beeinflussen versuchen, kaum direkt genähert. Herausgearbeitet und analysiert werden zumeist die *frames*, nicht aber wie Akteure diese formen und zu nutzen versuchen. Es überwiegen darüber hinaus indirekte Zugänge, beispielsweise Zeitungsanalysen. Im Folgenden wird deshalb anhand von Pressemitteilungen, die als strategische Interventionen in den öffentlichen Diskurs verstanden werden, untersucht, wie Akteure versuchen Einfluss auf die soziale Konstruktion der Krise auszuüben versuchen.

2.3   Datengrundlage und methodisches Vorgehen

Untersucht werden die Pressemitteilungen deutscher Sozialpartner aus den Jahren 2008 bis 2013. Auf Seiten der Gewerkschaften wurden die IG Metall (insbesondere Metall- und Elektroindustrie), die IG BAU (v. a. Bauindustrie und Landwirtschaft) sowie der Dachverband, der Deutsche Gewerkschaftsbund (DGB), ausgewählt. Entsprechend wurden als Arbeitgeberorganisationen der Verband Gesamtmetall, der Hauptverband der deutschen Bauindustrie (HDB) und die Bundesvereinigung der deutschen Arbeitgeberverbände (BDA) in die Untersuchung einbezogen. Die Sektororganisationen wurden, erstens, nicht zuletzt deshalb ausgewählt, weil beide Sektoren von den Konjunkturpaketen der Bundesregierung 2008 und 2009 direkt profitierten. Zweitens, und das ist für die Reichweite der Ergebnisse mindestens ebenso entscheidend, handelt es sich bei der deutschen Metallindustrie um einen Hochlohn- und Hochproduktivitätssektor, der darüber hinaus stark exportabhängig ist. Die deutsche Bauindustrie hingegen zahlt im Vergleich deutlich niedrigere Löhne, die Produktivität ist niedriger und der Sektor deutlich abhängiger von einer stabilen Binnennachfrage. Diese strukturellen Unterschiede könnten, neben der Konfliktlinie zwischen Arbeit und Kapital, das jeweilige *framing* beeinflussen, denn beides impliziert unterschiedliche Interessenlagen.

Die Grundannahme lautet, dass Akteure insbesondere in Konfliktsituationen wie Tarifkonflikten, aber eben auch in ökonomischen Krisenphasen versuchen, die öffentliche Meinung zu beeinflussen (Koch-Baumgarten 2013). Diese Versuche werden ausdrücklich strategisch unternommen. Krisenkommunikation wird in der Literatur meist als situationsspezifische Kommunikation verstanden, die auf Einzelunternehmens- oder Sektorkrisen reagieren will. Die Verantwortlichen für solche Krisenkommunikation in den Verbänden nannten in einer Studie als wichtigste Ziele das Image des Verbandes und dessen Stabilisierung, Risiken für die zentralen Anliegen des Verbandes, sowie, etwas nachgeordnet, das Image des Sektors und das Image der Verbandsmitglieder (Schwarz und Pforr 2010, S. 360). Auf Grundlage des hier verwendeten Datenmaterials ist es natürlich nicht möglich, auf den Erfolg dieser Versuche zu schließen oder gar zu messen, inwiefern diese Interventionen Einfluss auf die Politikformulierung der Bundesregierung hatten. Das Zusammenspiel zwischen Verbänden, der Öffentlichkeit, den Medien und der Politik ist weitaus komplexer (Koch-Baumgarten 2010). Dennoch ist es möglich, nachzuzeichnen, wie die Krise durch Versuche des Agenda*settings* – zum Beispiel bezüglich einzelner Tarifkonflikte, Staatsinterventionen, Haushaltsdisziplin usw. – der Akteure ge*framed* und damit sozial konstruiert wurde. Für diesen Zweck sind Pressemitteilungen als Datengrundlage prädestiniert, da sie genau zu diesem Zweck verfasst werden.

Im ersten Schritt wurden aus dem ursprünglichen Datensatz alle Pressemitteilungen ausgewählt, die das Wort „Krise" enthielten. Per Hand wurden nicht relevante Pressemitteilungen aussortiert, wenn in der Mitteilung zum Beispiel nur auf die Leistungen eines scheidenden Verbandspräsidenten verwiesen wurde, ohne dass die Krise selbst thematisiert wurde. Die in Tab. 2.1 dargestellten Zahlen der

Tab. 2.1 Anzahl Pressemitteilungen die „Krise" enthalten pro Jahr (eigene Erhebung)

	2008	2009	2010	2011	2012	2013
IG BAU	3	18	10	5	6	4
IG Metall	8	42	16	14	9	1
DGB	28	100	73	47	46	26
Gesamtmetall	7	18	24	20	11	4
HDB	6	16	9	2	5	0[a]
BDA	3	30	20	5	7	10

[a] Die Pressemitteilungen von Juli bis Dezember waren nicht erhältlich, Anzahl nur bis einschließlich Juni

Häufigkeit von „Krise" pro Jahr lassen für sich genommen nur sehr begrenzte Interpretationen zu. Zwar ist die Häufung im Jahr 2009 erwartungsgemäß, doch auf Grundlage der Daten kann nur sehr schwer auf Ereignisse geschlossen werden. Ob die Krise in 2009 also wirklich am drängendsten war, muss schon auf Grund eines zu vermutenden *time-lag* der Pressemitteilungen offen bleiben. Außerdem sind die Zahlen schwer vergleichbar, da die einzelnen Organisationen sehr unterschiedliche Muster in ihrer Öffentlichkeitsarbeit aufweisen, beispielsweise bezüglich der Themen und der Anzahl der Pressemitteilungen. Der DGB zum Beispiel gibt jedes Jahr insgesamt über 200 heraus, während die anderen hier betrachteten Organisationen meist bei unter 100 bleiben. Während IG BAU und HDB hauptsächlich sektorspezifische und nationalstaatlich gerahmte Themen adressieren, ist bei DGB und BDA als Dachverbänden eine weit größere Palette an Themen anzutreffen. Umso wichtiger war die qualitative Auswertung der Pressemitteilungen.

Im zweiten Schritt wurden alle Dokumente, die das Wort „Krise" enthielten, danach sortiert, welche der drei Ebenen eines *framings* in Anlehnung an Goffmans „Frame Analysis" (1986) sie beinhalteten. Das signifikatorische *framing* dokumentiert die Dramatik und Schwere der Krise, also wie der jeweilige Verband die Dringlichkeit der Situation einschätzt. Auf der diagnostischen Ebene des *framings* identifizieren die Verbände Ursachen und gegebenenfalls Schuldige. Spätestens hier wird die Einordnung der Krise als Finanzkrise oder Staatsschuldenkrise relevant. Schließlich umfasst das prognostische *framing* sowohl die direkt aus der Krise erwachsenen Folgen als auch die zu ziehenden Konsequenzen aus Sicht der Verbände. Außerdem wurde in diesem Schritt notiert, ob die Pressemitteilungen sich auf die europäische Ebene bezogen und zum Beispiel Europa als Referenzrahmen enthielten oder einen europäischen Akteur (Europäische Kommission, Europäische Zentralbank) zum Handeln aufforderten. Für die folgende Analyse wurden die Pressemitteilungen dann zusammengefasst und die dominierenden Aspekte mithilfe einer Inhaltsanalyse herausgearbeitet.

2.4 Von der Finanzkrise zur Staatsschuldenkrise

Im Analysezeitraum konnte eine doppelte Verschiebung beobachtet werden. Zum einen zeigt sich eine thematische Verschiebung von der Finanzkrise als externe Bedrohung für die produktiven Sektoren der deutschen Industrie hin zur Staatsschuldenkrise als hausgemachtes Problem einzelner Staaten, zum anderen eine territoriale Verschiebung in Form einer Externalisierung des Krisenproblems: Die Krise in Deutschland war schnell überwunden und der Krisendiskurs fokussierte auf die ökonomische Schwäche der südeuropäischen Eurozonen-Mitglieder. Beides ist kennzeichnend für die deutsche Krisenpolitik. Der anfänglichen externen Bedrohung wurde mit keynesianischen Mitteln begegnet (den Konjunkturpaketen), recht bald wurde aber die Haushaltsdisziplin wieder hervorgehoben – letztlich schon mit der im Konjunkturpaket II angekündigten Schuldenbremse. Gleichzeitig legitimierte die Externalisierung der Krise als Eurokrise (oder Griechenlandkrise) die eigene Position, sowohl im nationalen Diskurs als auch gegenüber den europäischen Nachbarn. Im Folgenden sollen die *framing*-Versuche der deutschen Verbände exemplarisch nachgezeichnet und zusammengefasst werden. Außerdem wird die Veränderung des *framing* der einzelnen Akteure herausgearbeitet und untersucht, inwiefern der nationale und/oder der europäische Konfliktrahmen adressiert wurde. Die Analyse zeigt so, dass es den Akteuren in ihrem strategischen Krisen*framing* einerseits um konkrete Konflikte (z. B. Tarifkonflikte) geht, andererseits aber auch um die Veränderung oder Stabilisierung bestehender Konfliktarrangements. Die Krise wird also als *window of opportunity* antizipiert und entsprechend reformuliert.

2.4.1 Die größte Krise seit dem Zweiten Weltkrieg?

Zu Beginn des Jahres 2009 erlebte Deutschland den stärksten Rückgang des Bruttoinlandsproduktes seit dem Zweiten Weltkrieg. Allerdings zeichneten die Verbände unterschiedliche Bilder der Situation. Die IG BAU und der Hauptverband der deutschen Bauindustrie waren, entgegen dem allgemeinen Krisendiskurs, seit 2007 damit beschäftigt, das angekratzte Image der deutschen Bauindustrie zu verbessern. Die IG BAU betonte, die Strukturkrise der deutschen Bauindustrie sei vorbei (IG BAU 2007-1),[1] und auch der Hauptverband der deutschen Bauindustrie

---

[1] Pressemitteilungen werden nach dem Schema Akteur, Jahr und Nummer zitiert. Wenn keine Nummerierung durch die jeweilige Pressestelle vorlag, wird das Veröffentlichungsdatum angegeben.

ließ verlauten: „Wir müssen definitiv das Reden über die Bauwirtschaft als Krisenbranche beenden und unser ‚Low-Tech-Image' überwinden." (HDB 2007-42) 2008 äußerte die IG BAU dann erste Warnungen vor der Finanzkrise, die zu Risiken für die deutsche Wirtschaft führen könnte (IG BAU 2008-68). Selbst in der ersten Pressemitteilung von 2009, die die Krise thematisierte, betonte die IG BAU jedoch, dass es keine Krise der Bauindustrie gäbe (IG BAU 2009-5). Zwar wurde die Rezession in darauf folgenden Mitteilungen als die schlimmste der letzten 80 Jahre bezeichnet (IG BAU 2009-35), aber die von der IG BAU repräsentierten Sektoren (Bauen, Malerhandwerk, Landwirtschaft) seien nicht oder nur kaum betroffen. Diese über den Untersuchungszeitraum relativ stabile Einschätzung der Lage wurde mit Vorwürfen gegen die Arbeitgeber kombiniert, die Krise zwecks Lohndruck zu instrumentalisieren, während die IG BAU Lohnsteigerungen von beispielsweise 7,2 % für MalerInnen und LackiererInnen (IG BAU 2009-35) und 6,5 % für LandschaftsbauerInnen und GärtnerInnen (IG BAU 2009-48) forderte, um die geringen Lohnrunden der vorangegangenen Dekade auszugleichen. Die Arbeitgeberseite antizipierte die Finanzkrise im Laufe des Jahres 2008 als großes Risiko für Investitionen im Bausektor und sagte gegen Ende des Jahres eine schwere Rezession voraus. Die Wirkung der Konjunkturpakete wurde allerdings relativ früh begrüßt (HDB 2009-21), und im Jahr 2010 wurde die Krise für beendet erklärt, trotz weiterhin bestehender Risiken im Bereich des Industriebaus (HDB 2010-35).

In der Darstellung der IG BAU bekam die Krise erst im Jahr 2011 eine europäische Dimension, als sie das erste Mal als Staatsschuldenkrise bezeichnet wurde. Zwar wurde die Weltwirtschaftskrise als die schlimmste seit 1929 thematisiert, aber die Auswirkungen auf die deutsche Bauindustrie wurden als sehr begrenzt wahrgenommen. Dagegen wurden die Krise und die Austeritätspakete in den südlichen Euro-Mitgliedsländern zunehmend als Bedrohung für die deutschen Arbeitnehmer aufgefasst: Die sinkenden Löhne und verschlechterten Arbeitsbedingungen in anderen Ländern wurden als potenzielle Ursache für Konkurrenzdruck kritisiert (IG BAU 2012-63). Der Hauptverband der deutschen Bauindustrie bezeichnete den Bausektor als „krisensicher" und versuchte so zunehmend, auf einen wahrgenommenen Fachkräftemangel zu reagieren (HDB 2012-7). Die europäische Ebene spielte für den HDB kaum eine Rolle und die Staatsschuldenkrise wurde nicht thematisiert.

Wie die IG BAU war auch die IG Metall Ende 2008 nicht gewillt von einer Krise zu sprechen: Die Finanzkrise war (noch) kein Problem für die Realwirtschaft und Übertreibungen der Auswirkungen eines Finanzcrashes wurden als Strategie der Arbeitgeber identifiziert, die Gewerkschaften zu Lohnzurückhaltung zu zwingen (z. B. IG Metall 16.10.2008 und 01.11.2008). Anstatt also die Auswirkungen der Krise auf die von der IG Metall vertretenen Exportindustrien zu thematisieren, wies die Gewerkschaft auf die unsicheren Arbeitsverhältnisse von jungen KollegInnen und ZeitarbeiterInnen hin. Im Oktober 2010 war die Krise schließlich überwunden (z. B. IG Metall 18.10.2010 und 01.11.2010). Die Europäische Ebene wurde schon etwas früher bei der Mai-Kundgebung desselben Jahres adressiert. Dabei wurde einerseits die massiv steigende Arbeitslosigkeit in Südeuropa betont, aber andererseits die Krise auch schon weitestgehend externalisiert.

Demgegenüber kann das signifikatorische Krisen*framing* des Arbeitgeberverbandes Gesamtmetall über den untersuchten Zeitraum hinweg als vorsichtig-pessimistisch umschrieben werden. Schon 2007 und damit früher als alle anderen untersuchten Verbände warnte Gesamtmetall vor den Folgen der Finanzkrise und die Pressemitteilungen im Jahr 2008 beinhalten zunehmend mehr Warnungen. Im Frühjahr 2009 führte der Verband Gesamtmetall die Unterscheidung zwischen einer strukturellen und einer Absatzkrise ein – und bei der gegenwärtigen Krise, so die Argumentation, handele es sich nur um eine Absatzkrise. Obwohl die deutsche Industrie ab dem zweiten Halbjahr 2009 wieder steigende Auftragseingänge verzeichnen konnte, versuchte der Verband doch immer wieder, die Erwartungen zu drosseln, und verwies auf den starken Einbruch von Anfang 2009, den man verkraften müsse. Die pessimistischsten Pressemitteilungen dieser Art thematisierten dabei tatsächlich Tarifkonflikte. Zu Beginn des Jahres 2012 war die Industrieproduktion wieder auf das Vorkrisenniveau gewachsen, aber nun fürchtete Gesamtmetall, dass die europäische Staatsschuldenkrise negative Auswirkungen auf das deutsche Wachstum haben könnte (Gesamtmetall 06.12.2012).

Der DGB verlangte schon 2007 von der Europäischen Zentralbank, die Leitzinsen zu senken, in Antizipation der Finanzkrise und als Reaktion auf die von der Federal Reserve Bank gesenkten US-Zinsen. Wie Gesamtmetall war auch der DGB relativ früh daran, die Finanzkrise als Risiko zu klassifizieren (DGB 2008-6), allerdings standen hier die „gesellschaftlichen Herausforderungen", also Investitionen in Infrastruktur, Bildung u. ä., im Vordergrund (DGB 2008-165). Der DGB positionierte sich mit makroökonomischen Forderungen (Leitzins) und gesamtgesellschaftlichen Themen (Bildung) offensichtlich „über" den Einzelgewerkschaften. Für die Dachorganisation sind Tarifkonflikte nur mittelbar ein Thema, dafür sind branchenübergreifende Themen wie zum Beispiel Kurzarbeitsregeln oder Ausbildungsplätze das Kerngeschäft des DGB. Ende 2008, als die Vorbereitungen zu den Konjunkturpaketen, bei denen die Sozialpartner als Berater der Regierung eine wichtige Rolle spielten, auf Hochtouren liefen, wurde die Krise aus Sicht des DGB bedrohlicher. Diese seit 80 Jahren schwerste Krise (DGB 2009-24) war nicht nur für die deutsche Wirtschaft eine große Herausforderung, sondern es waren bei einer halben Million Arbeitsplätzen, die auf dem Spiel standen, auch soziale und

politische Konsequenzen zu befürchten. Die Menschen könnten vor allen Dingen
ihr Vertrauen in die Politik verlieren (DGB 2009-70). Immer wieder bezeichnete
der DGB die Krise außerdem als „Systemkrise" (DGB 2009-72) und bezog in seinen Beschreibungen – im Unterschied zu den Einzelgewerkschaften – die europäische Ebene schon 2009 in seine Analysen mit ein. Die Krise war demnach so gra-
vierend, dass sie nationale Grenzen transzendieren würde (DGB 2009-100). 2011
ist die Krise in Deutschland aus Sicht des DGB überwunden, doch die Euro-Krise
gefährdete nun die gesamte Eurozone (DGB 2011-7, -82). Ab dem vierten Quartal
2012 thematisierten fast alle DGB-Pressemitteilungen die europäische Krise und
die sozialen Verwerfungen wie die rasant steigende Arbeitslosigkeit. Allerdings
hatte sich das Blatt schon 2011 gewendet und 2012 war klar, dass der DGB die Krise nicht mehr als Chance für die Reform eines offensichtlich anfälligen Systems
verstand, sondern als Gefahr, die die weitere Durchsetzung neoliberaler Arbeits-
markt- und vor allem Sparpolitik bedeutete.

Dass die Finanzkrise auch Risiken für die deutsche Wirtschaft mit sich bringen würde, beklagte die BDA in einer Pressemitteilung erstmals Ende September
2008. Ein halbes Jahr später hatte die Krise die Industrie stark getroffen (BDA &
BDI 13.03.2009), aber im Gegensatz zu den Befürchtungen des DGB, die Krise
könnte vor allem zu Lasten der Jüngeren und von neuen Ausbildungsplätzen gehen, bemühte sich die BDA, solche langfristigen Folgen der Krise zu verneinen
(BDA 2009-23). Dabei negierte der Verband die Krise zwar nicht, versuchte aber
dennoch, das schon zuvor gepflegte Narrativ des Fachkräftemangels aufrechtzuerhalten (BDA 2009-55). Damit verbunden ist eines der wichtigsten politischen
Projekte der BDA, nämlich die Erhöhung des Renteneintrittsalters: Hätte die Krise
wirklich größere Auswirkungen auf den Arbeitsmarkt, so wären solche Forderungen vermutlich schwer politisch durchsetzbar gewesen – zumindest mittelfristig.
Ab dem ersten Quartal 2010 war die Krise aus Sicht der BDA vorüber und alle
Pressemitteilungen adressierten nun die Krise als eine Staatsschuldenkrise, was
sie einerseits umdeutete (z. B. im Vergleich zum DGB aber auch zur bisherigen
Bezeichnung als Finanz- oder Wirtschaftskrise) und andererseits externalisierte.

Ein wichtiges und immer wiederkehrendes Motiv des signifikatorischen *framing* in den Pressemitteilungen (und in den Zeitungen) war die Referenz auf die
Krise von 1929, indirekt mit den Bezeichnungen größte Krise seit 80 Jahren oder
seit dem Zweiten Weltkrieg.[2] Dies lässt sich als „frame amplification" (Snow et al.
1986) verstehen: Die Bezugnahme auf ein weithin geteiltes Wissen, in diesem Fall
über die Weltwirtschaftskrise von 1929 und ihre Folgen verstärkt die gegenwärtige
Beschreibung der Ausmaße der Krise.

---

[2] z. B. DGB 2009-167, 2010-37, aber auch bei einigen der anderen untersuchten Akteure.

2.4.2 Die Krisenursachen und die Schuldfrage

Auf der diagnostischen Ebene des Krisen*framing* findet die Ursachen- und in den meisten Fällen auch die Schuldzuschreibung statt. Die IG BAU stellte von Anfang an klar, dass die Krise in den Finanzmärkten ihren Ursprung hatte, aber schon auf ihrer Mai-Kundgebung 2009 modifizierte sie diese Lesart: Der Grund für die Krise waren nicht einfach „giftige Papiere" und die US-Immobilienblase, sondern 25 Jahre Marktradikalismus und eine falsche Orientierung am *shareholder*-Kapitalismus (IG BAU 2009-35). Die Ursachensuche kam also schnell zu einer deutlichen und umfassenden Kritik am kapitalistischen Wirtschaftssystem (z. B. IG BAU 2009-98). Später, im Jahr 2012, als der Fokus auf die europäische Krise wechselte, wurde die Kritik dann konkreter (oder personalisierter) in den Schuld zuschreibungen: Es seien nicht die griechischen Arbeiter und Gewerkschaften, die den Zusammenbruch der Finanzmärkte zu verantworten hätten, sondern die „Gier der Banker und der Reichen" (IG BAU 2012-28) ebenso wie die dann folgenden Austeritätsmaßnahmen, die die Krise noch befeuerten (IG BAU 2012-57). Mit diesem diagnostische *framing* konnten die eigenen Interessen wie starke Lohnzuwächse offensichtlich verbunden werden, trotz der Schwere der Krise.

Das Krisen*framing* des HDB konzentrierte sich stark auf die Wirkungen der Konjunkturpakete. Immer wieder betonte die Pressestelle der Bauindustrie, dass die Krise vor allem wegen der erfolgreichen staatlichen Interventionen nicht so dramatisch sei, wie zunächst zu befürchten war. Die Ursachen der Krise selbst hingegen wurden kaum thematisiert, vermutlich weil die Bauindustrie insbesondere das eigene Image aufbessern wollte. Spätestens auf der diagnostischen Ebene des *framing* treten die Gemeinsamkeiten und Unterschiede der beiden Bauindustrie-Verbände hervor: Beide Verbände wissen um ihre Abhängigkeit von der Binnennachfrage und auch von staatlichen Aufträgen. Allerdings divergieren die Interessen, was die prinzipielle Organisation der Wirtschaft angeht und bezüglich der Relevanz der europäischen Ebene. Für die IG BAU scheint letztere, nicht zuletzt auf Grund der gefürchteten Konkurrenz durch sinkende Standards innerhalb der EU, einen höheren Stellenwert zu haben.

Die Ursachenbeschreibungen von IG Metall und IG BAU gleichen sich in den wesentlichen Punkten. Nachdem zunächst nur das Finanzsystem im Zentrum der Kritik stand, wurde die Krise schnell als Anlass für grundsätzlichere Kritik an ständig weiter getriebener Profitmaximierung (IG Metall 26.2.2009, 17.3.2009) und dem *shareholder value*-Prinzip (IG Metall 4.9.2009) genutzt. Außerdem hätte die um sich greifende Spekulation nicht nur die ursprüngliche Krise, sondern auch die Staatsschuldenkrise verursacht, und die gerade geretteten Banken würden nun auf Kosten des griechischen Staates zweistellige Profitraten einstreichen (IG Metall 1.5.2010). Die schnelle Überwindung der Krise in Deutschland schrieb die IG Metall den Lohnopfern der Metall- und Elektroindustrie zu (IG Metall 1.5.2011), aber gleichzeitig auch den noch für 2009 durchgesetzten Lohnerhöhungen, die die Binnennachfrage stabilisierten (IG Metall 10.10.2011). Während die IG Metall die „Krisenverursacher in den Finanzzentren und die Besitzer großer Vermögen" (IG Metall 14.11.2012) als Ziel ihrer Kritik identifizierte, könnte die Sicht der Arbeitgeber hier kaum gegensätzlicher sein. Zu Beginn war Gesamtmetall äußerst vorsichtig mit Schuldzuschreibungen, es erfolgte also keine Kritik an den entfesselten Finanzmärkten, wie es beim HDB zumindest in Abgrenzung zu der solide wirtschaftenden Bauindustrie anklang. Bis 2010 sind die einzigen diagnostischen Aussagen jene, die die eigenen Erfolge beschreiben, die Beschäftigung auf hohem Niveau zu halten. 2011 wurden die Aussagen aber zunehmend schärfer und eindeutiger: „Wir haben keine Euro-Krise, wir haben eine Schuldenkrise" (Gesamtmetall 30.12.2011). Schon zu diesem Zeitpunkt war die Krise komplett externalisiert: Auf der einen Seite stand Deutschland mit seiner starken Wirtschaft, auf der anderen Seite die „Krisenländer" mit ihrer „verfehlten Haushaltspoltitik" (z. B. Gesamtmetall 21.09.2012). Dennoch gilt auch für Deutschland, dass zu hohe Staatsausgaben in den Augen von Gesamtmetall und ihrem *think tank* INSM[3] das größte Risiko für Wachstum und Wohlstand darstellten. Es scheint demnach, dass der Konflikt zwischen Arbeitgeber- und Arbeitnehmerseite zumindest verbal schärfer im Hochlohn-/Hochproduktivitätssektor ausgetragen wird. Das könnte unter anderem am großen Einfluss liegen, den man beiden Verbänden unterstellen kann – immerhin ist die IG Metall die mitgliederstärkste Einzelgewerkschaft der Welt, Gesamtmetall gilt als einer der einflussreichsten Industrieverbände Deutschlands.

Das erste auch nur indirekt diagnostische Krisen*framing* der BDA kommt ebenfalls erst spät und argumentiert nur, dass höhere Unternehmenssteuern die Krise verschärfen würden (BDA 30.6.2009, gemeinsame Pressemitteilung mit weiteren Arbeitgeberverbänden) – die Finanzkrise und ihre Ursachen werden also nicht weiter thematisiert. Die Krise wurde vielmehr umgedeutet von einer Finanz- und Wirtschaftskrise – deren Gründe nicht weiter genannt wurden, da dies wohl zu offensichtlich den eigenen Interessen an Liberalisierung und Deregulierung widersprochen hätte – zu einer Staatsschuldenkrise, deren Ursachen (fehlgeleitete Haushaltspolitik) eher zu den eigenen Interessen passten. Bemerkenswert am diagnostischen *framing* der BDA ist also, dass es erst auftaucht, als es möglich wird, die Krise interessengerecht zu *framen*.

---

[3] Die Initiative Neue Soziale Marktwirtschaft (INSM) wird von Gesamtmetall finanziert und arbeitet mit dem Ziel „zur Erneuerung der Sozialen Marktwirtschaft" vgl. http://www.insm. de/insm/ueber-die-insm/FAQ.html (13.1.2015).

Der DGB hingegen nutzte die Krise von Beginn an, um langfristige Entwicklungen zu kritisieren die seiner Meinung nach in die Krise geführt hatten, beginnend, noch vor der eigentlichen Krise in Deutschland, mit der zunehmenden Finanzialisierung der Altersversorgung in Deutschland (DGB 2007-182). Konkret seien an der Krise insbesondere die Fehlorientierung der meisten Banken, kurzfristige Profitmaximierung und die zunehmenden Ungleichheiten schuld (z. B. DGB 2008-59, 179, 180, 199, 203). Zentraler Grund für die Krise war dem DGB zufolge die fehlende Regulierung unternehmerischer Tätigkeit, die aus dem Ruder gelaufen war. Im gleichen Maße kritisierte der DGB die „Behauptung von Herrn Ackermann, dass wir alle in einem Boot sitzen. Die arbeitenden Menschen und ihre Gewerkschaften sitzen mit den Verursachern der Krise nicht in einem Boot. Wir gehören nicht zu den Verursachern der Krise. Mitschuld an der Krise haben u. a. verantwortungslose Banker." (DGB 2009-57)

Das diagnostische *framing* und die damit verbundenen Ursachenbenennungen und Schuldzuweisungen divergieren erwartungsgemäß stark. Insbesondere Gesamtmetall und BDA haben erst sehr spät Diagnosen veröffentlicht und nahmen damit an der Kritik an den entfesselten Finanzmärkten und deren Rolle in der Entwicklung der Krise nicht teil. Die Haushaltsprobleme insbesondere in Südeuropa wurden hingegen früh kommentiert und die Ursachen wurden eben nicht bei den Märkten, sondern bei den Regierungen gesucht. Die Gewerkschaften versuchten hingegen ihre Kritik aufrechtzuerhalten, die schon zu Beginn der Krise auf die Entfesselung und Deregulierung der Finanzmärkte zielte.

2.4.3 Regulierung der Banken oder Haushaltsdisziplin?

Die Bundesregierung reagierte auf die Krise mit zwei Konjunkturpaketen im Oktober 2008 und Anfang 2009, einem Steuerpaket Ende 2009 und schließlich mit einem Sparpaket im Juni 2010. Daneben kam es zu einer ganzen Reihe von mehr oder weniger koordinierten europäischen Krisenpolitiken, zum Beispiel EFSF und ESM (dazu die Beiträge von Dorothee Riese und Jenny Preunkert in diesem Band). Offensichtlich verspürte also (nicht nur) die Bundesregierung erheblichen Handlungsdruck, dem sie zumindest symbolisch[4] mit entsprechenden Paketen begegnen wollte.

---

[4] Die Konjunkturpakete sind bei näherem Betrachten nicht so groß ausgefallen, wie sie verkauft wurden. Das Sparpaket der schwarz-gelben Regierung ist verglichen mit den Sparmaßnahmen in Südeuropa ebenfalls sehr klein. Diese Auffassung vertreten auch Ministeriumsmitarbeiter, die der Autor im Zuge eines EU-geförderten Projektes interviewen konnte (vgl. http://www.livewhat.unige.ch).

Das prognostische *framing* beschreibt die aus der Krise erwachsenden Konsequenzen und, viel wichtiger, die von den jeweiligen Akteuren empfohlenen oder als gefährlich erachteten Maßnahmen gegen die Krise. Aus der Perspektive der IG BAU war die wichtigste Reaktion auf die Finanzkrise, endlich wieder in „echte Werte", also Wohnungsbau und Infrastruktur, zu investieren (IG BAU 2008-68) und ganz generell staatliche Interventionen wie auch die zu diesem Zeitpunkt bekannt gegebenen Konjunkturpakete zu unterstützen (IG BAU 2008-74). Darüber hinaus sollte aber auch das deutsche Wirtschaftsmodell insgesamt eine Umorientierung erfahren und die zunehmenden Strategien der Deregulierung und Liberalisierung zurückgenommen werden (IG BAU 2009-100, 2010-6, 2010-29). Konkret forderte die IG BAU unter anderem zu diesem Zweck seit 2010 eine Finanztransaktionssteuer (IG BAU 2010-38), was sich 2011 zu einer Kernforderung gerade auf der europäischen Ebene entwickelte. Seit 2012 forderte die Gewerkschaft außerdem einen neuen Marshall-Plan, also ein europäisch koordiniertes Investitionsprogramm, um die Krise zu überwinden (IG BAU 2012-28). Zusammengefasst versuchte die IG BAU im Licht der Krise, mehr Staatsinterventionen zu erreichen und auf ein sozialeres Europa und in diesem Sinne eine vertiefte Integration hinzuwirken.

Auch der HDB rief nach mehr und kontinuierlicheren Staatsinvestitionen in „echte Werte", anstatt weiter dubiose Finanzprodukte zu fördern. Mit diesem *framing* versuchte der HDB offensichtlich, die Bauindustrie in der Öffentlichkeit und gegenüber der Politik als unterstützenswert darzustellen: Im Lichte der Staatsschuldenkrise könne die Bauindustrie „Problemlöser in den Bereichen Klimaschutz und Infrastruktur" sein (HDB 2012-23). Außerdem nutzte der Verband die Krise immer wieder als Argument, um konkrete (nationale) Gesetzesvorhaben zu kritisieren, wie zum Beispiel zu Zinsschranken (HDB 2009-7), das Bauforderungssicherungsgesetz (HDB 2009-19), ein zu laxes Übernahmegesetz (HDB 2010-43), sowie zu hohe Steuern (HDB 2009-29). Noch 2010 forderte er mehr Geld für die bereits aufgelegten Konjunkturpakete (HDB 2010-6). Der HDB begrüßt also mehr Staatsinvestitionen, möchte aber gleichzeitig weniger Regulierung, vor allem auf der europäischen Ebene.

Mitten in der globalen Finanzkrise bestand die IG Metall auf ihrer Forderung nach 8 % mehr Lohn, mit der Begründung, dass eine kräftige Lohnerhöhung die Binnennachfrage stärken und so die Wirtschaft stabilisieren würde (IG Metall 25.10.2008). Außerdem trat sie von Anfang an für eine strikte Re-Regulierung der Finanzwirtschaft ein (IG Metall 8.11.2007, 30.10.2008). In den folgenden Monaten verfolgte sie eine Doppelstrategie: Einerseits forderte sie „eine andere Politik" und kritisierte das gegenwärtige und für die Krise verantwortliche („neoliberale") Wirtschaftssystem, andererseits unterstützte sie konkrete Maßnahmen, die den

Status quo sichern halfen, wie die Abwrackprämie. Solche Maßnahmen gelten in Deutschland allerdings normalerweise nicht als legitime Politikoptionen. Zu sehr widersprechen sie dem ordoliberalen wirtschaftswissenschaftlichen Mainstream, zu sehr erinnern sie an einen etatistisch organisierten Kapitalismus, den man eher in Frankreich vermutet. Als sich der Fokus der öffentlichen Debatte auf die Staatsschulden der südeuropäischen Euromitglieder verschob, forderte die IG Metall vertiefte politische Integration, einen Marshall-Plan[5] und gemeinsame europäische Initiativen wie eine Transaktionssteuer (IG Metall 8.6.2010). Die IG Metall versuchte also nicht nur, das deutsche Wirtschaftsmodell keynesianisch zu erweitern, sondern forderte auch auf europäischer Ebene institutionelle Reformen.

Gesamtmetall optierte Ende 2008 für die Ausweitung der internen Flexibilität (ohne Kündigungen, z. B. Arbeitszeitkonten, Kurzarbeitergeld), anstatt wie bisher auf weiterer externer Flexibilisierung (z. B. durch Lockerung des Kündigungsschutzes) zu bestehen. Diese Forderung beruhte auf der Einschätzung der Krise als einer Nachfrage- statt einer strukturellen Überproduktionskrise. Für den Hochproduktivitätssektor war es also wichtiger, die qualifizierten Mitarbeiter und Mitarbeiterinnen über eine als temporär empfundene Krisenperiode hinaus zu halten, um dann die Produktion schnell wieder hochfahren zu können (Bosch 2011, S. 259 ff.). In der Öffentlichkeit kritisierte der Arbeitgeberverband dennoch die Konjunkturpakete und hier insbesondere die investiven Maßnahmen (Gesamtmetall 20.1.2009), nicht aber die Erleichterungen bei der Kurzarbeit (Gesamtmetall 24.3.2009, 18.06.2009). Wie auch das diagnostische *framing* war in der ersten Phase der Krise auch das prognostische *framing* eher defensiv. Als die deutsche Wirtschaft wieder auf einem stabilen Wachstumskurs war, versuchte Gesamtmetall immer wieder, Gewerkschaften und Politik für ihre Positionen (Investitionserleichterung, Lohnzurückhaltung, etc.) zu gewinnen, indem das gemeinsame Schicksal in der Krise betont wurde (Gesamtmetall 31.01.2011, 01.07.2011, 11.11.2011). Nur mit ihren Vorschlägen könne ein Übergreifen der nun externalisierten Staatsschuldenkrise auf Deutschland auch mittelfristig verhindert werden.

Wie schon oben angemerkt, unterscheiden sich die Themen der Dachorganisationen DGB und BDA von denen der Sektorverbände. Schon 2007 forderte der DGB die Europäische Zentralbank auf, die Leitzinsen zu senken, um die Auswirkungen der Finanzkrise aufzufangen (DGB 2007-141, 165; 2008-1, 14). Ebenfalls sehr früh begann der DGB, die Krise als *critical juncture* zu deuten und einschneidende Veränderungen der makroökonomischen Ausrichtung der deutschen Wirtschaftspolitik zu fordern. Mit den deutlich keynesianisch geprägten Konjunkturpaketen

---

[5] Die Forderung nach einem Marshall-Plan fungiert vermutlich wiederum als *frame amplification* (Snow et al. 1986).

verbuchte er einige, allerdings temporär begrenzte Erfolge. Auch eine Finanztransaktionssteuer forderte der DGB schon sehr früh, verbunden mit der Hoffnung, die
Finanzialisierung der Wirtschaft so zumindest einzugrenzen (DGB 2008-168). Das
erklärte Ziel war, auf eine wieder „wirklich soziale Marktwirtschaft" hinzuarbei-
ten (DGB 2009-8) beziehungsweise ein neues Finanz- und Wirtschaftssystem zu
etablieren (DGB 2009-48). Außerdem würde eine stärkere Demokratisierung und
Limitierung der Wirtschaft (DGB 2008-73) zukünftige Krisen verhindern helfen.
In gleicher Weise – und deutlich früher als die Sektorgewerkschaften – forderte
der DGB „einen neuen europäischen Ordnungsrahmen" (DGB 2009-23), inklusive Finanztransaktionssteuer, einer Stärkung des Europäischen Parlaments und
einer „sozialen Dimension" der europäischen Integration. Doch schon Mitte 2009
wurden die Forderungen defensiver und die Pressemitteilungen betonten, dass es
unfair sei, die Finanzmärkte nicht zu regulieren und die Banker und Reichen nicht
an den Kosten der Krise zu beteiligen. Dazu kam ab 2010 zunehmende Kritik am
europäischen Austeritätsregime (DGB 2010-68) sowie heftiger Widerspruch gegen
die deutsche und europäische Krisenpolitik (z. B. DGB 2012-182, 2013-54). Statt
Wettbewerb, Lohnsenkungen und Spardiktaten sollte ein Marshall-Plan die Krise
überwinden (DGB 2013-9). Das *framing* des DGB wurde allerdings immer defensiver, während die erhoffte Re-Regulierung ausblieb (DGB 2011-33), und das
window of opportunity „für eine andere Politik" von der Politik nicht genutzt wurde (DGB 2011-145).

Die BDA versuchte ebenfalls, schon zuvor vertretene Positionen mit Hilfe der
Krisenrhetorik zu stärken. Zu stark steigende Löhne, europäische Initiativen in der
Umwelt- und Klimapolitik sowie staatliche Interventionen in der Verbraucher- und
Energiepolitik wurden als schädlich gerade in unsicheren Zeiten gebrandmarkt
(BDA 2008-96, 10.12.2008). Hingegen begrüßte der Verband die in das zweite
Konjunkturpaket aufgenommene Schuldenbremse. Damit ist auch die Hauptforde-
rung für die kommenden Jahre und insbesondere für die europäische Krise schon
genannt. Wie die Gewerkschaften befürwortete die BDA ebenfalls „mehr" europäische Integration als Krisenlösung, meinte damit aber etwas ganz anderes, nämlich
vor allem eine vergemeinschaftete Haushaltskontrolle. Ein weiteres erwähnens-
wertes Element des BDA-Krisen*framing* ist das Hervorheben der eigenen Leistungen bei der Lösung der Krise in Deutschland, wo man flexibleren Regelungen auf
dem Arbeitsmarkt sowie umfassender Kooperation mit den Gewerkschaften zugestimmt hatte (BDA 22.1.2010, 30.6.2010, 8.1.2013). Damit versucht die BDA, sich
als verlässlicher und kompromissbereiter Partner darzustellen.

2.5 Die Krise als Chance

Seit sechs Jahren fordern die Auswirkungen der Krise eine Lösung. Krisen brauchen immer Lösungen, aber das heißt nicht, dass notwendigerweise tiefgreifende institutionelle Wandlungsprozesse zu erwarten sind. Dieses Kapitel hat deshalb das auf die Krise gerichtete *framing* deutscher Verbände untersucht, die versuchten, institutionellen Wandel zu beschleunigen, zu initiieren oder zu verhindern, und zwar sowohl auf der nationalen wie auf der europäischen Ebene.

Fasst man die empirischen Beobachtungen aus Abschn. 2.4 zusammen, so lässt sich zunächst eine soziale Konstruktion der Krise nachvollziehen, die sich schlagwortartig als „von der Finanzkrise zur Staatsschuldenkrise" beschreiben lässt. Diese Beobachtung deckt sich mit Befunden in der Literatur, hier konnte jedoch gezeigt werden, dass die Sozialpartner diese Lesarten verstärken und strategisch nutzen. Die Arbeitgeberverbände waren in der Phase der Finanzkrise entsprechend vorsichtig, Verantwortlichkeiten zu benennen. Nur der HDB forderte mehr (staatliche) Investitionen in „echte Werte", was die These bestätigt, dass Sektoren und die entsprechenden Interessenlagen relevant für das *framing* sind. Schnelle und effektive staatliche Hilfe wurde von allen Arbeitgebern begrüßt, aber jeder darüber hinausgehende Versuch, die Spielregeln und Strukturen zu verändern, wurde äußerst kritisch gesehen. Selbst Maßnahmen wie die Finanzmarkttransaktionssteuer wurden abgelehnt, die die untersuchten Sektoren gar nicht direkt betroffen hätte. Die Krise wurde als außergewöhnliche, nicht aus dem System selbst entstandene, Situation ge*framed*. Als dann der Staatsschulden-*frame* im Diskurs auftauchte und Anknüpfungspunkte bot, fiel es allen voran der BDA sehr schnell sehr leicht, die eigenen Narrative, wie weniger Staatsintervention oder mehr Haushaltskontrolle, als prognostisches *framing* anzubieten.

Die untersuchten Gewerkschaften wiederum bemühten sich nach einer längeren Phase hoher Arbeitslosigkeit und spürbarer Niederlagen insbesondere auf dem Arbeitsmarkt, die Krise als Chance zu begreifen, diese Politik als verfehlt darzustellen. Das neoliberale Wirtschaftsmodell hatte in ihrer Darstellung die Krise verursacht und war deshalb selbst reformbedürftig. Allerdings ging der anfängliche Schwung bald verloren. Die erfolgreiche Externalisierung (räumlich) als Krise anderer Länder und das *reframing* (inhaltlich) als Staatsschuldenkrise schwächten den kriseninduzierten Handlungsdruck auf die Politik und auf die Kompromissbereitschaft der Arbeitgeber zuungunsten der Gewerkschaften. Allerdings wurden mit der Externalisierung der Krise auch für die Gewerkschaften institutionelle Veränderungen weniger dringlich als etwa während des Wirtschaftseinbruchs 2008/2009, nach dem schnell Kompromisse gefunden worden waren.

In diesem Beitrag konnte gezeigt werden, dass beide Seiten, Gewerkschaften wie Arbeitgeber, die Krise entsprechend der eigenen Agenda *framten*. Außerdem wurde davon ausgegangen, dass eine Krise aus Sicht eines Akteurs gleichzeitig eine Chance und eine Gefahr sein kann. Für die Gewerkschaften bestand die Chance darin, die negativen Folgen von Finanzialisierung der Wirtschaft sowie Deregulierungs- und Liberalisierungspolitik der davor liegenden Jahre zu kritisieren – und vielleicht sogar eine Politikwende einzufordern. Die Gefahr sahen sie nicht nur in der steigenden Arbeitslosigkeit, sondern auch darin, dass die Gegenseite die Krise als Argument für Lohnzurückhaltung nutzen würde. Diese letztere Gefahr, so befürchtete es zumindest die IG BAU explizit, setzte sich dann in Form der Staatsschuldenkrise fort: Die Sparanstrengungen in den südeuropäischen Ländern führen demzufolge auch für die deutschen Beschäftigten in der Bauindustrie über kurz oder lang zu Einbußen.

Dagegen waren die Arbeitgeberverbände zwar zu Beginn der Krise vorsichtiger, doch mit Fortschreiten der Krise gewannen sie Oberwasser: Das *framing* wurde aggressiver und fordernder und insbesondere die BDA nutzte die Krise, um Änderungen gerade auch auf der europäischen Ebene zu fordern. Wettbewerb, Haushaltskontrolle und Arbeitsmarktflexibilisierung wurden nicht nur als ihre eigenen Ziele, sondern auch allgemein als beste Medizin gegen die Krise gepriesen. Die Forderungen gingen dabei explizit über konkrete Verteilungsfragen hinaus und zielten auf die Rahmenbedingungen für deren Aushandlung.

Die Krise bot somit für alle Verbände eine Möglichkeit, den Konflikt um die weitere Institutionalisierung der europäischen Ebene zu intensivieren (zum Thema Konflikt und Integration das Kapitel von Thilo Fehmel). Dies widerspricht der Lesart der Krise als Endpunkt oder Hindernis des Integrationsprojektes. Dabei sind die *framing*-Versuche der Sektorverbände erwartungsgemäß weniger auf die europäische Ebene gerichtet als die der Dachverbände. Außerdem versuchten die Akteure, die nationalen Konfliktrahmen herauszufordern und auch hier einen Konflikt um den Konfliktrahmen (Fehmel 2010) zu eröffnen. Nicht zuletzt aufgrund der Externalisierung der Krise als Problem anderer sind diese Versuche im deutschen Fall relativ folgenlos geblieben.

Literatur

Austin, J. L. 1975. *How to do things with words.* Cambridge: Harvard University Press.
Bermeo, N. G., und J. Pontusson, Hrsg. 2012. *Coping with crisis: Government reactions to the great recession.* New York: Russell Sage Foundation.
Bieling, H.-J. 2013. Die Krise der Europäischen Union aus der Perspektive einer neogramscianisch erweiterten Regulationstheorie. In *Fit für die Krise? Perspektiven der Regula-*

tionstheorie, Hrsg. R. Atzmüller, J. Becker, U. Brand, L. Oberndorfer, V. Redak, und T. Sablowski, 309–328. Münster: Westfälisches Dampfboot.

Blyth, M. 2013. Paradigms and paradox: The politics of economic ideas in two moments of crisis. *Governance* 26 (2): 197–215.

Bohmann, G., und G. Vobruba. 1992. Crisis and their interpretations. The world economic crises of 1929 ff. and 1974 ff. in Austria. *Crime, Law and Social Change* 17 (2): 145–163.

Bosch, G. 2011. The German labour market after the financial crisis: Miracle or just a good policy mix? In *Work inequalities in the crisis: Evidence from Europe,* Hrsg. D. Vaughan-Whitehead, 243–275. Cheltenham: Edward Elgar.

Bracher, K. D. 1972. *Crisis government. International Encyclopedia of the Social Sciences.* New York: Free Press.

Coleman, S. 2013. How to make a drama out of a crisis. *Political Studies Review* 11 (3): 328–335.

Davies, H. 2010. *The financial crisis: Who is to blame?* Cambridge: Polity Press.

De Ville, F., und J. Orbie. 2014. The European commission's neoliberal trade discourse since the crisis: Legitimizing continuity through subtle discursive change: EC's trade discourse since the crisis. *The British Journal of Politics & International Relations* 16 (1): 149–167.

Fehmel, T. 2010. *Konflikte um den Konfliktrahmen.* Wiesbaden: VS Verlag für Sozialwissenschaften.

Ganßmann, H., R. Weggler, und M. Wolf. 1987. „Krise des Sozialstaats" – Krise für wen? *Prokla* 17 (2): 135–152.

Goffman, E. 1986. *Frame analysis: An essay on the organization of experience.* Boston: Northeastern.

Habermas, J. 1973. *Legitimationsprobleme im Spätkapitalismus.* Frankfurt a. M.: Suhrkamp.

Hay, C. 2013. Treating the symptom not the condition: Crisis definition, deficit reduction and the search for a new British growth model: Treating the Symptom not the Condition. *The British Journal of Politics & International Relations* 15 (1): 23–37.

Jänicke, M. 1973. Krisenbegriff und Krisenforschung. In: *Herrschaft und Krise,* Hrsg. M. Jänicke, 10–25. Opladen: Westdeutscher Verlag.

Kessler, O. 2013. Die Krise als System? Die diskursive Konstruktion von „Risiko" und „Unsicherheit". In *Ökonomie, Diskurs, Regierung,* Hrsg. J. Maeße, 57–76. Wiesbaden: Springer.

Knight, D. M. 2013. The Greek economic crisis as trope. *Focaal* 65:47–159.

Koch-Baumgarten, S. 2010. Verbände zwischen Öffentlichkeit, Medien und Politik. In *Handbuch Verbandskommunikation,* Hrsg. O. Hoffjann und R. Stahl, 239–258. Wiesbaden: VS Verlag für Sozialwissenschaften.

Koch-Baumgarten, S. 2013. *Medien im Tarifkonflikt: Akteurs- und Medienframes im Streik um die Lohnfortzahlung im Krankheitsfall 1956/57.* Berlin: Lit.

Koselleck, R. 1982. Krise. In *Geschichtliche Grundbegriffe,* Hrsg. O. Brunner, W. Conze, und R. Koselleck, 617–650. Stuttgart: Klett-Cotta.

Kushner, B., und S. Kushner. 2013. *Who needs the cuts? myths of the economic crisis.* London: Hesperus.

Lehndorff, S., Hrsg. 2012. *Ein Triumph gescheiterter Ideen. Warum Europa tief in der Krise steckt.* Hamburg: VSA.

Mayntz, R. 2012. *Crisis and control: Institutional change in financial market regulation.* Frankfurt a. M.: Campus.

Nagel, A. K., B. U. Schipper, und A. Weymann. 2008. Zur religiösen Konstruktion gesell-schaftlicher Krise. In *Apokalypse: Zur Soziologie und Geschichte religiöser Krisenrhe-torik*, Hrsg. A. K. Nagel, B. U. Schipper, und A. Weymann, 303–309. Frankfurt a. M.: Campus.

Pontusson, J., und D. Raess. 2012. How (and Why) is this time different? The politics of economic crisis in Western Europe and the United States. *Annual Review of Political Science* 15 (1): 13–33.

Preunkert, J. 2011. Die Krise in der Soziologie. *Soziologie* 40 (4): 432–442.

Preunkert, J. 2012. Die europäische Antwort auf die Finanzmarktkrise. *Zeitschrift für Politik* 22 (1): 69–94.

Quiring, O., H. M. Kepplinger, M. Weber, und S. Geiß. 2013. *Lehman Brothers und die Folgen: Berichterstattung zu wirtschaftlichen Interventionen des Staates*. Wiesbaden: Springer.

Repplinger, R. 1999. *Auguste Comte und die Entstehung der Soziologie aus dem Geist der Krise*. Frankfurt a. M.: Campus.

Roe, E. 1994. *Narrative policy analysis: Theory and practice*. Durham: Duke University Press.

Schwarz, A., und F. Pforr. 2010. Krisenkommunikation deutscher Verbände. In *Handbuch Verbandskommunikation*, Hrsg. O. Hoffjann und R. Stahl, 353–377. Wiesbaden: VS Ver-lag für Sozialwissenschaften.

Snow, D. A., E. B. Rochford, S. K. Worden, und R. D. Benford. 1986. Frame alignment pro-cesses, micromobilization, and movement participation. *American Sociological Review* 51 (4): 464–481.

Steil, A. 1993. *Krisensemantik. Wissenssoziologische Untersuchungen*. Opladen: Leske + Budrich.

Thompson, G. 2009. What's in the frame? How the financial crisis is being packaged for public consumption. *Economy and Society* 38 (3): 520–524.

Urhammer, E., und I. Røpke. 2013. Macroeconomic narratives in a world of crises: An ana-lysis of stories about solving the system crisis. *Ecological Economics* 96:62–70.

Vobruba, G. Hrsg. 1983. *„Wir sitzen alle in einem Boot". Gemeinschaftsrhetorik in der Kri-se*. Frankfurt a. M.: Campus.

Vobruba, G. 2005. *Die Dynamik Europas*. Wiesbaden: VS Verlag für Sozialwissenschaften.

Das Geheimnis in Krisenzeiten. Geheimhaltungssphären bei der Umsetzung des Europäischen Stabilitätsmechanismus

Dorothee Riese

3.1 Einleitung

Auf den ersten Blick steht Geheimhaltung in deutlichem Kontrast zu demokratischen Prinzipien. Wahlen, demokratische Entscheidungsprozesse und parlamentarische Kontrolle setzen Zugang zu relevanten Informationen voraus, um Entscheidungen treffen zu können. Geheimhaltung ist eine Einschränkung dieser Informationsansprüche und scheint in Widerspruch zu demokratischen Verfahren zu stehen. Doch diese einfache Gegenüberstellung hält einem zweiten Blick nicht stand. Denn Geheimhaltung kann notwendig sein, um zuvor demokratisch bestimmte Ziele zu erreichen. Gleichwohl sind diese Bereiche der Geheimhaltung umkämpft. Unterschiedliche Bewertungen, sowohl von Geheimhaltungsnotwendigkeiten als auch der normativen Gewichtung konkurrierender Ziele (Transparenz oder Effektivität und Effizienz) stehen einander gegenüber. In demokratischen Staaten werden Sphären der Geheimhaltung daher zwischen parlamentarischen und exekutiven Akteuren ausgehandelt, deren Forderungen nach Geheimhaltung und Offenlegung konfligieren. Nicht alle Politikfelder sind gleichermaßen von solchen Konflikten und Aushandlungsprozessen betroffen. Generell ist anzunehmen: Je stärker die effektive Entscheidungsfindung und Regulierung in einem Politikfeld von Überraschungseffekten abhängt, desto größer ist die Bedeutung von Geheimhaltung, wenn die Antizipation politischer Entscheidungen durch ihre Adressatinnen und

D. Riese (✉)
Institut für Politikwissenschaft, Universität Leipzig, Beethovenstr. 15, 04107 Leipzig, Deutschland
E-Mail: dorothee.riese@uni-leipzig.de

© Springer Fachmedien Wiesbaden 2015
J. Preunkert, G. Vobruba (Hrsg.), *Krise und Integration,*
Europa – Politik – Gesellschaft, DOI 10.1007/978-3-658-09231-3_3

Adressaten den Regulierungserfolg in Frage stellt. Dies trifft in besonderem Maße
für das Politikfeld Finanzpolitik zu, da Regulierung und mögliche Eingriffe in
den Markt oft nur dann erfolgreich sein können, wenn ihre Adressaten nicht vorab über geplante Maßnahmen informiert werden. Die Aushandlungsprozesse über
Geheimhaltung und Offenlegung in diesem Politikfeld werden daher in diesem
Kapitel am Beispiel der deutschen Umsetzung des Europäischen Stabilitätsmechanismus (ESM) untersucht, der zur Stabilisierung der Finanzmärkte und von
Staatsfinanzen teilweise auf geheimen Entscheidungsprozessen beruht. Die Analyse zeigt, warum und unter welchen Bedingungen sich die beteiligten Akteure
dennoch, trotz differierender institutioneller Logiken und Interessen, auf Sphären
der Geheimhaltung einigen.

Krisen, so das Argument, verschieben die Kräfteverhältnisse zugunsten der
Forderung nach Geheimhaltung, wodurch die Position der Exekutive gegenüber
parlamentarischen Offenlegungsforderungen gestärkt wird. Warum lassen sich
Parlamente dennoch auf (mehr) exekutive Geheimhaltung ein, indem sie diese legitimieren, und schränken so ihre eigenen Kontrollmöglichkeiten ein? Mit Blick
auf die Regierungsmehrheit in parlamentarischen Demokratien scheint die Antwort einfach: Regierungsmehrheiten im Parlament sind stärker daran interessiert,
ihre jeweilige Regierung zu stützen. Die Kontrollfunktion des Parlaments wird
dementsprechend vor allem von der Opposition ausgeübt. Der institutionelle Konflikt zwischen Exekutive und Legislative wird um eine weitere Konfliktlinie zwischen Regierung und Opposition ergänzt (Schuett-Wetschky 2001), sodass erwartet werden kann, dass auch innerhalb des Parlaments unterschiedliche Interessenlagen aufeinander treffen und insbesondere die Opposition Offenlegungsansprüche
formuliert. Dennoch wurde für die Umsetzung des ESM eine Zweidrittelmehrheit
im Bundestag erzielt,[1] auch Oppositionsabgeordnete bzw. -parteien stimmten also
dem Gesetzentwurf zu. Wie kann diese Zustimmung zu Geheimhaltung und die damit verbundene Beschneidung der eigenen Kontrollmöglichkeiten erklärt werden?

Um sich einer Antwort auf diese Frage zu nähern, werden zunächst Funktionen
von Geheimhaltung und deren Bedeutung in politischen Prozessen, insbesondere
in Demokratien, diskutiert. Dann wird Geheimhaltung in der Finanzpolitik allgemein und in der Krise im Besonderen analysiert. Aufbauend auf diese beiden
Abschnitte werden die parlamentarischen Debatten zum ESM untersucht, um die
Aushandlung von Geheimhaltung zwischen Regierung und Parlament zu rekons-

---

[1] Ob diese Zweidrittelmehrheit auch *notwendig* war, war umstritten. Zunächst sollte der
ESM, anders als der zeitgleich diskutierte Fiskalpakt, mit einfacher Mehrheit umgesetzt werden. Um verfassungsrechtlichen Bedenken zuvorzukommen, strebte die Regierung letztlich
aber doch eine Zweidrittelmehrheit an (Frankfurter Rundschau 2012).

truieren, sowohl in Bezug auf den Entscheidungsprozess *über* den ESM wie auch in Bezug auf dessen inhaltliche Geheimhaltungsregelungen.

3.2 Geheimhaltung in demokratischen Staaten

Demokratische Systeme erfordern Informationen und Transparenz, sowohl für politische Entscheidungen, als auch für die demokratische Kontrolle der Regierung (Schoenfeld 2010, S. 18). Daher erscheint Geheimhaltung problematisch, als Abweichung von demokratisch gebotener Transparenz und wird daher oft als nicht-demokratisch angesehen (Sarcinelli 2009, S. 82). Staatliche Geheimnisse sind „antithetical to democratic values" (Stiglitz 2002, S. 34) und als „crimes of the state" (Horn 2011, S. 104) verdächtig. Mindestens jedoch wirft „Geheimhaltung des Staates vor dem Volk" und vor dessen parlamentarischer Vertretung aufgrund demokratieimmanenter Öffentlichkeitserfordernisse demokratietheoretische Fragen auf (Rösch 1999, S. 92, 71).

Eine absolute Verurteilung von Geheimhaltung basiert häufig auf moralischen oder normativen Positionen (Burke 1986, S. 179)[2] und verhindert ein analytisches Verständnis der Rolle von Geheimhaltung (Nedelmann 1995, S. 1) für Politik im Allgemeinen und Demokratie im Besonderen. Um das Verhältnis von Geheimhaltung und Demokratie genauer zu untersuchen, ist eine klare Definition von Geheimhaltung und deren Funktionen notwendig, die über Alltagsverständnisse hinausgeht.

Der Kern eines Geheimnisses ist das „Moment des Nichtwissenlassens, d. h. der Nichtmitteilung" einer Information gegenüber Dritten (Sievers 1974, S. 18). Dieses Kriterium ist qualitativ: Die Existenz eines Geheimnisses hängt nicht von der Anzahl derjenigen ab, die von seiner Kenntnis ausgeschlossen sind, sondern davon, *dass* es Ausgeschlossene gibt (Westerbarkey 1991, S. 23). Geheimhaltung ist außerdem intentionale Nicht-Kommunikation (Bok 1983, S. 5). Nicht-Information ist also notwendig, aber nicht hinreichend, um Geheimhaltung zu konstituieren. Vielmehr erfordert sie widerstrebende Ansprüche auf Geheimhaltung und Offenlegung (Stok 1929, S. 5; Simmel 1923, S. 272; Sievers 1974, S. 18). „Geheimhaltung ist in diesem Sinne Nicht-Information wider Erwarten." (Westerbarkey 1991, S. 23). Ohne diesen Anspruch, diese Erwartung der Information, wäre das Geheimnis keines, sondern lediglich eine „private, diskrete Angelegenheit"

---

[2] Burke stellt hier, anders als dieses Kapitel, Lügen (statt Geheimhaltung) und Offenlegung gegenüber. Seine Argumentation beruht aber dennoch auf einem vergleichbaren Verständnis intentionaler Nicht-Information, grenzt es aber auf gezielte Täuschung ein.

(Stok 1929, S. 5). Ein Geheimnis ist damit ein intersubjektives und soziales Phänomen (Westerbarkey 1991, S. 23), welches Beziehungen oder Gruppen konstituiert
(Hahn 2002, S. 26). Dies macht es zu einem machtvollen Instrument von In- und
Exklusion – nicht (nur) aufgrund des *Inhalts* eines Geheimnisses, sondern bereits
durch seine schiere Existenz (Westerbarkey 1991, S. 141; Horn 2011, S. 109). Indem es zwischen Geheimnisträgern und vom Geheimnis Ausgeschlossen unterscheidet, werden soziale Rollen zugewiesen. So produziert das Geheimnis Differenz (Simmel 1923, S. 273; Hahn 2002, S. 27), die auch dazu genutzt werden kann,
„Rangdifferenzen" und professionelle Hierarchien abzubilden und zu verstärken
(Hahn 1997, S. 29).

Neben der Produktion sozialer Differenzierung fungiert das Geheimnis als
„Machtinstrument" (Sarcinelli 2009, S. 81), indem es beispielsweise Entscheidungen von Akteuren mit einem Überraschungseffekt ausstattet oder sie dazu befähigt,
Informationsflüsse zu steuern. So können Geheimnisträger den Dissens derjenigen ausschließen, die eine bestimmte Entscheidung anfechten würden, wüssten
sie darum. Ihr Dissens kann sich also nicht mehr am Gegenstand selbst entzünden,
sondern lediglich die Geheimhaltung als solche in Frage stellen (Sievers 1974,
S. 56 ff.). Dies verdeutlicht die Bedeutung von Geheimhaltung für soziale Beziehungen und besonders für Machtbeziehungen, denn Geheimhaltung verteilt
Machtressourcen (ungleich): Die Geheimnisträger haben einen strategischen und
einen Wissensvorteil vor denjenigen, die vom Geheimnis ausgeschlossen sind.

Diese definitorischen Überlegungen können mit Bezug auf politische Entscheidungsprozesse konkretisiert werden. Zunächst können kollektive Akteure oder
Gruppen mit Blick auf Geheimhaltung charakterisiert werden. Exekutiven als typische Geheimnisträger auf der einen Seite, Parlamente oder die Bevölkerung als die
vom Geheimnis ausgeschlossenen auf der anderen Seite.[3] Dementsprechend können widerstrebende Forderungen und institutionelle Logiken identifiziert werden.
Während erwartet werden kann, dass Exekutiven ein Recht auf Geheimhaltung
(zumindest in bestimmten Bereichen) einfordern, mögen Parlamente oder die Bevölkerung auf Offenlegung bestehen. Dieser Abschnitt legt aus zwei Gründen seinen Schwerpunkt auf das Parlament. Erstens haben Parlamente in demokratischen
Systemen institutionalisierte Rechte auf Informationszugang, um ihre Kontrollfunktion auszuüben und Entscheidungen zu treffen. Zweitens sind sie die Akteure,
die Geheimhaltung mit der Exekutive aushandeln und gegebenenfalls rechtliche
Rahmenbedingungen für Geheimhaltung schaffen.

---

[3] Dies bedeutet nicht, dass nicht auch Parteien in Parlamenten Geheimnisse haben. Aber
aufgrund der Kontrollfunktion des Parlaments und dem damit verbundenen Informationsanspruch sind Geheimnisse der Regierung gegenüber dem Parlament hier von besonderem
Interesse.

Abgesehen von den bereits benannten sozialen Effekten (In- und Exklusion sowie Hierarchisierung) gibt es weitere zentrale Funktionen von Geheimhaltung für Politik. So kann sie interne Informationen vor dem Zugriff externer Akteure (z. B. Staaten) schützen,[4] beispielsweise aus Gründen der Staatssicherheit oder aus strategischen Überlegungen. Darüber hinaus kann sie beispielsweise offene interne Deliberation (ohne Publikums- und Darstellungsdruck) ermöglichen, Privatsphären schützen oder schlichtweg preiswerter sein als Offenlegung (Pozen 2010, S. 277; Schoenfeld 2010, S. 21). Daran wird deutlich, dass die zentralen Argumente für exekutive Geheimhaltung entscheidend auf Effizienz und Effektivität basieren. Der Effizienzgedanke findet sich in der Idee geheimer Deliberation. Diesem liegt die Vorstellung zugrunde, dass ergebnisoffene und schnelle Diskussion und Entscheidungsfindung, die nicht von Darstellungszwängen (Sievers 1974, S. 66) beeinflusst ist, nicht oder nur begrenzt in der Öffentlichkeit möglich ist. Geheimhaltung soll daher im Sinne dieser Logik Entscheidungsfindung effizienter, besser, schneller usw. machen (Pozen 2010, S. 277). Das Effektivitätsargument ist noch fundamentaler. Es stellt darauf ab, dass manche Entscheidungen überhaupt erst ihr Ziel erreichen können, wenn sie geheim getroffen werden. Strafverfolgung ist eines der paradigmatischen Beispiele für dieses Argument. Würde man beispielsweise mutmaßliche Straftäter oder -täterinnen bereits vorab über eine geplante Hausdurchsuchung informieren, wäre die Wahrscheinlichkeit, sie zu überführen, äußerst gering (Hood 2010, S. 993; Jestaedt 2001, S. 93; Epps 2008, S. 1560). Manche Entscheidungen müssen also, um effektiv zu sein, geheim getroffen werden. Spitzt man diesen Gedankengang weiter zu, so tritt das Geheimhaltungsparadox deutlich hervor: Es mag politische Ziele geben, die über demokratische Prozesse definiert wurden, aber – in Konflikt mit einem demokratieimmanenten Informationsanspruch – nur geheim erreicht werden können.

Unterschiedliche demokratietheoretische Bewertungen dieses Paradoxon sind möglich. Eine generelle Verurteilung von Geheimhaltung beruht in großem Maße auf einem Demokratiemodell, das Input-Legitimation in den Mittelpunkt stellt. Wenn allerdings Output als bestimmte Mittel legitimierender Zweck (und als eigene Legitimationsquelle eines politischen Systems) verstanden wird, kann auch Geheimhaltung akzeptiert werden, sofern sie dem Erreichen eines bestimmten Ziels dient und so über den Output legitimiert wird.[5] Schließlich können widerstrebende Forderungen nach Geheimhaltung und Offenlegung einander gegenüber stehen,

---

[4] Wie begrenzt der Erfolg solcher Bemühungen heutzutage ist, zeigen die diversen Geheimdienstskandale. Damit deutet sich bereits an, dass auch die Bewertung von bestimmten, Geheimhaltung legitimierenden Zwecken umstritten sein kann.

[5] zu In- und Outputlegitimation siehe Scharpf 1999.

die jeweils ihre eigene Form der Legitimation beanspruchen können (Sagar 2012, S. 333), und somit Gegenstand politischer Aushandlung werden. „Some of the best reasons for secrecy rest on the very same democratic values that argue against secrecy." (Thompson 1999, S. 182) Horn fasst diese Spannung zusammen und definiert Geheimhaltung als „transparency's complement and precondition, but a counterpart that is marked by the profound paradox of being both an element of consolidation and a threat to democracy" (Horn 2011, S. 106). Hierin zeigt sich die Notwendigkeit, Geheimhaltung in Demokratien ausreichend zu legitimieren und zu begründen. Da beide, Geheimhaltung und Offenlegung, jeweils Legitimation für das politische System produzieren, kann der Konflikt zwischen ihnen, wenn überhaupt, nur normativ gelöst werden. Daher ist ihr Verhältnis Gegenstand von Aushandlungsprozessen.

Die zuvor genannten Funktionen von Geheimhaltung spiegeln sich in den Rechtfertigungsmustern wider, die sich sowohl in der Literatur als auch in der politischen Praxis finden. Unterschiedliche Typen von Rechtfertigungen können identifiziert werden. Jestaedt beispielsweise unterscheidet zwischen instrumentalen bzw. modalen – „Nicht-Öffentlichkeit als Preis effektiver Aufgabenerfüllung" (Jestaedt 2001, S. 90) – und materialen Geheimhaltungsgründen, wenn ein „primärer Rechtswert als solcher den Ausschluss der Öffentlichkeit erfordert" (ebd., S. 93). Letztere können weiter ausdifferenziert werden in Staatsgeheimnisse, Privatsphäre und Geheimnisse, die sich aus der Gewaltenteilung ergeben[6] (ebd., S. 105 ff.). Staatsgeheimnisse werden mit der Existenzsicherung des Staates begründet. Privatsphäre als Geheimhaltungsgrund des Staates betrifft die Informationen, die der Staat über Individuen besitzt, aber vor dem Zugriff Dritter schützen muss (Schirrmeister 2004, S. 134).[7] Gewaltenteilung als Argument basiert auf der Idee, dass der Exekutive ein eigenständiger Bereich der Entscheidungsfindung zusteht (Müller 1991, S. 78 ff.), um ausreichend von den sie kontrollierenden Gewalten abgegrenzt zu sein. Letztere Idee wurde beispielsweise als „executive privilege" in den USA oder „Kernbereich exekutiver Eigenverantwortung" in der Bundesrepublik Deutschland bekannt und durch das jeweilige Verfassungsgericht gestärkt (2 BvE 11/83, 15/83, Düwel 1965, S. 176, Müller 1991, S. 235).

Grundsätzlich liegt all diesen Geheimhaltungsgründen und Systematisierungen die Idee zugrunde, dass es formal legitimierte Geheimnisse geben kann (Schirr-

---

[6] Nur wenn die Gewalten jeweils eigene Entscheidungsbereiche haben, so die Logik dieses Arguments, kann gegenseitige Kontrolle funktionieren.

[7] Der Anspruch auf Privatsphäre gründet in der bürgerlichen Gesellschaft (Lang 2001, S. 13) und der Demokratie als Staatsform: „Das ‚Menschenrecht auf Geheimnis' (Simmel) ist eine Erfindung der Demokratie" (Assmann und Assmann 1997, S. 15; auch Wegener 2006, S. 187).

meister 2004, S. 134), die durch das Parlament gesetzlich festgeschrieben werden (Rourke 1960, S. 590). Geheimhaltung wird also unter Umständen „dictated by the democratic process itself" (Burke 1986, S. 189), wenn Parlamente (oder Gerichte) Geheimhaltung formal legitimieren. Diese Idee wird von einer Reihe von Autorinnen und Autoren aufgegriffen, die einen Unterschied zwischen zwei Typen von Geheimhaltung herausarbeiten: Geheimnissen erster und zweiter Ordnung. „Secrecy is justifiable only if it is actually justified in a process that itself is not secret. First-order secrecy (in a process or about a policy) requires second-order publicity (about the decision to make the process or policy secret)." (Thompson 1999, S. 185). Gibt es keine solche „second-order publicity", dann ist nicht nur der Inhalt eines Geheimnisses, sondern auch seine Existenz unbekannt. Solche Geheimnisse zweiter Ordnung werden in der Literatur auch als „deep" (Pozen 2010, S. 274) oder „reflexiv" (Sievers 1974, S. 31) bezeichnet. Während Geheimhaltung erster Ordnung in Demokratien legitimiert werden kann, so Pozen (2010, S. 275), stellen Geheimnisse zweiter Ordnung ein erhebliches Problem dar, da sie parlamentarischen Akteuren oder der Öffentlichkeit die Möglichkeit entziehen, allgemeine Entscheidungen über das Verhältnis von Geheimhaltung und Offenlegung zu treffen. Dies berührt aber die grundlegenden Kontrollfunktionen in einer Demokratie fundamental.

Aus der Unterscheidung von Geheimnissen erster und zweiter Ordnung ergeben sich zwei Spannungen. Erstens ist die Regulierbarkeit von Geheimnissen begrenzt. „[S]econd-order publicity" und damit formal legitimierte Geheimhaltung erfordern eine klare Abgrenzung und Regeln, die vom Parlament abgesteckt werden müssen. Setzt ein Parlament diese Abgrenzung nicht um – auch deshalb, weil nicht alle Fälle abschließend geregelt werden können – so lässt es der Exekutive viel Ermessensspielraum und vergibt die Möglichkeit, legitime und illegitime Geheimhaltung abzugrenzen und zu definieren (Rösch 1999, S. 131; Velten 1996, S. 92; Lerche 1981, S. 119). Doch unabhängig davon kann auch die Regulierung und Autorisierung von Geheimhaltung letztlich nicht die Existenz von Geheimnissen zweiter Ordnung verhindern, da letztere sich einer Kontrolle entziehen, da ja gerade ihre Existenz nicht bekannt ist. Das Auftreten solcher Geheimnisse in Demokratien ist insbesondere dann denkbar, wenn die Entscheidung selbst oder ihre Geheimhaltung nicht zu rechtfertigen wäre (Schirrmeister 2004, S. 141; auch Möllers 2011, S. 194). Daher ist Geheimhaltung immer auch ein Machtinstrument der Exekutive (Sarcinelli 2009, S. 81) im Verhältnis zum Parlament. Wo die Exekutive über exklusives Wissen verfügt, ist das Parlament auf deren Informationsweitergabe angewiesen und muss sich auf die Korrektheit und Vollständigkeit bereitgestellter Informationen verlassen. Doch nicht nur dies. Indem es Geheimhaltung für die Erreichung eines bestimmten Zwecks zulässt, verliert das Parlament die Möglichkeit zu überprüfen, ob der Geheimhaltungszweck noch valide ist. Dadurch entsteht eine doppelte Informationsasymmetrie. Hier deutet sich ein generelles Problem an: Auch die Feststellung von Effizienz- oder Effektivitätsnotwendigkeiten basiert auf Einschätzungen, die aufgrund begrenzter Informationen getroffen werden (Heald 2003, S. 731). Die Frage, *ob* eine politische Entscheidung geheim effektiver und effizienter umsetzbar ist, ist damit – neben der normativen Bewertung – umstritten (Enderlein 2013, S. 725).

Zweitens sind, in Erweiterung des oben benannten Geheimhaltungsparadoxon, auch solche Fälle möglich, die nicht nur einfache, sondern Geheimhaltung zweiter Ordnung notwendig machen, „cases in which second-order publicity about a policy would destroy its first-order efficacy. Democratic accountability requires transparency, but some policies and processes require obscurity" (Thompson 1999, S. 185 f.). Dies verstärkt noch den Konflikt zwischen widerstrebenden und möglicherweise gleichermaßen legitimen Geheimhaltungs- und Offenlegungsforderungen.

Trotz dieser Spannungen zeigt sich, dass Geheimhaltung, ganz wie Transparenz und Offenlegung, Teil von oder zumindest vereinbar mit demokratischer Politik sein kann (Schoenfeld 2010, S. 21). Bestimmte Ziele können unter Umständen nur durch Geheimhaltung erreichbar sein (Hood 2010, S. 993), zum Teil sogar nur durch Geheimhaltung zweiter Ordnung, wenn Wissen um die Tatsache, *dass* entschieden wird oder Kenntnis „of the government's true intentions would thwart the plan" (Burke 1986, S. 187). Gleichzeitig produziert eine Geheimhaltung zweiter Ordnung Spannungen in Demokratien, da sie Parlamente der Möglichkeit beraubt, Entscheidungen oder deren Geheimhaltung in Frage zu stellen.

Im folgenden Abschnitt soll der Konflikt um widerstrebende Offenlegungs- und Geheimhaltungsansprüche der unterschiedlichen Akteure am Beispiel der Finanz- und Fiskalpolitik nachgezeichnet werden.

3.3 Geheimhaltung in der Finanz- und Staatsschuldenkrise

3.3.1 Geheimhaltung in Finanz- und Fiskalpolitik

Finanz- und Fiskalpolitik sind beispielhaft für die Spannungen, die im vorangegangenen Abschnitt herausgearbeitet wurden. Schon Weber attestierte Bürokratien eine „Tendenz zur Sekretierung", die besonders stark in den Außenbeziehungen, aber auch in ökonomischen Bereichen sei (Weber 2010, S. 730). Das Feld der Finanzpolitik ist deutlich von Geheimhaltungs- und Offenlegungsspannungen betroffen.

The global financial crisis of the years 2007–2009 has exacerbated a fundamental dilemma of modern democracies: Democratic decision-making presupposes transparency of interests, influences and interventions, whereas the operational logic of financial transactions, financial instruments, and financial strategies depends on proprietary knowledge, exclusive expertise and competitive advantages through deliberate veiling of the competing organizations' own intentions. (Willke 2010, S. 56)

Allgemein herrscht in der Literatur große Einigkeit, dass Finanz- und Fiskalpolitik transparent sein müssen, um erfolgreich und vor allem demokratisch zu sein (Alt et al. 2002, S. 231; De Haan et al. 2005, S. 84). „[Secrecy] undermines democratic processes; it serves to entrench incumbents and discourage public participation in democratic processes [...] Secrecy provides fertile ground for special interests and undermines the ability of the press to provide an effective check against the abuses of government." (Stiglitz 2002, S. 34, siehe auch Bernoth und Wolff 2006, S. 2, Willke 2010, S. 56).

Doch die Bewertung von Finanz- und Fiskalpolitik ist komplexer, als die anfängliche Einhelligkeit in Bezug auf Transparenz vermuten ließe. Denn auch hier werden Ausnahmen formuliert, auch hier *policies* identifiziert, deren Effektivität und Effizienz von ihrer geheimen Aushandlung oder der Geheimhaltung ihres Inhalts abhängen. Beispielsweise argumentiert Stiglitz (2002, S. 36), dass marktregulierende oder intervenierende *policies* nur dann funktionieren können, wenn sie nicht vorab offengelegt werden. In manchen Fällen hat Offenlegung also offensichtlich negative, nicht-intendierte Effekte wie beispielsweise die Erschütterung des Glaubens „der Märkte" an die Kreditwürdigkeit von Staaten, was wiederum deren Kreditzinsen und damit ihre Staatsverschuldung weiter erhöht. Ähnliche Probleme ergeben sich auch bei der Einführung von Subventionen oder Steuern (Kopits und Craig 1998, S. 3). Dabei spielt der Faktor Zeit eine entscheidende Rolle (ebd.). Wird Information zu früh offengelegt, steigt die Wahrscheinlichkeit von „antizipativen bzw. neutralisierenden Reaktionen oder Fluchtreaktionen" derer, die von einer bestimmten *policy*-Entscheidung betroffen sein werden (Müller 1991, S. 71). Um also unfaire Vorteile für einzelne Gruppen zu vermeiden, wird die Information geheim gehalten (Kopits und Craig 1998, S. 4). Eine verfrühte Offenlegung solcher Informationen kann darüber hinaus sogar den perversen Effekt haben, dass nicht das Ziel einer *policy*, sondern sein genaues Gegenteil erreicht wird. Stiglitz beschreibt dies metaphorisch als „crying fire in a crowded theater" (2002, S. 36). Anstatt also beispielsweise eine Bank in einer Krise zu retten, können offiziell angekündigte Rettungsmaßnahmen zu einem *bank run* und damit zum endgültigen Bankrott der Bank führen (ebd.). Geheimhaltung kann daher verhindern, dass sich Informationen zur *self-fulfilling* oder *self-destroying prophecy* entwickeln. Auch in der Finanz- und Fiskalpolitik können Offenlegung und Geheimhaltung also jeweils spezifischen Zielen nutzen (De Haan et al. 2005, S. 123) und somit jeweils Legitimation beanspruchen.

3.3.2 Die Auswirkungen der Krise

Die Finanz- und Staatsschuldenkrise hat die Bedeutung von Geheimhaltung in der Finanz- und Fiskalpolitik verstärkt. Eine Krise bedeutet nicht nur, dass einem „Subjekt ein Stück Souveränität [...], die ihm normalerweise zusteht" (Habermas 1973, S. 10), entzogen wird, sondern auch eine Verschiebung von Handlungsspielräumen. Während Krisen in mancher Weise die Handlungsoptionen beschränken und so Souveränität entziehen, erweitern sie in anderen Bereichen den Handlungsspielraum.

Krisen können gewissermaßen als Ausnahmezustand verstanden werden (Barbato 2013; zum Ausnahmezustand Schmitt 1922/2004). Als „besondere[r] strategische[r] Moment in der Regierungssteuerung" (Korte 2010, S. 211) eröffnet die Krise Handlungsspielräume (Preunkert 2012, S. 70), verstärkt aber auch die Wahrnehmung von Handlungsnotwendigkeiten. Der erhöhte Zeit- und Handlungsdruck führt zu einer Verschiebung von Input-Legitimation (Transparenz) zu Output-Legitimation (Effizienz und Effektivität). Dies wird noch verstärkt durch mangelnde Informationen und begrenzte Abschätzbarkeit der Folgen politischer Entscheidungen (Enderlein 2013, S. 724 f.; Korte 2010). All dies begünstigt die Verschiebung von Handlungsspielräumen vom Parlament zur Exekutive. Eine Krise, so das Argument dieses Kapitels, führt daher zu einem zunehmenden Ungleichgewicht zugunsten der Exekutive, das potentiell parlamentarische Kontrolle behindert (Marschall 2004, S. 315; Bernoth und Wolff 2006, S. 2).

In Krisen stellt sich die Frage nach der Rechtfertigung von Geheimhaltung mit Nachdruck, da das Output-Argument der Effizienz von Entscheidungsfindung und daraus hervorgehenden *policies* im Krisenkontext zentral ist. Für Burke hängt die Legitimierbarkeit von krisenbedingter Geheimhaltung (oder bei ihm vor allem: Lügen) von der Existenz einer „echten" Krise ab (Burke 1986, S. 187). Doch diese Perspektive ist in sich problematisch, da sie davon ausgeht, es gäbe objektiv feststellbare Krisen, unabhängig vom Interpretationskontext der Akteure. Sie klammert damit die entscheidende Frage aus, wer über die Krise als Ausnahmezustand entscheidet (Schmitt 1922/2004, S. 19) sowie darüber, worin die gegenwärtige Krise besteht (Fehmel und Kiess in diesem Band). Die Idee der Systemrelevanz von Banken basiert zum Beispiel auf einer politischen Einschätzung wirtschaftlicher Zusammenhänge (Willke 2010, S. 66) und vermittelt gleichzeitig als „argumentatives Äquivalent" von „Notstand" (Enderlein 2013, S. 728) hohe Dringlichkeit (Preunkert in diesem Band). Abhängig von solchen Einschätzungen wird eine Krise identifiziert oder auch nicht. Die diskretionäre Entscheidung darüber, ob eine Krise vorliegt oder nicht, kann die Exekutive weiter gegenüber dem Parlament stärken, da sie aufgrund ihres Informationsvorsprungs und durch die Krisenidentifikation Handlungsdruck produziert.

3.4 Umkämpfte Geheimhaltung und die Stärkung der Exekutive – Der Deutsche Bundestag und der Europäische Stabilitätsmechanismus als Fallbeispiel

Die in den bisherigen Abschnitten diskutierte Spannung zwischen Offenlegungs- und Geheimhaltungsforderung hängt wesentlich von der Frage ab, welche Mittel für die Erreichung eines bestimmten Zwecks notwendig und zulässig sind. Diese Frage kann nicht allgemein und abstrakt beantwortet werden. Vielmehr ist ihre Beantwortung Gegenstand von konkreten Aushandlungsprozessen zwischen unterschiedlichen politischen Akteuren, insbesondere Parlamenten und Regierungen. Parlamente können, wie bereits oben argumentiert, der Regierung Sphären der Geheimhaltung zugestehen und letztere so legitimieren. Krisengegenmaßnahmen sind aufgrund des Handlungsdrucks in Krisensituationen in besonderem Maße dazu geeignet, die Spannungen, Konflikte und Aushandlungsprozesse um Geheimhaltung zu untersuchen. Aus diesem Grund werden die Umsetzung des Europäischen Stabilitätsmechanismus (ESM) im Deutschen Bundestag und die Diskussion und Aushandlung von Geheimhaltung in diesem Zusammenhang analysiert.[8] Bundestag und Bundesrat stimmten zur Ratifizierung des ESM über den Vertrag und dessen Umsetzung ab. Der Konflikt zwischen widerstrebenden Offenlegungs- und Geheimhaltungsansprüchen, der in der Abwägung zwischen effizienten Krisenmaßnahmen einerseits und den Informationsansprüchen des Parlaments andererseits gründet, trat dabei deutlich hervor. Konflikte entzündeten sich an Geheimhaltung sowohl erster als auch zweiter Ordnung: an Geheimhaltung zweiter Ordnung bezüglich des Diskussionsprozesses über den ESM selbst und an Geheimhaltung erster Ordnung, die in den Geheimhaltungsregeln des ESM-Vertrags und seiner Umsetzung angelegt ist. Beide Typen der Geheimhaltung werden untersucht.

Der empirische Abschnitt ist wie folgt aufgebaut. Zunächst werden in einer kurzen Übersicht der ESM sowie seine Umsetzung dargestellt. Im zweiten Schritt wird die Ebene der Geheimhaltung zweiter Ordnung untersucht. Analysiert wird der Entscheidungsprozess *über* den ESM. Danach wird die Ebene der Geheimhaltung erster Ordnung in den Blick genommen. Hier geht es um den Inhalt des ESM und seiner Implementation, also um die Diskussion über die substantiellen Geheimhaltungsregeln des ESM.

---

[8] Um die Debatten des Bundestags zu kontextualisieren, werden teilweise Bezüge zur Vorgängerin des ESM, der befristet eingerichteten Europäischen Finanzstabilisierungsfazilität (EFSF) hergestellt.

3.4.1   Der Europäische Stabilitätsmechanismus und seine Umsetzung in Deutschland

Die Finanzkrise, die 2007 mit dem Zusammenbruch der Investmentbank Lehman Brothers ihren Ausgang nahm, führte zu einer Bankenkrise, einer Rezession und letztlich zu einer Staatsschuldenkrise in einigen der Euro-Staaten (Kunstein und Wessels 2011, S. 309 ff.). Die Euro-Staaten versuchten, durch nationale Programme und später auch gemeinsame Maßnahmen auf europäischer Ebene, die Auswirkungen der Krise einzudämmen. Beginnend mit der Einrichtung der Europäischen Finanzstabilisierungsfazilität (EFSF) installierten die Euro-Staaten einen gemeinsamen Krisenreaktionsmechanismus.[9] Die EFSF war zeitlich begrenzt damit beauftragt, angeschlagene Mitgliedstaaten vor dem Staatsbankrott zu bewahren und deren Banken zu rekapitalisieren. Da die EFSF planmäßig Mitte 2013 ihre Arbeit beenden sollte, wurde mit dem Europäischen Stabilitätsmechanismus 2012 ein langfristiges Instrument zwischen den Eurozonenstaaten ausgehandelt. Weil letzterer, anders als die EFSF, kein zeitlich begrenztes Krisenbekämpfungsinstrument war, sondern auf Dauer gestellt werden sollte, wurde eine Änderung der Europäischen Verträge notwendig, die bis dato eine gemeinsame Haftung für die Verpflichtungen einzelner Eurostaaten ausgeschlossen hatten (Art. 125 AEUV). Der Europäische Rat beschloss daher im Dezember 2010, die Verträge entsprechend zu ändern, sodass ein permanenter Krisenmechanismus möglich würde (Art. 136 (3) AEUV; Kunstein und Wessels 2011, S. 310).

Sowohl die EFSF als auch der ESM mussten in nationales Recht umgesetzt werden. Die Gesetze, welche die deutsche Umsetzung regelten, wurden im Deutschen Bundestag diskutiert, wobei aber (wie für die Ratifizierung von internationalen Verträgen typisch) nicht der Vertragstext zur Debatte stand, sondern Änderungen lediglich im Rahmen der Umsetzung und innerhalb der durch den Vertrag gesteckten Grenzen erfolgen konnten.

Die institutionelle Struktur des ESM sieht einen Gouverneursrat sowie ein Direktorium vor, welche jeweils Entscheidungen im Einvernehmen, mit qualifizierter (80 % der abgegebenen Stimmen) oder einfacher Mehrheit treffen, sofern mindestens zwei Drittel der Mitglieder mit mindestens zwei Dritteln der Stimmrechte bei der Abstimmung anwesend sind (Art. 4 ESM Vertrag). Die Stimmrechte berechnen sich aus der Anzahl der Anteile am Stammkapital des ESM und können ausgesetzt werden, wenn ein Staat seine Pflichten verletzt (Art. 4 Abs. 7–8 ESM Vertrag). Alle Ratsmitglieder und anderes Personal des ESM sind zur Wahrung „dienstlicher

---

[9] Vorher hatte es bilaterale Hilfen (für Griechenland) gegeben (siehe Kunstein und Wessels 2011, S. 309).

Verschwiegenheit" gegenüber Dritten verpflichtet (Art. 34 ESM Vertrag). Dieses Verbot, Informationen an Dritte weiterzugeben, erlischt nicht mit dem Ende der Beschäftigung. Der Vertrag sah also eine Reihe von Geheimhaltungsregeln vor, die eine diskrete Arbeitsweise im Verhältnis zu „den Finanzmärkten" ermöglichen sollten.

3.4.2 Geheimhaltung im Entscheidungsprozess über den ESM

Der ESM wurde nicht nur aufgrund der durch ihn eingeführten Geheimhaltungsregeln kontrovers diskutiert, sondern auch aufgrund des Entscheidungsprozesses *über* die Einführung des ESM. Bevor also untersucht wird, *was* die Geheimhaltungsregeln des ESM beinhalten, wird der Blick darauf gelegt, *wie* diese Geheimhaltungsregeln ausgehandelt wurden. Es stellt sich hier die Frage nach der Geheimhaltung zweiter Ordnung. Der Fokus liegt damit auf der prozeduralen Ebene.

Mehrere oppositionelle Abgeordnete kritisierten, die Regierung habe Informationen über die Aushandlung des ESM geheim gehalten, während sie auf europäischer Ebene bereits verhandelte. „Sie [die Regierung, D.R.] haben versucht, selbst den ESM als geheime Kommandosache am Bundestag vorbei zu organisieren." (Trittin, PlPr 17/172, S. 20222). Und wenn Informationen bereitgestellt wurden, sei dies viel zu spät erfolgt, bemängelten auch die oppositionellen Sozialdemokraten (HHA Drs. 17/10172, S. 6). „Es gab keine ausreichende Information. Das ist wirklich ein Trauerspiel. […] Der Stil, in dem die Exekutive mit dem Parlament umgeht, ist nicht richtig." (Dankert, PlPr 17/188, S. 22723). Dieser Konflikt über die Geheimhaltung der Regierung gegenüber dem Parlament resultierte in einem Verfahren vor dem Bundesverfassungsgericht. Die Oppositionsfraktion Bündnis90/Die Grünen hatte eine Beschwerde eingereicht und argumentiert, die Regierung habe dem Parlament zu viele Informationen vorenthalten. Die Bundesregierung auf der anderen Seite konstatierte, der ESM sei keine Angelegenheit der EU und somit auch nicht Gegenstand parlamentarischer Rechte in EU-Angelegenheiten. Außerdem habe sie das Parlament stets ausreichend über die Vorgänge informiert. Hervorzuheben ist die Tatsache, dass die Regierung darüber hinaus auf den Kernbereich exekutiver Eigenverantwortung verwies (2 BvE 4/11, Rn. 58) und somit argumentierte, sie müsse nicht über unabgeschlossene interne Entscheidungsprozesse berichten. Sie betonte die „jeweils spezifischen Funktion[en]" der Verfassungsorgane, die auch in europäischen Angelegenheiten nicht „unterschiedslos zusammenwirk[en]" sollten (2 BvE 4/11, Rn. 58). Die Bundesregierung nahm damit Bezug auf eines der klassischen legitimierenden Motive exekutiver Geheimhaltung, welches sich auf Gewaltenteilung und jeweils eigenständige Handlungsbereiche der Gewalten bezieht. Diese Argumentation ablehnend entschied das Bundesverfassungsgericht am 19. Juni 2012 im Sinne der Klägerin, dass die Bundesregierung grundgesetzverletzend gehandelt habe, indem sie Informationen nicht in ausreichendem Maße bereitgestellt hatte (2 BvE 4/11).

Die Akteure der Bundesregierung, die kurz darauf bei der Abschlussberatung am 29. Juni 2012 im Bundestag sprachen, Finanzminister Wolfgang Schäuble und Bundeskanzlerin Angela Merkel, reagierten nicht auf den Vorwurf mangelhafter Information. Vielmehr unterstrichen sie die Bedeutung des ESM als ein Instrument, die Krise zu überwinden, und betonten den Erfolg der Regierung bei der Aushandlung auf Europäischer Ebene (PlPr 17/188, S. 22699 ff. und 22718 ff.).

Neben dieser Bezugnahme auf die Idee der Effizienz und Effektivität wurde auch die Gewaltenteilung als Legitimation von Geheimhaltung (und damit der Kernbereich exekutiver Eigenverantwortung) von den Regierungsfraktionen angebracht. So argumentierte beispielsweise Norbert Barthle, Abgeordneter der regierenden CDU: „Wir dürfen die fundamentalen, durch die Verfassung geschützten Rechte einzelner Abgeordneter durch eine eilige Kriseninterventionspolitik nicht aufs Spiel setzen. Genauso wenig dürfen wir unseren Wunsch nach Mitsprache übertreiben; wir dürfen nicht bei allem und jedem mitbestimmen wollen. Wir müssen immer auch die Grenzen zwischen exekutiven und parlamentarischen Zuständigkeiten klar ziehen." (PlPr 17/176, S. 20926). Und Otto Fricke, Abgeordneter für den kleineren Koalitionspartner FDP, ergänzte: „es geht um eine Grundfrage von Demokratie, um die Grundfrage, wie wir in Staaten miteinander umgehen. Wenn man so will, geht es um Locke und Montesquieu, um Gewaltenteilung." (PlPr 17/176, S. 20929).

Diese Positionierungen sind exemplarisch für die oben genannten gegensätzlichen Forderungen in Bezug auf Geheimhaltung. Während die Regierung und ihre Regierungsmehrheit im Parlament vor allem auf die Notwendigkeit von Geheimhaltung für Effizienz und Effektivität verwiesen, den Kernbereich exekutiver Eigenverantwortung als Ausfluss des Gewaltenteilungsprinzips betonten und schnelle Entscheidungsfindung forderten, argumentierten insbesondere oppositionelle Akteure im Parlament mit Input-Legitimation und Informationsrechten des Parlaments als Kontrolleur und Gesetzgeber.

In diesem Fall wurden die konfligierenden Forderungen der Akteure nicht von ihnen selbst ausgehandelt, sondern letztlich vom Verfassungsgericht entschieden. Dennoch konstatierte dessen Entscheidung lediglich den erfolgten Verfassungsverstoß, hatte aber keinen direkten Einfluss auf den tatsächlichen Entscheidungsprozess, sondern setzte allenfalls einen Rahmen für künftige Aushandlungen. Deutlich wird daran auch eine inhärente Spannung von Geheimhaltung, die oben bereits angesprochen wurde. Es gibt ein Ungleichgewicht zwischen dem Parlament (insbesondere der parlamentarischen Opposition) und der Regierung, da Parlament bzw. Opposition Regierungsentscheidungen nur dann anfechten können (öffentlich oder gerichtlich), wenn sie wissen, *dass* ihnen Informationen vorenthalten werden, und selbst dann erlangen sie diese nur retrospektiv.

Die starke Kritik der Oppositionsparteien basiert auf der Idee, dass Geheimhaltung zweiter Ordnung (da das Parlament teilweise nicht wusste, ob bzw. was verhandelt wird) problematisch ist, da es Input-Legitimation zugunsten von Output gefährdet. Dieser Konflikt taucht im Übrigen nicht nur auf der Ebene nationaler Parlamente und Regierungen auf, sondern auch zwischen dem Europäischen Parlament und den nationalen Exekutiven, die also doppelt, auf nationaler und europäischer Ebene, Handlungsspielraum gewinnen. Damit entstehen gravierende Ungleichgewichte. Der grüne Ministerpräsident Baden-Württembergs, Winfried Kretschmann, brachte dieses Problem auf den Punkt: „Klar ist: Krisen sind die Stunde der Exekutive. Aber eine intergouvernementale Praxis, die weitgehend am Parlament der EU vorbei handelt, kann nicht die Zukunft eines demokratischen Europas sein. Das, was in der Krise notwendig ist, kann doch nicht auf Dauer Grundlage der europäischen Politik sein." (Kretschmann, BR-Pr 898, S. 320) Der Konflikt zwischen Effizienz und Transparenz von Entscheidungsprozessen wird hier deutlich: Während Kretschmann die Notwendigkeit schneller und (damit implizit) geheimer Entscheidungsfindung anerkennt, argumentiert er dennoch, dass dies eine Ausnahme sein und Offenlegungsforderungen genüge getan werden muss. Die Konfliktlinien zwischen oppositionellen Fraktionen im Parlament und der Regierung sind klar. Die Regierung argumentierte für das Recht und die Notwendigkeit exekutiver Geheimhaltung. Die parlamentarische Opposition hingegen stellte diese Forderung in Frage und forderte Offenlegung.

3.4.3   Geheimhaltung für den Erfolg – Die Geheimhaltungsregeln des ESM

Der ESM war nicht nur aufgrund des Entscheidungsprozesses über seine Einrichtung umstritten, sondern auch aufgrund seines Inhalts. Da der ESM in den Finanzmarkt eingreift, hängt sein Erfolg entscheidend davon ab, dass er schnelle Entscheidungen produziert und diese, besonders beim Aufkauf von Staatsanleihen am Sekundärmarkt, *ex ante* geheim gehalten werden. Institutionell sieht der Vertrag eine „berufliche Schweigepflicht" (Art. 34 ESM Vertrag) sowie Immunität (Art. 35 ESM Vertrag) für seine Mitglieder und Angestellten vor. Da die Ratifizierung von Verträgen keine parlamentarischen Änderungen des Vertragstextes zulässt, konnten diese Geheimhaltungsregeln nicht im Bundestag verändert werden. Vielmehr

war der Bundestag darauf beschränkt, im Rahmen der Umsetzung Informations-
und Beteiligungsregeln für den Bundestag zu formulieren, die mit den Vorgaben
des ESM-Vertrags in Einklang stehen. Der intergouvernemental ausgehandelte
Vertrag entzog sich so der parlamentarischen Diskussion – in Anbetracht der par-
tiellen Geheimhaltung des Entscheidungsprozesses wird daran deutlich, dass die
Kontroll- und Einflussmöglichkeiten des Bundestags relativ beschränkt waren.

Hauptgegenstand der Kontroverse im Deutschen Bundestag und im Konflikt
zwischen Parlament und Regierung war die Frage, wie parlamentarische Beteiligung an budgetrelevanten Entscheidungen zu organisieren sei. Beeinflusst wurde
die Debatte auch von der Reform der deutschen Gesetzgebung zur Umsetzung des
Vorgängermechanismus EFSF, die zeitgleich mit der Diskussion um den ESM erfolgte. Das Bundesverfassungsgericht hatte im Februar 2012 geurteilt, dass der
Bundestag zu viel Autorität abgegeben hatte, indem er Entscheidungskompetenzen
im Rahmen der EFSF an ein Sondergremium von neun Bundestagsabgeordneten
delegiert hatte (BverfG 2 BvE 8/11, Rn. 133). Der Regierungsentwurf für die durch
das Urteil notwendig gewordenen Veränderungen an der EFSF sah vor, die Zuständigkeit des Sondergremiums auf Sekundärmarktoperationen, also die Reichweite
der Entscheidungsbefugnisse dieses „Geheimgremiums" (Schneider, SPD, PlPr
17/188, S. 22718) zu begrenzen. Denn nur in letzterem Fall war das Bundesverfassungsgericht dem Argument für eine besondere Geheimhaltungsnotwendigkeit
gefolgt, hatte es aber für andere Entscheidungen abgelehnt. Der Gesetzentwurf
griff diese Abgrenzung auf:

> Dies ist aber nur in Fallgestaltungen denkbar, in denen über Maßnahmen entschieden
> werden muss, bei denen nicht nur der Inhalt der Beratung, sondern auch die Tatsache
> der Beratung und der Beschlussfassung an sich geheim gehalten werden muss, um
> den Erfolg einer Maßnahme nicht von vornherein unmöglich zu machen, und daher
> die Geheimschutzordnung keine ausreichende Vorsorge bieten kann. (Gesetzentwurf
> Drs. 17/9145, S. 5)

Diese Reform der EFSF-Umsetzung, welche parallel zur Befassung mit dem
ESM-Vertrag und seiner Umsetzung erfolgte, hatte einen deutlichen Einfluss auf
die Debatten über den ESM. Sie begrenzte auch für den ESM die Zuständigkeit
des Sondergremiums auf Sekundärmarktoperationen. Der Haushaltsausschuss des
Bundestages griff darüber hinaus das Verfassungsgerichtsurteil auf und konkreti-
sierte, die besondere Vertraulichkeit sei von der Regierung festzulegen und zu begründen. Das Sondergremium sollte aber die Möglichkeit haben, dieser Entscheidung zu widersprechen. In diesem Fall würde automatisch wieder der gesamte
Bundestag entscheiden. Neben dieser Konkretisierung zur Vertraulichkeit fügte

der Haushaltsausschuss dem Regierungsentwurf weitere Informationsregeln hinzu (HHA Drs. 17/10126).

In der parlamentarischen Debatte argumentierten Regierungsakteure und Abgeordnete der Regierungsparteien erneut vor allem mit Effizienz. Durch eine klare Entscheidung über die Umsetzung des ESM, „so wie es alle von uns erwarten", sollte die „Verunsicherung auf den Märkten dauerhaft beseitig[t]" (Schäuble, PlPr 17/172, S. 20213) und die „Vertrauenskrise in den Finanzmärkten" (ebd., S. 20210) überwunden werden. Unsicherheit solle durch „verlässliche Strukturen" ersetzt werden (Kauder, PlPr 17/172, S. 20225). Die Koalitionsfraktionen argumentierten, das deutsche Vetorecht bei der Vergabe finanzieller Hilfen sowie die Regeln der deutschen ESM-Umsetzung garantierten ausreichende Möglichkeiten parlamentarischer Kontrolle (HHA, Drs. 17/10172, S. 6); ein Abgeordneter der regierenden CSU betonte beispielsweise, der ESM sähe eine „sehr intensive parlamentarische Beteiligung" vor (Schmidt, PlPr 17/188, S. 22729). In Opposition dazu kritisierten einige Abgeordnete, mit dem ESM-Gesetz würde Entscheidungsmacht zur Exekutive verschoben, die geheim entscheiden könne. „Die Entscheidungen des ESM werden durch den Gouverneursrat, also allein durch die Exekutive, getroffen, eine effektive parlamentarische Kontrolle ist dadurch unmöglich." (Süßmair und Werner, PlPr 17/188, S. 22798)

Ein zentrales Thema vor allem der Opposition in der parlamentarischen Debatte war somit die Intransparenz (Schwanitz, PlPr 17/188, S. 22781; Bellmann, ebd., S. 22753) des exekutivgesteuerten Entscheidungsprozess innerhalb des ESM, welcher aus Sicht der Kritikerinnen und Kritiker parlamentarische Kontrolle behindert. Es fällt aber auf, dass bezüglich der inhaltlichen Ausgestaltung des ESM auch einzelne Abgeordnete der Regierungsmehrheit Kritik äußerten. „Die Schweigepflicht, die jeder dieser großmächtigen ESM-Direktoren hat, gilt Ihnen gegenüber. Was ist das denn für eine parlamentarische Kontrolle, bei der der zu Kontrollierende sagen könnte: ‚Ich stehe unter Schweigepflicht, und ihr habt mir nichts zu sagen'? Von welchen Parlamentsverhältnissen gehen wir denn hier aus?" (Gauweiler, PlPr 17/188, S. 22725)

Warum also stimmte das Parlament dem ESM und seinen Geheimhaltungsregelungen zu und schränkte so seinen eigenen Einfluss ein? Das ESM-Gesetz erlangte mehr als die angestrebte, ggf. auch notwendige Zweidrittelmehrheit. Abgesehen von der Partei DieLinke und einzelnen „Dissidenten" (wie sich einer der betreffenden Sozialdemokraten selbst bezeichnete, Danckert PlPr 17/188, S. 22723) in allen anderen Parteien stimmten die Parlamentarier zu, inklusive die der Oppositionsparteien SPD und Grüne. Die geschlossene Ablehnung der Partei Die Linke basierte vor allem auf einer anderen Bewertung der Krise insgesamt. Sahra Wagenknecht beispielsweise argumentierte, die Krise als Bankenkrise sei fälschli-

cherweise als Staatsschuldenkrise identifiziert worden. Die Krisenmechanismen
setzten demnach nicht an den eigentlichen Ursachen der Krise an und nur wenige
würden letztlich vom Eurorettungsschirm profitieren (Wagenknecht, PlPr 17/188,
S. 22709 ff.). Eine ihrer Fraktionskolleginnen bezeichnete den ESM (in Verbindung mit dem Fiskalpakt) als „gigantische Maschine zur Umverteilung von unten
nach oben" (Hänsel, PlPr 17/188, S. 22735). Die Linke ging also nicht primär auf
die Geheimhaltungsregeln des ESM und die Details der Struktur des Mechanismus
ein, sondern wies ihn insgesamt als unangemessenes Instrument zurück.

Die anderen beiden Oppositionsparteien nahmen eine andere Position ein.
Beide unterstrichen ihre generelle Unterstützung des ESM trotz der im Parlament
kritisierten konkreten Ausgestaltung. Jürgen Trittin von den Grünen betonte beispielsweise, der ESM sei ein „notwendiges Instrument" (PlPr 17/188, S. 22715),
an dem „kein Weg vorbei" führe (PlPr 17/172, S. 20223) und dass die Grünen stets
in EU-Angelegenheiten sachorientierte und nicht parteipolitische Entscheidungen
getroffen hätten: „Wir haben uns als Grüne in Europafragen immer entlang der
Sache entschieden, ganz gleich, ob wir in der Opposition oder in der Regierung
waren." (PlPr 17/188, S. 22715). Auch hier ist daher der Gedanke der Effektivität zentral. Dasselbe lässt sich bei den oppositionellen Sozialdemokraten beobachten: „Wir stimmen zu, weil wir nicht wollen, dass die Spekulationen an den
Finanzmärkten immer mehr europäische Mitgliedstaaten erfassen und am Ende
Europa vor dem wirtschaftlichen und sozialen Ruin steht." (Gabriel, PlPr 17/188,
S. 22705). Darüber hinaus betonte Sigmar Gabriel, dass diese Entscheidung nicht
zu einer parteipolitischen gemacht werden dürfe: „Wir stimmen zu, weil uns Europa wichtiger ist als die parteipolitische Profilierung." (ebd.) Deutlich wird daran,
dass die Oppositionsparteien zwar die prozedurale Geheimhaltung im Entscheidungsprozess *über* den ESM kritisierten, mit SPD und Grünen aber große Teile
der Opposition zu einer Zustimmung zu den inhaltlichen Geheimhaltungsregeln
des ESM selbst bereit waren. Als Gründe für ihre Kooperation führten sie die Notwendigkeit einer Stabilisierung der Märkte sowie der Eurozone an. Das Parlament
scheint damit viel eher bereit, Geheimhaltung zu legalisieren und Geheimhaltung
erster Ordnung aktiv zuzulassen, als ex post Geheimnisse zweiter Ordnung hinzu-
nehmen. Es akzeptiert Geheimhaltung, aber nur innerhalb der von ihm gesteckten
Grenzen, und nur wenn es weiß, welche Geheimnisse vor ihm verborgen werden.

Hinzu kommt, dass ein außerordentlicher Handlungsdruck von den Parlamenta-
riern wahrgenommen wurde. Vielfach verwiesen sie auf die Notwendigkeit schneller, effektiver und effizienter Krisenmaßnahmen, um die Krise in den Griff zu be-

kommen.[10] Das Motiv der Alternativlosigkeit der Maßnahmen taucht somit immer wieder in den Positionierungen auf. Lediglich Die Linke fällt aus diesem Muster heraus, indem sie die grundlegende Diagnose und damit auch die vorgeschlagenen Maßnahmen als solche infrage stellt. Dies zeigt, wie stark die Krise und der Krisendiskurs sich auf die Wahrnehmung und Bewertung von Handlungsoptionen auswirken.

3.5 Schluss

Widersprüchliche Forderungen nach Offenlegung und Geheimhaltung in Demokratien können gleichermaßen legitim begründet werden, sofern sie unterschiedliche Ziele fokussieren. Während Geheimhaltung aufgrund von Effizienz- und Effektivitätsüberlegungen gerechtfertigt wird, werden Offenlegung und Transparenz als Grundlage für demokratische und besonders parlamentarische Kontrolle eingefordert. Eine klare Entscheidung zugunsten einer der beiden Seiten ist insbesondere dann schwer zu treffen, wenn demokratisch definierte Ziele nur im Geheimen erreicht werden können. Die Entscheidung über Geheimhaltung ist daher eine politische, die eine Aushandlung über Geheimhaltung und Offenlegung zwischen politischen Akteuren, insbesondere Regierungen und Parlamenten, notwendig macht.

Die Fallstudie der deutschen Umsetzung des ESM hat gezeigt, dass diese theoretischen Perspektiven auf Geheimhaltung sich auch in den parlamentarischen Debatten über die rechtliche Festsetzung von Geheimhaltungs- und Offenlegungserfordernissen finden. Der Bundestag diskutierte entsprechend, welche Art, Reichweite und Ebene (erster oder zweiter Ordnung) von Geheimnissen akzeptabel und notwendig sind. Der Fall der deutschen ESM-Umsetzung zeigt zwei quer zueinander liegende Konfliktlinien. Einerseits gibt es eine institutionalisierte Konfliktlinie zwischen Parlament und Regierung, die sich aus unterschiedlichen Interessenlagen ergibt. Während die Regierung auf die Ausweitung von Handlungsspielräumen bedacht ist, versucht das Parlament demgegenüber seine Kontroll- und Öffentlichkeitsfunktion zu erfüllen. Bestätigt hat sich an diesem Fallbeispiel, dass in der Praxis diese Konfliktlinie zwischen unterschiedlichen Interessen weniger zwischen

---

[10] Auch der Bundesrat stimmte dem ESM-Gesetz mit einer Mehrheit von 65 Stimmen mit Ausnahme von Brandenburg zu. Auch im Bundesrat stand die effektive und effiziente Krisenbekämpfung im Mittelpunkt (Scholz, BR-Pr 898, S. 307). Hinzu kommt, dass die Länder im Gegenzug für die Zustimmung finanzielle Mittel ausgehandelt hatten. Den Vorwurf eines „Teppichhandels" wies der damalige Rheinland-Pfälzische Ministerpräsident Kurt Beck zwar zurück (BR-Pr 898, S. 305), mehrere Ministerpräsidenten nahmen aber Bezug auf die Durchsetzung von Länderinteressen im Tausch gegen ihre Zustimmung (BR-Pr 898).

der Regierung und dem Parlament als Ganzem verläuft, sondern eher zwischen Oppositionsparteien und der Regierungsmehrheit. Die Oppositionsparteien kritisierten dementsprechend die prozedurale Geheimhaltung im Entscheidungsprozess über den ESM, die aus ihrer Sicht parlamentarische Kontrolle gefährdete.

Eine zweite Konfliktlinie ist stärker thematisch-normativer Natur und betrifft die Bewertung des Konflikts zwischen Effektivität und Effizienz (und sich daraus begründender Geheimhaltung) und Transparenz (und damit verbundenen Kontrollmöglichkeiten) durch die Akteure. Diese Konfliktlinie verläuft teilweise quer zur Konfliktlinie zwischen Regierung und Opposition und basiert auf unterschiedlichen Positionen bezüglich der Legitimation von Geheimhaltung und deren Grenzen. In welchem Maße Effektivität und Effizienz gegen Transparenz aufgerechnet werden können und also Geheimhaltung rechtfertigen, ist die Kernfrage dieser Konfliktlinie.

Zudem wurde gezeigt, dass Akteure eine deutlich größere Bereitschaft zeigen, Geheimhaltungsregeln erster Ordnung zu akzeptieren, die rechtlich kodifiziert sind, als sich auf Geheimnisse einzulassen oder diese zu tolerieren, die als Geheimnisse zweiter Ordnung qualifiziert werden können. Geheimnisse im Entscheidungsprozess *über* den ESM wurden daher auch viel stärker kritisiert (bzw. weniger gegen andere Aspekte aufgewogen) als die Geheimhaltungsregeln *innerhalb* des ESM. Letztere wurden von vielen Akteuren, inklusive zwei Oppositionsparteien (SPD und Grüne) als notwendig angesehen, um die erstrebte Stabilisierung von Finanzmärkten und Haushalten einzelner Eurozonenmitglieder Krisenstaaten zu erreichen. Das Zweckargument, das Geheimhaltung mit der Effizienz und Effektivität von Entscheidungen und Maßnahmen legitimiert, ist somit deutlich breiter akzeptiert, als Geheimhaltungsbegründungen, die auf Gewaltenteilungserwägungen und deliberativen Eigenbereichen beruhen und den Spielraum für Geheimnisse zweiter Ordnung ausweiten. Dies mag nicht zuletzt darin begründet sein, dass letztere Geheimnisse viel stärker die Machtverhältnisse zwischen Parlament und Regierung dauerhaft zugunsten der Regierung verschieben.

Literatur

Alt, J. E., D. Dreyer Lassen, und D. Skilling. 2002. Fiscal transparency, gubernatorial approval, and the scale of government: Evidence from the states. *State Politics and Policy Quarterly* 3 (2): 230–250.
Assmann, A., und J. Assmann. 1997. Das Geheimnis und die Archäologie der literarischen Kommunikation. Einführende Bemerkungen. In *Schleier und Schwelle. Geheimnis und Öffentlichkeit. Archäologie der literarischen Kommunikation*, Hrsg. A. Assmann und J. Assmann, 7–16. München: Wilhelm Fink.

Barbato, M. 2013. Integration als Revolution: Souveränität und Legitimität der EU im Ausnahmezustand der Eurokrise. *Zeitschrift für Außen- und Sicherheitspolitik* 6 (2): 249–267.

Bernoth, K., und G. B. Wolff. 2006. Fool the markets? Creative accounting, fiscal transparency and sovereign risk premia. *Deutsche Bundesbank Discussion Paper Series 1: Economic Studies* 19/2006.

Bok, S. 1983. *Secrets. On the ethics of concealment and revelation.* New York: Vintage Books.

Burke, J. P. 1986. *Bureaucratic responsibility.* Baltimore: The Johns Hopkins University Press.

De Haan, J., S. C. W. Eijffinger, und S. Waller. 2005. *The European Central Bank. Credibility, transparency, and centralization.* London: MIT Press.

Düwel, P. 1965. *Das Amtsgeheimnis. Schriftenreihe der Hochschule Speyer Bd. 23.* Berlin: Duncker & Humblot.

Enderlein, H. 2013. Das erste Opfer der Krise ist die Demokratie: Wirtschaftspolitik und ihre Legitimation in der Finanzmarktkrise 2008–2013. *Politische Vierteljahresschrift* 54 (4): 714–739.

Epps, D. 2008. Mechanisms of secrecy. *Harvard Law Review* 121 (6): 1556–1577.

Frankfurter Rundschau. 2012. ESM – Fiskalpakt Regierung will Zweidrittelmehrheit. *Frankfurter Rundschau* 25.06.2012. http://www.fr-online.de/politik/esm-fiskalpakt-regierung-will-zweidrittelmehrheit,1472596,16469950.html. Zugegriffen: 11. Nov. 2014.

Habermas, J. 1973. *Legitimationsprobleme im Spätkapitalismus.* Frankfurt a. M.: Suhrkamp.

Hahn, Alois. 1997. Soziologische Aspekte von Geheimnissen und ihren Äquivalenten. In *Schleier und Schwelle. Geheimnis und Öffentlichkeit. Archäologie der literarischen Kommunikation,* Hrsg. A. Assmann und J. Assmann, 23–40. München: Wilhelm Fink.

Hahn, A. 2002. Geheim. In *Das Geheimnis am Beginn der europäischen Moderne,* Hrsg. G. Engel, B. Rang, K. Reichert, und H. Wunder, 21–42. Frankfurt a. M.: Vittorio Klostermann.

Heald, D. 2003. Fiscal transparency: Concepts, measurement and UK practice. *Public Administration* 81 (4): 723–759.

Hood, C. 2010. Accountability and transparency: Siamese twins, matching parts, awkward couple? *West European Politics* 33 (5): 989–1009.

Horn, E. 2011. Logics of political secrecy. *Theory, Culture & Society* 28 (7–8): 103–122.

Jestaedt, M. 2001. Zwischen Öffentlichkeit und Vertraulichkeit – Der Staat der offenen Gesellschaft: Was darf er verbergen? In *Öffentlichkeit und Vertraulichkeit. Theorie und Praxis der politischen Kommunikation,* Hrsg. O. Depenheuer, 67–110. Wiesbaden: Westdeutscher Verlag.

Kopits, G., und J. Craig. 1998. *Transparency in government operations.* Washington: International Monetary Fund.

Korte, K.-R. 2010. Strategie und Regierung: Politikmanagement unter den Bedingungen von Komplexität und Unsicherheit. In *Strategie in der Politikwissenschaft. Konturen eines neuen Forschungsfelds,* Hrsg. J. Raschke und R. Tils, 211–231. Wiesbaden: VS Verlag für Sozialwissenschaften.

Kunstein, T., und W. Wessels. 2011. Die Europäische Union in der Währungskrise: Eckdaten und Schlüsselentscheidungen. *Integration* 34 (4): 308–322.

Lang, S. 2001. *Politische Öffentlichkeit im modernen Staat. Eine bürgerliche Institution zwischen Demokratisierung und Disziplinierung.* Baden-Baden: Nomos.

Lerche, P. 1981. Geheimschutz und Öffentlichkeitsinteresse. In *Verfassungsschutz und Rechtsstaat. Beiträge aus Wissenschaft und Praxis*, Hrsg. Bundesministerium des Inneren, 117–132. Köln: Carl Heymanns.

Marschall, S. 2004. Beziehungsspiele zwischen Parlament und Regierung – ,Rules of the Game' und ihre Reform. In *Kampf der Gewalten? Parlamentarische Regierungskontrolle – gouvernementale Parlamentskontrolle. Theorie und Empirie*, Hrsg. E. Holtmann und W. J. Patzelt, 313–332. Wiesbaden: VS Verlag für Sozialwissenschaften.

Möllers, C. 2011. Zur Dialektik der Aufklärung der Politik. In *WikiLeaks und die Folgen. Netz – Medien – Politik*, Hrsg. H. Geiselberger, 193–200. Berlin: Suhrkamp.

Müller, T. 1991. *Exekutivischer Geheimnisschutz und parlamentarische Kontrolle*. München: V. Florentz.

Nedelmann, B. 1995. Geheimhaltung, Verheimlichung, Geheimnis – einige soziologische Vorüberlegungen. In *Secrecy and concealment. Studies in the history of Mediterranean and Near Eastern religions*, Hrsg. H. G. Kippenberg und G. G. Stroumsa, 1–16. Leiden: Brill.

Pozen, D. E. 2010. Deep secrecy. *Stanford Law Review* 62:257–340.

Preunkert, J. 2012. Die europäische Antwort auf die Finanzmarktkrise. *Zeitschrift für Politikwissenschaft* 22 (1): 69–94.

Rösch, U. 1999. *Geheimhaltung in der rechtsstaatlichen Demokratie. Demokratietheoretische Überlegungen zum Informationsverhältnis zwischen Staat und Bürger sowie zwischen den Staatsgewalten*. Baden-Baden: Nomos.

Rourke, F. E. 1960. Administrative secrecy: A congressional dilemma. *The American Political Science Review* 54 (3): 684–694.

Sagar, R. 2011. Das mißbrauchte Staatsgeheimnis. Wikileaks und die Demokratie. In *WikiLeaks und die Folgen. Netz – Medien – Politik*, Hrsg. H. Geiselberger, 201–223. Berlin: Suhrkamp.

Sarcinelli, U. 2009. *Politische Kommunikation in Deutschland*. Wiesbaden: VS Verlag für Sozialwissenschaften.

Scharpf, F. 1999. *Regieren in Europa*. Frankfurt a. M.: Campus.

Schirrmeister, C. 2004. *Geheimnisse. Über die Ambivalenz von Wissen und Nicht-Wissen*. Wiesbaden: Deutscher Universitäts-Verlag.

Schmitt, C. 1922/2004. *Politische Theologie*. Berlin: Duncker & Humblot.

Schoenfeld, G. 2010. *Necessary secrets. National security, The media, and the rule of law*. New York: W.W. Norton & Company.

Schuett-Wetschky, E. 2001. Gewaltenteilung zwischen Bundestag und Bundesregierung? Nach dem Scheitern des Gewaltenteilungskonzeptes des Parlamentarischen Rates: Gemeinwohl durch Parteien statt durch Staatsorgane? In *Der Demokratische Verfassungsstaat in Deutschland. 80 Jahre Weimarer Reichsverfassung, 50 Jahre Grundgesetz, 10 Jahre Fall der Mauer*, Hrsg. K. Dicke, 67–117. Baden-Baden: Nomos.

Sievers, B. 1974. *Geheimnis und Geheimhaltung in sozialen Systemen. Studien zur Sozialwissenschaft Bd. 23*. Opladen: Westdeutscher Verlag.

Simmel, G. 1923. *Soziologie. Untersuchungen über die Formen der Vergesellschaftung*. München: Duncker & Humblot.

Stiglitz, J. 2002. Transparency in government. In *The right to tell. The role of mass media in economic development*, Hrsg. World Bank Institute, 27–44. Washington: The World Bank.

Stok, W. 1929. *Geheimnis, Lüge und Missverständnis. Eine beziehungswissenschaftliche Untersuchung. Beiträge zur Beziehungslehre II/1929*. München: Duncker & Humblot.
Thompson, D. F. 1999. Democratic secrecy. *Political Science Quarterly* 114 (2): 181–193.
Velten, P. 1996. *Transparenz staatlichen Handelns und Demokratie. Zur Zulässigkeit verdeckter Polizeitätigkeit*. Pfaffenweiler: Centaurus.
Weber, M. 2010. *Wirtschaft und Gesellschaft. Grundriss der verstehenden Soziologie*. Frankfurt a. M.: Zweitausendeins.
Wegener, B. W. 2006. *Der geheime Staat. Arkantradition und Informationsfreiheitsrecht*. Göttingen: Morango.
Westerbarkey, J. 1991. *Das Geheimnis. Zur funktionalen Ambivalenz von Kommunikationsstrukturen*. Opladen: Westdeutscher Verlag.
Willke, H. 2010. Transparency after the financial crisis. Democracy, transparency, and the veil of ignorance. In *Transparenz. Multidisziplinäre Durchsichten durch Phänomene und Theorien des Undurchsichtigen*, Hrsg. S. A. Jansen, E. Schröter, und N. Stehr, 56–81. Wiesbaden: VS Verlag für Sozialwissenschaften.

Teil II
Räume in der Eurokrise

Europäische Städte in der Finanzkrise. Eine explorative Studie zum Verhältnis von Autonomie und Resilienz

4

Sylke Nissen

4.1 Die Rolle der Städte

In der Erholungsphase nach der Finanzkrise bleiben für die europäischen Städte einige Fragen unbeantwortet: Wurden Städte und deren Randbezirke von der Krise besonders hart getroffen oder konnten sie die Krise vergleichsweise gut überstehen? Zeigen sich räumliche Muster in der Krisenbetroffenheit? Gibt es besondere Merkmale des Krisenverlaufs? Welche Lehren lassen sich aus der jüngsten Finanzkrise für die nächste ziehen?

Die Bedeutung dieser Fragen resultiert aus der zentralen Rolle, die Städte für die Lebensverhältnisse von Millionen von Menschen spielen, nicht nur in Europa. Immer noch nimmt die Zahl der Menschen zu, die in urbanen Agglomerationen leben. Nach Angaben der Population Division des UN-Department of Economic and Social Affairs leben in Europa etwa 72 % der Bevölkerung in urbanen Agglomerationen (UNDESA 2006). Jede städtische Entwicklung, jede auf Städte bezogene Politik, jede Krise, die die Städte trifft, wirkt sich auf annähernd drei Viertel der europäischen Bevölkerung aus. Städte beherbergen nicht nur die Mehrheit der Weltbevölkerung, sondern gelten darüber hinaus auch als die ökonomischen und politischen Mittelpunkte ihrer jeweiligen Staaten (Parkinson et al. 2012, S. 2 f.).

S. Nissen (✉)
Institut für Soziologie, Universität Leipzig,
Beethovenstr. 15, 04107 Leipzig, Deutschland
E-Mail: nissen@uni-leipzig.de

© Springer Fachmedien Wiesbaden 2015
J. Preunkert, G. Vobruba (Hrsg.), *Krise und Integration,*
Europa – Politik – Gesellschaft, DOI 10.1007/978-3-658-09231-3_4

Die große und wachsende Relevanz städtischer Entwicklungen spiegelt sich sowohl in europäischen Politikstrategien als auch in programmatischen Publikationen der Europäischen Kommission. Eines der ersten Statements in dieser Hinsicht wurde von der Kommission im Jahr 2006 veröffentlicht. In *Die Kohäsionspolitik und die Städte* heißt es:

> Die Europäische Union wird ihre Agenda für Wachstum und Beschäftigung dann erfolgreich umsetzen, wenn alle Regionen dazu ihren Beitrag leisten. Den Städten kommt bei dieser Aufgabe große Bedeutung zu. Sie haben das größte Angebot an Arbeitsplätzen, Unternehmen und höheren Bildungseinrichtungen und sind wichtige Akteure bei der Verwirklichung des sozialen Zusammenhalts. Die Städte stehen im Mittelpunkt jenes Wandels, für den Innovation, unternehmerische Initiative und Unternehmenswachstum die Grundlage bilden. (Europäische Kommission 2006, S. 4)

Der *State of European Cities Report*, der 2007 erschien, beschrieb Städte in derselben Weise als die Zentren der ökonomischen Entwicklung.

> Überall in Europa *sind Städte unstreitig Motoren des Wirtschaftswachstums*. In praktisch allen europäischen Ländern sind städtische Gebiete die wichtigsten Erzeuger von Wissen und Innovation – die Zentren einer immer globaler werdenden Weltwirtschaft. Der Beitrag größerer Städte zur Wirtschaft ist generell größer, was jedoch nicht für alle großen Städte gilt. Für Städte mit mehr als einer Million Einwohnern liegen die BIP-Werte 25 % über dem Wert der EU als Ganzes und 40 % über dem Wert des jeweiligen einzelstaatlichen Durchschnitts. (Europäische Kommission, GD Regionalpolitik 2007, S. 7, Herv. i. O; siehe auch European Union und Regional Policy 2007, RWI et al. 2010).

Diese Einschätzung wird durch den verbreiteten Eindruck einer besonderen Bedeutung von Hauptstädten und Städten „in der zweiten Reihe" unterstützt, wie zum Beispiel das Projekt über *Second Tier Cities and Territorial Development in Europe* unterstreicht:

> [...] capital cities have significant agglomeration advantages. They are typically the centres of national political, administrative and economic power. They have stronger private sectors. They are more integrated into global networks. They are more likely to contain companies' headquarters. Their producer services are typically the most advanced. They contain major financial institutions which provide easier access to risk capital. They contain leading academic and research institutions. They are at the hub of national transportation and ICT networks. They attract public and private ‚prestige' investment because they ‚represent' their nations. [...] Other researchers have focused more upon the positive contribution that non-capital, ‚second tier' cities can make. Many of those cities contain major concentrations of economic activity, substantial wealth creation potential, human capital and creativity. (Parkinson et al. 2012, S. 2 f.; vgl. Berube et al. 2010)

Während der deutschen Ratspräsidentschaft wurden im Mai 2007 die *Leipzig Charta für nachhaltige europäische Städte* und die *Territoriale Agenda der EU* von den zuständigen Ministern der Europäischen Mitgliedsstaaten unterzeichnet (Europäische Union 2007, European Union 2007b). Noch im selben Jahr wurde die Leipzig Charta unter der portugiesischen Präsidentschaft durch den Entwurf eines *First European Action Programme for the Implementation of the Territorial Agenda* ergänzt. Das Aktionsprogramm verlangt, „that the territorial and urban dimensions are adequately taken into consideration when the European institutions are assessing current policies and designing new ones" (European Union 2007a, S. 10). Das *Marseille Statement* folgte ein Jahr später and 2010 die *Toledo Declaration*. Beide Resolutionen reflektieren bereits die Entwicklung der Krise (Europäische Union 2008, 2010).

All diese Vereinbarungen dokumentieren die Anerkennung der Bedeutung des urbanen Raums. Sie betonen die „Notwendigkeit eines urbanen Ansatzes in der öffentlichen Politik" (Europäische Union 2008, S. 2), unterstreichen die grundsätzliche Notwendigkeit, „ein neues Verantwortungsbewußtsein für eine integrierte Stadtpolitik [zu] schaffen" (Europäische Union 2007, S. 2) und argumentieren dafür, sich den aktuellen städtischen Herausforderungen aktiv zu stellen und die Europa2020-Strategie zu implementieren, indem eine smartere, nachhaltigere und sozial inklusive städtische Entwicklung erreicht wird (European Union 2010, S. III).

Neben der Bedeutung großer Städte als soziale und ökonomische Zentren, die aus den obigen Quellen spricht, zeichnet sich ein weiterer Grund für die wachsende Aufmerksamkeit für Städte und deren Entwicklung ab: Städte und vor allem deren Bürgermeister und Bürgermeisterinnen gelten als Kräfte, die die großen Herausforderungen des 21. Jahrhunderts besser bewältigen können als Staaten und deren Regierungen (Barber 2013). Der Kern dieser Annahme ist alles andere als neu. Durch die Nähe zur Bevölkerung können Lokalpolitiker Probleme schneller identifizieren und bearbeiten als politische Repräsentanten regionaler oder nationaler Ebenen (Nissen 2002). Neu ist die spezifische Wendung der *think global, act local*-Diskussion, wonach die Städte wachsende Relevanz für die Bearbeitung von Aufgaben bekommen, die über die lokale Ebene hinausreichen. Diese Wahrnehmung kombiniert die zunehmende globale Bedeutung großer urbaner Agglomerationen mit dem Bild von Politikern und Politikerinnen auf der lokalen Ebene als pragmatische Problemlöser, die ihrer Klientel nahe sind und auf ihrem Weg zur Lösung auch mal Parteigrenzen überschreiten. Diese steigende Aufmerksamkeit für die Problemlösungskompetenz auf lokaler Ebene geht einher mit dem entsprechenden Bedarf an lokaler Handlungsfähigkeit.

Um nun einen Eindruck von der Situation der Städte in der Finanzkrise zu vermitteln, gehe ich in fünf Schritten vor: Zunächst widme ich mich vorliegenden
Untersuchungen zur Resilienz von Städten. Anschließend werfe ich in Abschn. 3
einen Blick auf allgemeine Krisenindikatoren und wende diese in Abschn. 4 und
5 auf urbane Agglomerationen an. Da die vorläufigen Ergebnisse die These einer
besonderen urbanen Resilienz nicht unbedingt stützen, werde ich abschließend
untersuchen, ob und in welchem Ausmaß lokale Autonomie die städtische Widerstandskraft gegen Kriseneinflüsse fördert (Abschn. 6).

4.2 Resiliente Städte

Im weitesten Sinn bedeutet Resilienz die Fähigkeit eines Systems, zum Beispiel
eines Ökosystems, externe Schocks zu absorbieren und zu einer Situation zurück
zu finden, die der vor dem externen Einfluss entspricht. Ron Martin formuliert in
seinem Überblick über die relevante Literatur vier Resilienz-Dimensionen: *resis-
tance, recovery, re-orientation, renewal*.[1] Die erste thematisiert *Widerstand*, d. h.
die Fähigkeit zum Beispiel einer Ökonomie, Störungen wie einer Rezession zu widerstehen. Die zweite Dimension betrifft die Fähigkeit, sich rasch und umfassend
von einem Schock zu erholen. Die dritte Dimension beschreibt die strukturelle *Re-
Orientierung* eines Systems, während die vierte die Möglichkeit zur *Erneuerung*
anspricht, das Potential, zu Vor-Krisen-Wachstumsraten zurückzukehren (Martin
2012, S. 11). Dieses Reaktionsvermögen und die Elastizität wird nicht nur in ökonomischen Zusammenhängen als Krisenfestigkeit diskutiert. Wir sprechen von der
Resilienz bestimmter Stoffe oder Materialien, wenn diese in der Lage sind, energetische Impulse abzupuffern. Resiliente sozio-ökologische Systeme absorbieren
Stress, der zum Beispiel aus dem Klimawandel resultiert. Und Resilienz bezeichnet ebenso die Fähigkeit eines Individuums, mit Veränderungen umzugehen, wie
die einer Organisation, sich gewandelten äußeren Bedingungen anzupassen.

Darüber hinaus wird Resilienz in immer stärkerem Maße mit urbanen Verhältnissen in Zusammenhang gebracht. Urbane Resilienz bringt die Annahme zum
Ausdruck, dass Städte besser als ihre ländlichen Umgebungen in der Lage sind, auf
„Erschütterungen" zu reagieren und sich gegen negative ökonomische, demographische oder soziale Tendenzen zur Wehr zu setzen. Es wird angenommen, dass die
Chancen, externe Einflüsse zu kontrollieren, in Städten höher sind als in ländlichen
Regionen. Die breitere wirtschaftliche Basis und der vergleichsweise hohe Anteil an Sektoren, die von der ökonomischen Entwicklung relativ unabhängig sind

---

[1] Vgl. Lang (2011) für eine kurze Diskussion der Bedeutung und des Gebrauchs von „Resilienz".

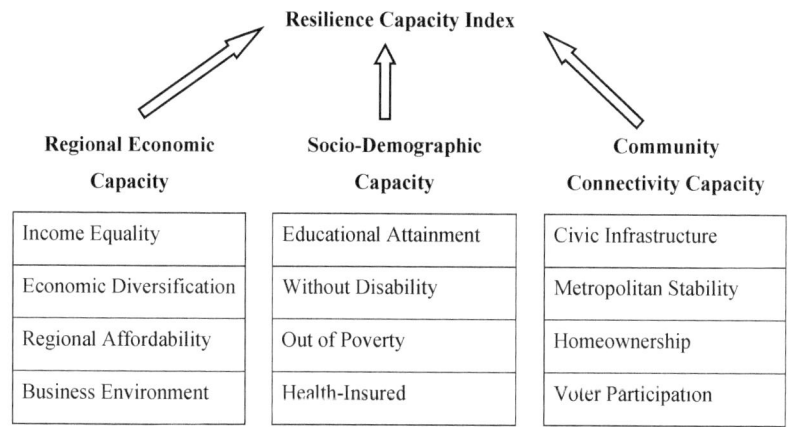

Abb. 4.1 Komponenten des Index urbaner Resilienz. (Quelle: eigene Darstellung nach Building Resilient Regions o. J.)

(wie zum Beispiel die öffentliche Verwaltung oder öffentliche Dienste), machen Städte – so die Annahme – weniger empfindlich für äußere Einflüsse. Durch diese Perspektive wird eine Verbindung des Resilienz-Konzeptes mit der Stadtforschung geschaffen: „Regional resilience refers to the ability of a place to recover from a stress, either an acute blow, as in the case of an earthquake or major plant closing, or a chronic strain, as may occur with longstanding economic decline or unremitting rapid population growth." (Building Resilient Regions o. J.)

Um in der empirischen Stadtforschung Resilienz messen oder interregional vergleichen zu können, sind Indikatoren für verschiedene Dimensionen städtischer Entwicklung erforderlich. Ein Vorstoß in diese Richtung kommt aus den USA, wo das *Network on Building Resilient Regions* (BRR) in Berkeley einen Resilienzindex entwickelt hat, der 12 Indikatoren in den Dimensionen regionale Ökonomie, Soziodemographie und kommunale Konnektivität beinhaltet. Abbildung 4.1 vermittelt einen Eindruck von den Indikatoren und der Reichweite des Index.

Das BRR-Netzwerk konzentriert sich ausschließlich auf Regionen in den USA. Auf europäischer Ebene arbeitet das *European Spatial Planning Observation Network* ESPON zu ähnlichen Fragen (Bristow et al. 2013). ESPON definiert Resilienz auf der Basis von drei der vier Dimensionen, die Martin eingeführt hat, nämlich Widerstand, Erholung und Erneuerung (ebd., S. 29).

Die bisher vorliegenden Untersuchungsergebnisse des ESPON zu resilienten Städten bestätigen die Relevanz der Indikatoren, die das BRR-Netzwerk entwickelt hat. Zu den Eigenschaften, die von diesem europäischen Netzwerk untersucht wurden und die Indikatoren für Resilienz zu sein scheinen, gehören Diversität und sektorale Struktur der lokalen Ökonomie, Zugang zu Märkten, Partizipationsraten und Flexibilität auf den Arbeitsmärkten, Qualifikationsniveau der Arbeitskräfte und niedrige Arbeitslosigkeit. Neben diesen ökonomischen Faktoren betonen die ESPON Ergebnisse den Effekt von bezahlbarem Wohnraum, informellen Institutionen und einem städtischen Aktivitätsniveau, von politisch-administrativen Strukturen und nicht zuletzt einem höheren Maß an fiskalischer oder legislativer Autonomie (Bristow et al. 2013, S. 35 ff.). Diese Charakteristika beschreiben städtische Strukturen und haben das Potential, so die ESPON-Studie, die Widerstandsfähigkeit, Erholung und Erneuerung einer Region positiv zu beeinflussen. Allerdings ist mit der Bildung dieser Indikatoren die Frage nach dem Einfluss der Krise auf urbane Gebiete und nach dem Grad der Resilienz in europäischen Städten noch nicht beantwortet.

Angesichts der Bedeutung von räumlichen Agglomerationen und deren vermutetem Widerstandspotential einerseits und dem umfangreichen Material andererseits, das zur Analyse von Ursachen und Folgen der Krise bereits vorliegt, überrascht die bisher geringe und meist relative unspezifische Aufmerksamkeit für die städtische/nicht-städtische Dimension der Krise. Eines der wenigen Dokumente in dieser Hinsicht ist der *8. Zwischenbericht über den wirtschaftlichen, sozialen und territorialen Zusammenhalt*, den die Europäische Kommission 2013 vorgelegt hat. Der Bericht spricht zwar explizit die regionale und urbane Dimension der Krise an, liefert aber kaum konkrete und aktuelle Informationen zur Situation in europäischen Städten:

> Dieses Muster eines schnelleren BIP-Wachstums in wachsenden Volkswirtschaften und eines schnelleren Rückgangs in den meisten rückläufigen Volkswirtschaften könnte bedeuten, dass die Wirtschaft der Städte flexibler und anfälliger auf Auf- und Abschwung reagiert. [...] In diesen ersten drei Jahren der Krise [hier 2007 bis 2010; SN] zeigten sich die meisten Großstadtregionen resistent, vor allem die Hauptstadtregionen. Die nachrangigen Großstadtregionen schnitten weniger gut ab. Die kleineren Großstadtregionen erwiesen sich als recht anfällig; die meisten lagen bei den Veränderungen bei Pro-Kopf-BIP und Beschäftigung zurück. (Europäische Kommission 2013, S.15)

Im Rahmen der Resilienzdiskussion interessiert nun natürlich, ob die Leistungsfähigkeit und Widerstandsfähigkeit von Städten während der Finanzkrise genauer eingeschätzt werden kann. Dazu werde ich zunächst Krisenindikatoren auf nationaler Ebene betrachten, um einen Referenzrahmen für weitere Untersuchungen zu erstellen. Da die Datenlage auf städtischer Ebene nicht sehr gut ist, werde ich anschließend in einer explorativen Studie das vorhandene Datenmaterial so aufbereiten, dass ein Blick auf unterschiedliche Agglomerationsformen in verschiedenen EU-Mitgliedstaaten möglich ist.

4.3 Die Krise: Indikatoren und Daten

Um Stadtentwicklungen in der Krise genauer betrachten zu können, konzentriere ich mich auf üblicherweise verwendete Indikatoren, die auch in Städteuntersuchungen betrachtet werden. So wählt ESPON zum Beispiel

> two standard measures of economic performance as indicators of economic growth or decline. The first is economic output, measured in terms of GDP at constant prices. […] GDP is the conventional indicator used to measure economic decline, with a recession typically defined as two consecutive quarters of negative growth. For the purposes of this work we amend this to a year-on-year decline in economic activity. This provides a stronger measure of longer-term effects, which is more appropriate when considering resilience, and where data availability is stronger. The second is total employment. Here there are two standard measures: one based on the location of the workplace, and the other on residence. […] Again, we look to a year-on-year decline in employment numbers as a measure of economic decline in the territory concerned. (Bristow et al. 2013, S. 18)

Die London School of Economics bezieht sich in ihrem *Global Metro Monitor* ebenfalls auf diese Indikatoren und dokumentiert Veränderungen der Bruttowertschöpfung und der Beschäftigung (Berube et al. 2010). Diese Indikatoren sind für die Staaten Europas gut dokumentiert[2] und zeichnen ein klares Bild der Krisenentwicklung und -auswirkungen in den EU-Mitgliedsländern.

Als erstes volles Krisenjahr in Europa wird das Jahr 2009 betrachtet (Preunkert bzw. Vobruba in diesem Band). Griechenland musste eingestehen, dass das Staatsdefizit bei 12 % lag und damit doppelt so hoch war wie zuvor behauptet. Genau wie Irland wurde das Land in der Folge von den Ratingagenturen noch im selben Jahr heruntergestuft (Preunkert und Vobruba 2012).

Abbildung 4.2 zeigt die realen jährlichen Wachstumsraten des Bruttoinlandsproduktes in den Ländern der Europäischen Union seit 2002. Nach einer expansiven Entwicklung mit Steigerungsraten zwischen 2 und 10 % wurde die Krise 2009 in der gesamten EU offensichtlich. Ein Blick in die Eurostat-Daten zeigt, dass die

---

[2] Sofern nicht anders angegeben sind alle folgenden Tabellen und Abbildungen auf der Basis von Eurostat-Daten produziert, die online unter http://epp.eurostat.ec.europa.eu/portal/page/portal/statistics/search_database verfügbar sind. Die Webseite bietet Datensammlungen der Europäischen Union überwiegend auf NUTS1 und NUTS2-Ebene und dokumentiert Quellen und Definitionen der verwendeten Indikatoren.

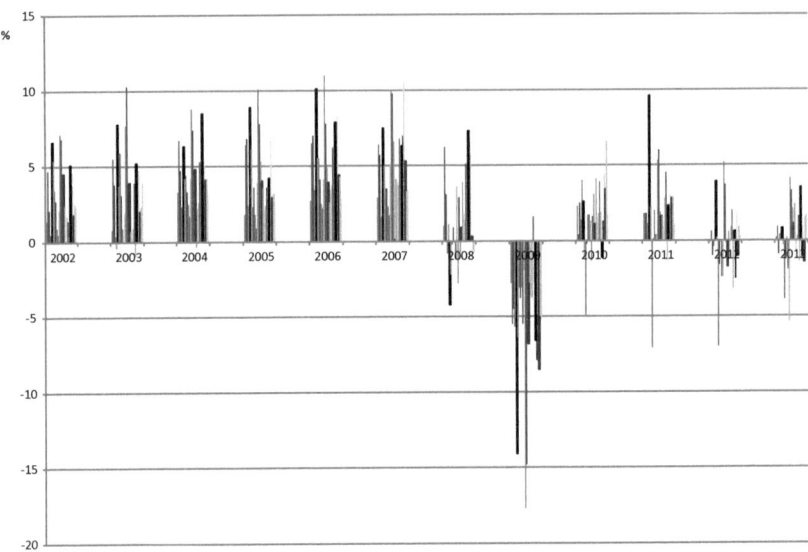

Abb. 4.2 Veränderungen des Bruttoinlandsproduktes in allen Mitgliedsländern der EU zwischen 2002 und 2013. (Quelle: Eurostat Tabelle tec00115 (27.7.2014); eigene Berechnungen)

Wirtschaft in Lettland (−17,7 %) am stärksten einbrach, gefolgt von Litauen, Estland, Finnland, Slowenien, Ungarn, Rumänien und Irland, wo der Rückgang nur 6,4 % betrug. Von den Ländern dieser Gruppe konnte sich nur Finnland schon 2010 wieder erholen und verzeichnete ein BIP-Wachstum von 3,4 %. Daneben finden wir 2010 sogar noch höhere Wachstumsraten in Schweden, der Slowakei, Malta und Deutschland. Polen ist das einzige Land der EU, in dem das Wachstum sowohl 2009 als auch 2010 anstieg (siehe Abb. 4.3).

Für die Betrachtung der Arbeitsmarktentwicklung stehen verschiedene Indikatoren zur Verfügung. Sowohl ESPON als auch der LSE Metromonitor beziehen sich auf Daten zur Gesamtbeschäftigung. Absolute Beschäftigungszahlen haben dabei den Nachteil, dass sie kaum zwischen zwei Ländern, geschweige denn europaweit vergleichbar sind. Daher wähle ich für eine Gegenüberstellung die Veränderung in der Gesamtbeschäftigung als Indikator. Tabelle 4.1 zeigt, wie sich die Beschäftigung zwischen 2008 und 2010 sowie zwischen 2008 und 2013 verändert hat.

Die Botschaft der Tab. 4.1 ist deutlich: Zwischen 2008 und 2010 waren Lettland, Estland, Litauen und Irland mit Beschäftigungsverlusten von mehr als 10 %

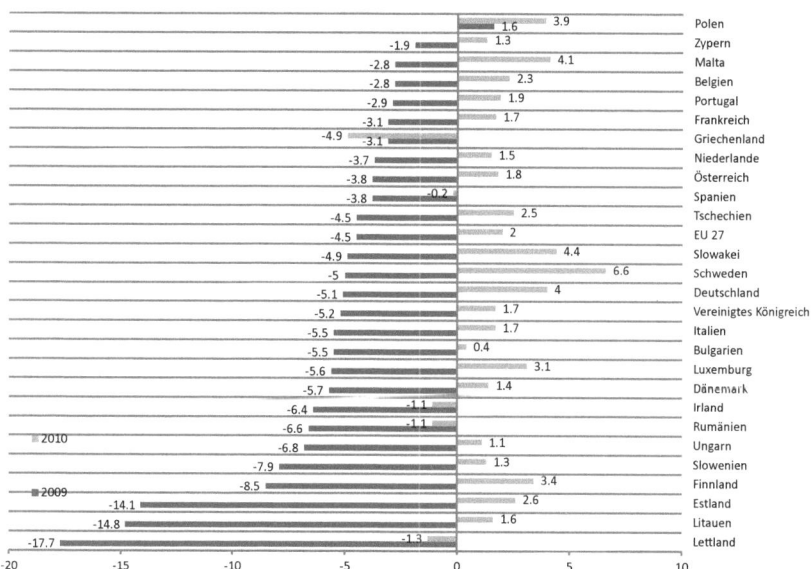

Abb. 4.3 Prozentuale Veränderung des BIP in EU Mitgliedstaaten 2009 und 2010. (Quelle: Eurostat Tabelle tec00115 (27.7.2014); eigene Berechnungen)

am stärksten betroffen. In Bulgarien, Spanien und Dänemark ging die Beschäftigung um mehr als 5 % zurück. Mit Blick auf die mittelfristigen Effekte ändert sich das Bild nur wenig: die Gesamtverluste belaufen sich auf mehr als 20 % in Griechenland und Lettland, sie liegen zwischen 10 und 20 % in Spanien, Portugal, Bulgarien und Irland, und blieben immer noch über 5 % in Litauen, Slowenien, Dänemark und Estland. Fünf Länder verzeichnen Beschäftigungsexpansionen in beiden Zeiträumen, nämlich Österreich, Belgien, Deutschland, Malta und Luxemburg. Mit Ausnahme von Deutschland handelt es sich dabei um sehr kleine Arbeitsmärkte.

Um den Eindruck abzurunden betrachten wir noch die Entwicklung der Arbeitslosigkeit. Die Abb. 4.4 und 4.5 zeigen die Entwicklung zwischen 2008 und 2013 in jenen Ländern, die 2009 die höchsten und niedrigsten Arbeitslosenquoten verzeichneten.

Abbildung 4.4 verdeutlicht zwei Entwicklungstypen. Die baltischen Staaten erreichten die höchsten Arbeitslosenquoten 2009 und 2010; danach gehen die Raten zurück. Weniger ausgeprägt trifft dies für Ungarn zu und zeitversetzt auch für Irland. Die anderen Länder: Spanien, Portugal, Griechenland und – abgeschwächt

Tab. 4.1 Veränderung der Gesamtbeschäftigung in den EU-Mitgliedstaaten zwischen 2008 und 2013. (Quelle: Eurostat Tabelle lfsi_emp_a (27.7.2014); eigene Berechnungen)

	Kurzfristige Entwicklung 2008/2010	Mittelfristige Entwicklung 2008/2013
Griechenland	−3,7	−20,7
Lettland	−16,3	−20,5
Spanien	−8,9	−17,3
Portugal	−4,2	−13,2
Bulgarien	−9,2	−12,7
Irland	−10,4	−10,5
Litauen	−12,6	−9,4
Slowenien	−3,0	−9,1
Dänemark	−5,1	−5,8
Estland	−13,0	−5,4
Slowakei	−4,8	−4,3
Italien	−2,3	−4,2
Finnland	−3,3	−2,9
Niederlande	−2,6	−2,7
EU 27	−2,4	−2,5
Zypern	3,2	−2,0
Polen	−2,1	−1,5
Tschechien	−2,3	−1,3
Rumänien	−1,4	−1,3
Frankreich	−0,8	−0,5
Ungarn	−2,5	1,5
Vereinigtes Königreich	−1,4	1,6
Belgien	1,0	1,9
Österreich	0,2	2,1
Schweden	−1,5	2,4
Deutschland	0,5	5,0
Malta	2,7	10,7
Luxemburg	9,1	17,9

– die Slowakei konnten die Tendenz steigender Arbeitslosenraten bis 2013 nicht brechen. In Spanien, Portugal und Griechenland ist die Arbeitslosigkeit kontinuierlich zu vorher unerreichten Höhen angestiegen.

Am anderen Ende des Spektrums können wir ebenfalls zwei Ländergruppen unterscheiden. Abbildung 4.5 zeigt Österreich, Luxemburg, Dänemark, Tschechien, Malta und Rumänien mit Arbeitslosenquoten im jährlichen Mittel leicht über dem Niveau von 2009 und ohne klaren Trend. In den Niederlanden, Slowe-

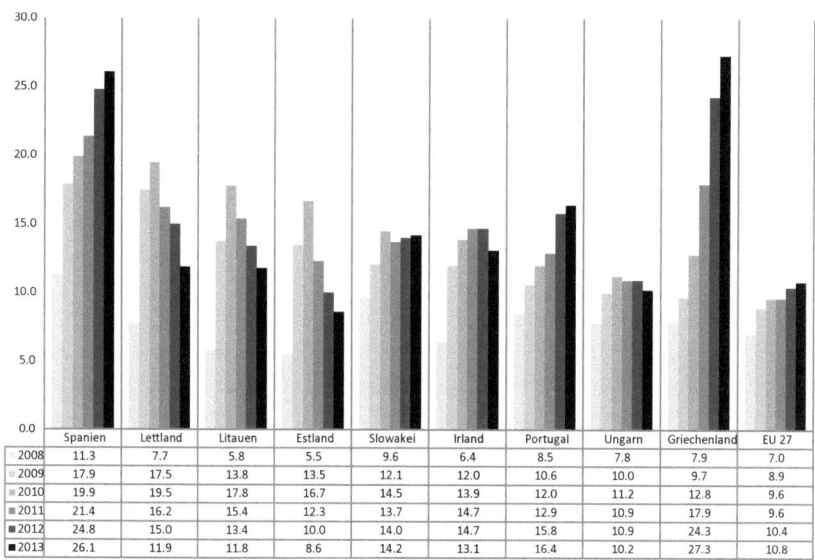

	Spanien	Lettland	Litauen	Estland	Slowakei	Irland	Portugal	Ungarn	Griechenland	EU 27
2008	11.3	7.7	5.8	5.5	9.6	6.4	8.5	7.8	7.9	7.0
2009	17.9	17.5	13.8	13.5	12.1	12.0	10.6	10.0	9.7	8.9
2010	19.9	19.5	17.8	16.7	14.5	13.9	12.0	11.2	12.8	9.6
2011	21.4	16.2	15.4	12.3	13.7	14.7	12.9	10.9	17.9	9.6
2012	24.8	15.0	13.4	10.0	14.0	14.7	15.8	10.9	24.3	10.4
2013	26.1	11.9	11.8	8.6	14.2	13.1	16.4	10.2	27.3	10.8

Abb. 4.4 EU-Mitgliedstaaten mit den höchsten Arbeitslosigkeitsraten im Jahr 2009, in %. (Quelle: Eurostat Tabelle une_rt_a (27.7.2014); eigene Berechnungen)

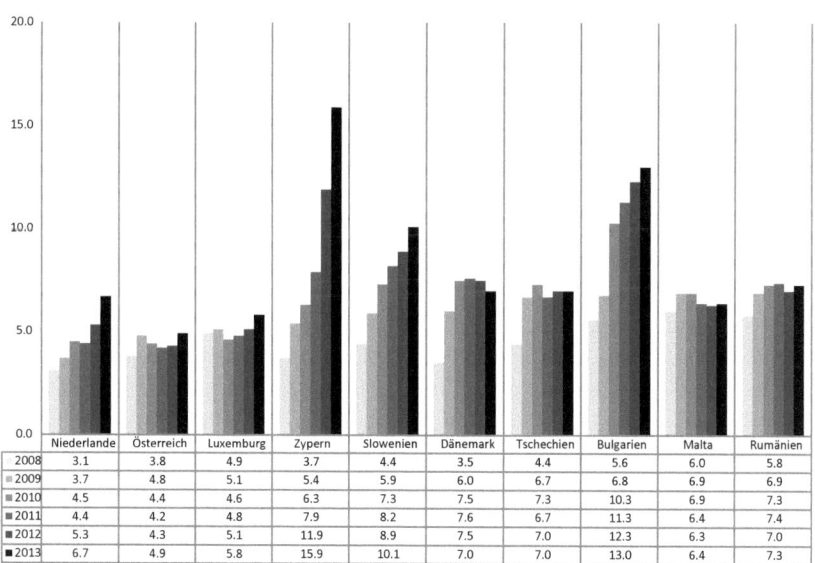

	Niederlande	Österreich	Luxemburg	Zypern	Slowenien	Dänemark	Tschechien	Bulgarien	Malta	Rumänien
2008	3.1	3.8	4.9	3.7	4.4	3.5	4.4	5.6	6.0	5.8
2009	3.7	4.8	5.1	5.4	5.9	6.0	6.7	6.8	6.9	6.9
2010	4.5	4.4	4.6	6.3	7.3	7.5	7.3	10.3	6.9	7.3
2011	4.4	4.2	4.8	7.9	8.2	7.6	6.7	11.3	6.4	7.4
2012	5.3	4.3	5.1	11.9	8.9	7.5	7.0	12.3	6.3	7.0
2013	6.7	4.9	5.8	15.9	10.1	7.0	7.0	13.0	6.4	7.3

Abb. 4.5 EU-Mitgliedstaaten mit den niedrigsten Arbeitslosigkeitsraten im Jahr 2009, in %. (Quelle: Eurostat Tabelle une_rt_a (27.7.2014); eigene Berechnungen)

nien, Zypern und auch Bulgarien dagegen steigen die Raten kontinuierlich an, Zypern und Bulgarien haben inzwischen das Niveau der Slovakei oder Portugals aus der ersten Ländergruppe erreicht (vgl. Abb. 4.4).[3]

Insgesamt entsprechen diese Ergebnisse den gängigen Krisenanalysen (Europäische Kommission 2013). Die baltischen Staaten verzeichneten außerordentliche Abwärtsbewegungen, haben sich aber sowohl hinsichtlich des Wirtschaftswachstums als auch des Arbeitsmarktes rasch erholt. In Südeuropa sieht die Lage vor allem auf dem Arbeitsmarkt in Griechenland, Spanien und Portugal besonders schlecht aus. Auch Irland ist schwer betroffen, während die Kernländer der Europäischen Union, insbesondere Deutschland und Österreich, die Krise verhältnismäßig gut überstanden haben. Diese Beobachtungen treffen sich mit der Feststellung der Europäischen Kommission, dass die „allgemeinen Folgen der Krise für BIP und Beschäftigung zwischen 2007 und 2012 […] in den drei Baltenstaaten, Irland, Griechenland und Spanien am deutlichsten zu spüren" waren (Europäische Kommission 2013, S. 7).

Gerade die am stärksten von der Krise betroffenen Mitgliedsländer müssen daran interessiert sein zu erfahren, welche Regionen von den Auswirkungen der Krise am stärksten betroffen waren und welche Gebiete die negativen Schocks besser abfedern konnten, also eher als resilient bezeichnet werden können. Diese Frage kann durch den Vergleich von Staaten natürlich nicht bearbeitet werden. Daher dient der bisher dargestellte Überblick nur als Hintergrund für den Versuch einer genaueren Betrachtung der Kriseneffekte auf regionaler Ebene. Hierfür werde ich zunächst die Datenbasis erläutern, die auf NUTS 2-Ebene zur Verfügung steht. Anschließend werde ich die urbane Dimension der Krise in Spanien, Portugal, Irland, Griechenland und den baltischen Staaten untersuchen, um der Frage einer größeren Resilienz urbaner Agglomerationen nachzugehen.

4.4 Zum methodischen Vorgehen

Vor einer Analyse von Daten aus Städten und Regionen müssen die angemessenen regionalen Einheiten und die erforderliche Datenbasis ermittelt werden. In dem Artikel *European cities – spatial dimension* betont die Europäische Kommission, dass die analytische Einheit für die Diskussion der städtischen Fragen *nicht* die allgemein als Stadt bezeichnete räumliche Einheit sein kann:

---

[3] Die beiden Abbildungen haben unterschiedliche Skalen. Die mittlere Gruppe, deren Daten hier nicht im Detail dargestellt werden, besteht aus Großbritannien, Deutschland, Italien, Belgien, Frankreich, Finnland, Schweden und schließlich Polen als einzigem osteuropäischen Land.

City walls, even if they are preserved, no longer function as barriers between the people living inside and outside the city. Students, workers and people looking for healthcare or for cultural facilities regularly commute between the city and the surrounding area. Economic activity, transport flows and air pollution clearly cross the administrative boundaries of a city as well. Consequently, collecting data exclusively at core city level is insufficient. (European Commission o. J.; Stand 12. November 2014)

Folgt man den Hinweisen der OECD, verwendet die „definition of urban areas in OECD countries [...] population density to identify urban cores and travel-to-work flows to identify the hinterlands whose labour market is highly integrated with the cores." (OECD 2013, S. 2) Größe, Dichte und damit verbunden Funktionalität dienen hier als Kriterien, um die verfügbaren Eurostat-Daten hinsichtlich ihrer Stadt-/Nicht-Stadt-Dimension zu strukturieren. Große und dicht bevölkerte Gebiete werden als ökonomische Zentren betrachtet, die verschiedene administrative, arbeitsmarkt- und unternehmenspolitische wie auch soziale, kulturelle oder infrastrukturelle Funktionen übernehmen, die nicht nur für die Agglomeration im engeren Sinne, sondern auch für die umgebenden Regionen von Bedeutung sind (Christaller 2006). Das Statistische Amt der Europäischen Union bezeichnet Ansiedlungen mit mindestens 500.000 Einwohnern als *larger urban zones* (LUZ) und betrachtet sie als wichtige räumliche Einheiten, die über die Verwaltungsgrenzen einer Stadt hinaus gehen und die vielfachen Beziehungen zwischen der Kernstadt und dem sogenannten Pendlergürtel einschließen.[4] Eine Analyse auf der Ebene dieser *larger urban zones* bietet sich für die Überprüfung der These einer größeren Resilienz urbaner Agglomerationen an.

Für diesen Zweck sind Daten erforderlich, die die Differenzierung zwischen größeren Agglomerationen oder Metropolregionen und weniger dicht besiedelten Gebieten möglich machen. Die *larger urban zones* sind die statistische Einheit der Eurostat-Datensammlung *Urban Audit*, die vergleichbare Erhebungen verschiedener Aspekte der urbanen Lebensqualität in europäischen Städten zur Verfügung stellt.[5] Die Erhebungen decken demographische, soziale und ökonomische Aspekte ebenso ab wie Bildung, Arbeitsmarkt, Gesundheit, Umwelt, Kultur und Tourismus. Die Liste der Städte, die am Urban Audit teilnehmen, beinhaltet in Europa 723 *larger urban zones* (inklusive Nicht-EU-Staaten).[6]

---

[4] „As a first step to defining the larger urban zones, we looked at the number of people commuting from municipalities to the core city. [...] A commuting rate of 10 % means that one in 10 residents living in the municipality commutes to work in the core city. [...] Given the different national and regional characteristics, different thresholds were used within the range of 10–20 %." European Commission (o. J.; Stand 12. November 2014).

[5] http://epp.eurostat.ec.europa.eu/portal/page/portal/region_cities/city_urban, 25. Oktober 2014.

[6] http://epp.eurostat.ec.europa.eu/cache/ITY_SDDS/EN/urb_esms.htm#annex1402650314856, 25. Oktober 2014.

Während die regionale Abdeckung der *larger urban zones* durch das Urban
Audit als sehr gut bezeichnet werden kann, weist die zeitliche Kontinuität der Sur-
veys große Lücken auf. Die erste Erhebungswelle fand 2003/2004 statt, weitere
Befragungen folgten 2006/2007, 2009 und 2011. Die Datensammlung erfolgt un-
regelmäßig.[7] Die Zahlenreihen sind in vielen Fällen unvollständig, reichen zum
Teil nur bis 2010 und sind mit entsprechenden Daten für ländliche Regionen nicht
vergleichbar. Das heißt, gerade mit Blick auf eine gute Datenbasis für die Zeit der
Finanzkrise ist das Material aus dem Urban Audit leider ungeeignet.

Für eine vergleichende historische Analyse des Einflusses der Finanzkrise in
larger urban zones und außerhalb davon bietet sich der Regionaldatenpool von
Eurostat an. Eurostat verfügt über Statistiken auf der Ebene von NUTS 2-Einhei-
ten,[8] die mit den nationalen, also auf NUTS 1-Ebene erhobenen Daten vergleichbar
sind. Allerdings fehlen den Nuts 2-Einheiten Informationen über deren Größe oder
Bevölkerungsdichte, so dass die für unsere Frage erforderliche Gruppierung in
urbane und ländliche Gebiete unterschiedlicher Größe ohne Zusatzinformationen
nicht möglich ist. Die dafür notwendige Information erhält man aus den Städteta-
bellen des Urban Audit, wenn man eine Tabellenversion auf der Basis von Bevölkerungszahlen generiert. Diese Tabelle[9] enthält 578 städtische Agglomerationen.[10]
Nach Größe sortiert, ergibt sich eine Aufstellung von 70 *larger urban zones* mit
mehr als einer Million Einwohner und 61 LUZ mit Bevölkerungszahlen zwischen
500.000 und einer Million. Alle Agglomerationen aus diesen beiden Gruppen habe
ich ihren jeweiligen NUTS 2-Gebieten zugeordnet und die Ergebnisliste anschließend von Überschneidungen bereinigt. Eine *larger urban zone* aus dem Urban
Audit deckt sich nicht in jedem einzelnen Fall mit einer NUTS 2-Einheit, aber
ich konnte sicherstellen, dass alle *larger urban zones* von den NUTS 2-Gebieten
abgedeckt werden. Die endgültige Liste enthält 60 NUTS 2-Regionen mit Ein-
wohnerzahlen über einer Million und 56 Einheiten mit 500.000 bis eine Million
Einwohnern.[11] Ergänzend habe ich zu Vergleichszwecken 143 NUTS 2-Regionen
mit weniger als 500.000 Einwohnern in einer dritten Gruppe zusammengefasst.

---

[7] Für eine kleine Zahl von Variablen wird seit längerem angekündigt, dass die Erhebung
jährlich erfolgen soll; dies wurde aber bislang nicht realisiert.

[8] Seit 2008 sind NUTS1, 2 und 3 die offiziellen territorialen Einheiten für die Erstellung
von Regionalstatistiken der Europäischen Union. NUTS steht für *Nomenclature des unités
territoriales statistiques*. Eurostat (2011).

[9] Die Tabelle „Bevölkerung am 1. Januar nach Altersgruppen und Geschlecht – Stadtregion
[urb_lpop1]" kann unter http://epp.eurostat.ec.europa.eu/portal/page/portal/region_cities/
city_urban/data_cities/database_sub1 heruntergeladen werden (25. Oktober 2014).

[10] In der Ausgangstabelle und allen folgenden Analysen fehlt Kroatien, weil das Land erst
2013 der EU beigetreten ist.

[11] Die vollständige Liste der LUZ und entsprechenden NUTS 2 Gebiete findet sich im Anhang.

Auf der Basis dieser 116 *larger urban zones* und 143 kleineren Gebiete können wir eine vorsichtige Analyse von Krisenindikatoren in Regionen verschiedener Größe vornehmen. Die skizzierte Notwendigkeit, die NUTS 2-Einheiten manuell gruppieren zu müssen, unterstreicht den explorativen Charakter der folgenden Untersuchung der räumlichen Kriseneffekte. Zudem sind auch diese Datenreihen nicht in jedem betrachteten Jahr vollständig, so dass die Interpretation der Ergebnisse ein wenig unter einer variierenden Grundgesamtheit leidet. Die Validität der zusammengetragenen Informationen wird schließlich von Bedenken beeinträchtigt, die gegen Daten auf NUTS 2-Ebene zum Beispiel von Heinemann vorgebracht werden. Er kritisiert, dass die üblicherweise zur Dokumentation des Wirtschaftswachstums vorgelegten BIP/pro Kopf-Daten den Wohlstand von Hauptstädten, Metropolen und Regionen mit einem hohen Anteil von Einpendlern überschätzen (Heinemann 2009, S. 123 ff.).

4.5 Larger Urban Zones in der Finanzkrise

Wir werden nun die in Abschn. 4.3 dargestellten Krisenindikatoren für die NUTS 2-Ebene betrachten. Für das Wirtschaftswachstum sind dies als erstes Daten über die „Reale Wachstumsrate des regionalen BIP zu Marktpreisen, nach NUTS-2-Regionen".[12]

Bis 2007 ergeben die Unterschiede zwischen den drei Gruppen kein konsistentes Muster. Ab 2008 haben die LUZ mit mehr als einer Million Einwohnern den besten Weg durch die ersten Krisenjahre gefunden (Abb. 4.6). Allerdings ist die Abweichung vom Durchschnitt aller NUTS 2-Regionen nicht sehr groß. Außerdem sind bei Eurostat die Daten britischer Regionen in dieser Tabelle nicht eingeschlossen und bis 2008 fehlen die Werte für eine Reihe von deutschen Regionen.[13] Das heißt, dieses Diagramm ist mit großer Vorsicht zu interpretieren.

Betrachten wir jene Länder etwas genauer, die von der Krise besonders betroffen waren: Spanien, Portugal, Irland, Griechenland, Estland, Lettland und Litauen (SPIGELL). Der Vergleich von Agglomerationen in diesen Krisenländern mit

---

[12] Die Daten reichen inzwischen bis 2011, enthalten jedoch keine Angaben zu Griechenland mehr. Deshalb verwende ich hier eine zu einem früheren Zeitpunkt gespeicherte Tabelle der Jahre 2002 bis 2010, die Griechenland einschließt. Die Vermutung liegt nahe, dass es keine neuen, zuverlässigen Daten für Griechenland gibt. Ob der Rückschluss auf mangelnde Qualität der hier verwendeten älteren Daten zutrifft, muss offen bleiben. http://epp.eurostat. ec.europa.eu/portal/page/portal/region_cities/regional_statistics/data/main_tables, 25. Oktober 2014.

[13] Da diese Lücken in Deutschland recht gleichmäßig über alle drei Größengruppen verteilt sind, nehme ich an, dass die aus den Leerstellen resultierende Verzerrung eher gering ist.

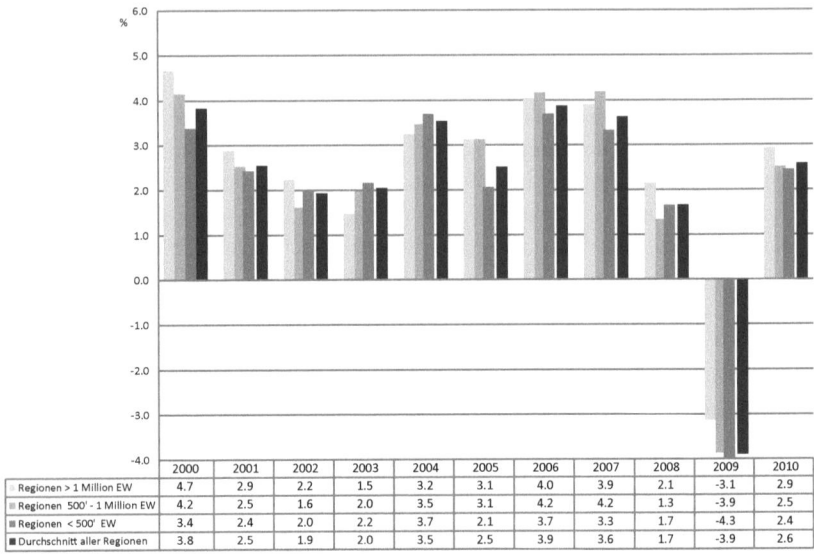

	2000	2001	2002	2003	2004	2005	2006	2007	2008	2009	2010
Regionen > 1 Million EW	4.7	2.9	2.2	1.5	3.2	3.1	4.0	3.9	2.1	-3.1	2.9
Regionen 500' - 1 Million EW	4.2	2.5	1.6	2.0	3.5	3.1	4.2	4.2	1.3	-3.9	2.5
Regionen < 500' EW	3.4	2.4	2.0	2.2	3.7	2.1	3.7	3.3	1.7	-4.3	2.4
Durchschnitt aller Regionen	3.8	2.5	1.9	2.0	3.5	2.5	3.9	3.6	1.7	-3.9	2.6

Abb. 4.6 BIP-Wachstum in Regionen unterschiedlicher Größe. (Quelle: Eurostat Tabelle tgs00037 (27.7.2014); eigene Berechnungen)

jenen derselben Größe in den restlichen Ländern der EU zeigt ein klares Muster: Die hellen Säulen in der Abb. 4.7 beinhalten die *larger urban zones* in den Krisenländern. Bis 2008 ist die wirtschaftliche Situation, gemessen an den verfügbaren Daten, in diesen sieben Ländern, in allen Regionen, aber besonders in den *larger urban zones* mit mehr als 500.000 Einwohnern besser als im Rest der EU. Hier könnte die Wirkung der EU-Programme zur Regional- und Strukturförderung in überdurchschnittlichen Wachstumsraten zum Ausdruck kommen. 2008 jedoch verschlechtert sich die Lage der *larger urban zones* in der SPIGELL-Gruppe dramatisch und der Abschwung ist wesentlich stärker als in den *larger urban zones* der anderen EU-Länder. In dieser Phase scheinen die EU-Funds den SPIGELL-Ländern nicht geholfen zu haben, zum Beispiel wenn die Fähigkeit der Regionen zur Kofinanzierung der Fördermittel in der Krise dramatisch zurückging. Insofern ist es bemerkenswert, dass die NUTS 2-Regionen der Krisenländer mit weniger als 500.000 Einwohnern einen leicht geringeren Wachstumseinbruch verzeichneten als die entsprechenden Regionen im Rest der EU und das Jahr 2009 deutlich besser überstanden zu haben scheinen als die Regionen mit mehr als 500.000 Einwohnern.

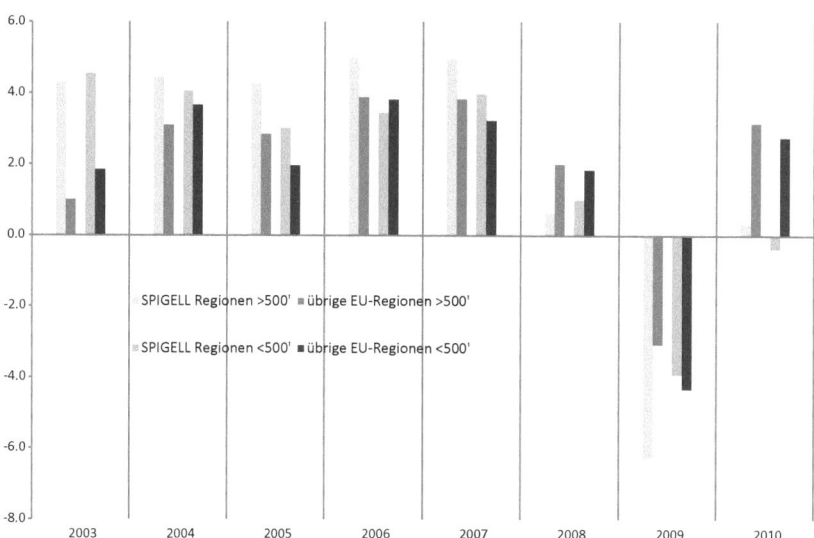

Abb. 4.7 BIP-Wachstum in Regionen unterschiedlicher Größe und verschiedenen Länder-gruppen, in %. (Quelle: Eurostat Tabelle tgs00037 (27.7.2014); eigene Berechnungen)

Vergleichen wir nun die Entwicklung von Regionen unterschiedlicher Größe in Spanien, Portugal, Irland, Griechenland, Estland, Lettland und Litauen im oberen Teil von Abb. 4.8 und den übrigen EU-Mitgliedstaaten im unteren.

Im Durchschnitt der SPIGELL-Staaten hatten die Regionen mit 500.000 bis eine Million Einwohnern bis 2007 die höchsten Wachstumsraten und verzeichne-ten 2009 den stärksten Einbruch. Im Vergleich zu dieser mittleren Gruppe zeigen die Regionen mit mehr und die mit weniger Einwohnern recht ähnliche Entwick-lungen.[14] Im unteren Teil der Abb. 4.8 wird deutlich, dass in den restlichen Ländern der EU seit 2005 die größten Regionen die höchsten Wachstumsraten erzielten. Im Durchschnitt waren die beiden Gruppen der *larger urban zones* 2009 dann we-niger stark betroffen als die Gebiete mit weniger als 500.000 Einwohnern. Aber auch diese Daten sind mit Vorsicht zu betrachten, weil die Statistik in diesem Jahr eine hohe Zahl von *missing values* aufweist und die Fallzahl gerade in den zwei Gruppen der *larger urban zones* recht klein ist. Desweiteren muss hier wie über-all berücksichtigt werden, dass Durchschnitte eine vorhandene Varianz verbergen können. Auf der Basis der gegenwärtig für die NUTS 2-Ebene vorhandenen Daten

---

[14] Nur 2008 ist das BIP-Wachstum in den Regionen mit geringen Bevölkerungszahlen knapp doppelt so hoch wie in den anderen Regionen, allerdings auf sehr niedrigem Niveau.

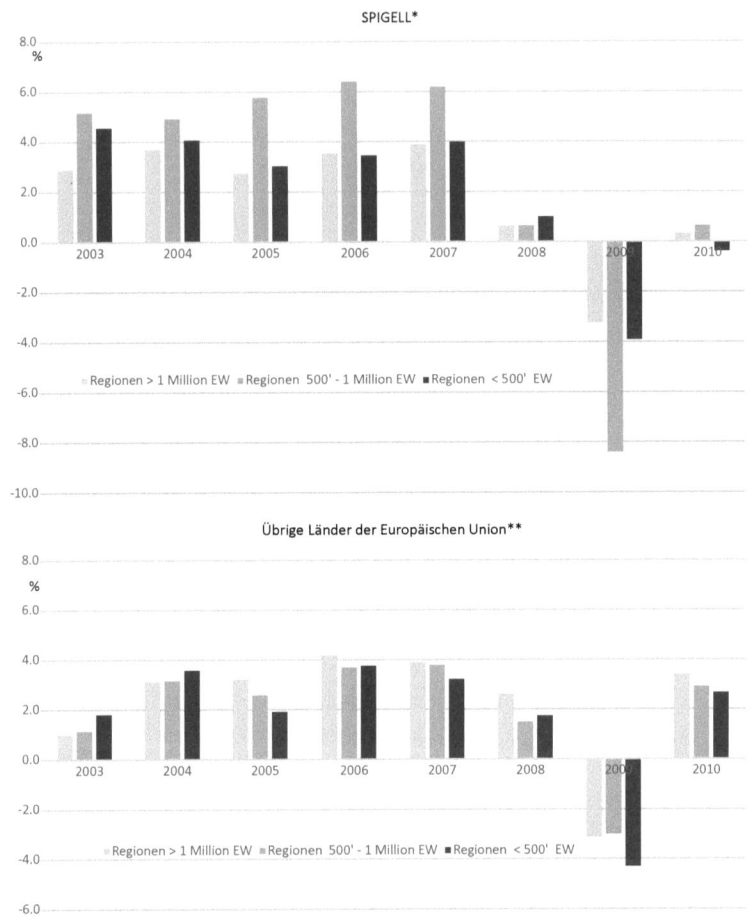

Abb. 4.8 Durchschnittliches BIP-Wachstum. (Quelle: Eurostat Tabelle tgs00037(27.7.2014); eigene Berechnungen)

* Spanien, Portugal, Irland, Griechenland, Estland, Lettland und Litauen
** Belgien, Bulgarien, Tschechische Republik, Dänemark, Deutschland, Frankreich, Italien, Zypern, Luxemburg, Malta, Ungarn, Niederlande, Österreich, Polen Rumänien, Slowenien, Slowakei, Finnland, Schweden und Großbritannien

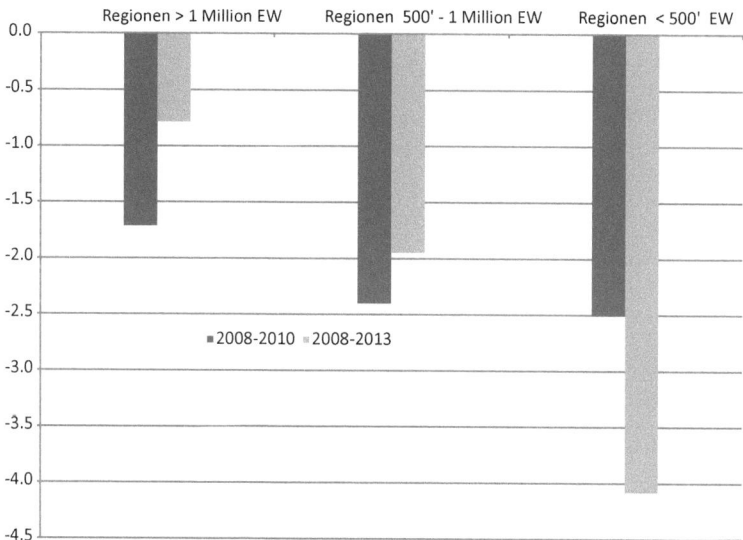

Abb. 4.9 Veränderungen der Gesamtbeschäftigung in der EU, NUTS 2-Regionen in %.
(Quelle: Eurostat Tabelle lfst_r_lfe2emp (27.7.2014); eigene Berechnungen)

zum BIP-Wachstum ist eine verlässliche Deutung, die die These einer mit Städte-
größe wachsenden Resilienz unterstützen würde, nicht möglich.

Im zweiten Anlauf werden wir Arbeitsmarktdaten untersuchen. Die Eurostat-
Daten zur Gesamtbeschäftigung liegen auf NUTS 2-Ebene nahezu vollständig für
alle EU-Regionen bis 2013 vor. Auch hier habe ich die NUTS 2-Gebiete nach
Bevölkerungsgröße gruppiert und betrachte Veränderungen in der Beschäftigung
zwischen 2008 und 2010 bzw 2008 und 2013.

Abbildung 4.9 macht deutlich, dass im Durchschnitt alle Gebiete unabhängig
von der Größe in den vergangenen Jahren einen Rückgang der Beschäftigung verzeichnen mussten. In der kurzen Phase zu Krisenbeginn liegen die Verluste in allen
Größengruppen zwischen 1,5 und 2,5 %. Mittelfristig allerdings zeigen sich deutliche Unterschiede. Die großen Gebiete mit mehr als 500.000 und vor allem diejenigen mit mehr als einer Million Einwohnern konnten den Beschäftigungsrückgang
zwischen 2008 und 2013 im Vergleich zur Phase 2008/2010 verringern. In den
kleineren NUTS 2-Einheiten hingegen verstärkte sich die Krise auf dem Arbeitsmarkt noch, und diese Gebiete verzeichnen im selben Zeitraum einen durchschnittlichen jährlichen Arbeitsplatzverlust von 4 %.

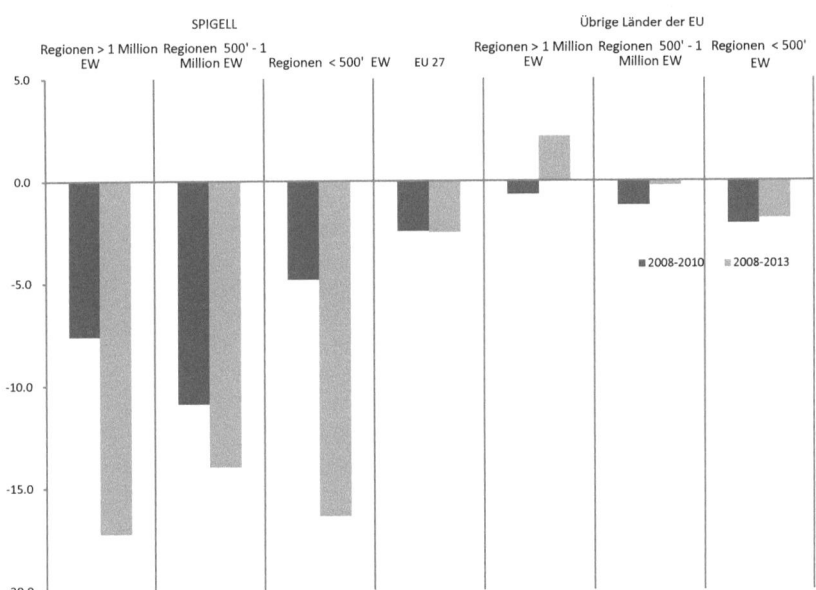

Abb. 4.10 Veränderungen der Gesamtbeschäftigung in den Krisenländern (SPIGELL) und den übrigen Ländern der EU, NUTS 2-Regionen. (Die Ländergruppen sind in Abb. 4.8 spezifiziert). (Quelle: Eurostat Tabelle lfst_r_lfe2emp (27.7.2014); eigene Berechnungen)

Würden wir unsere Beobachtungen hier beenden, könnten wir sehr vorsichtig behaupten, dass die Abbildung die These großer, diversifizierter und damit krisenfesterer Arbeitsmärkte in *larger urban zones* bestätigt. Aber schon ein etwas genauerer Blick auf die Krisenländer zerstört diesen Eindruck. Vergleichen wir die Daten aus Spanien, Portugal, Irland, Griechenland, Estland, Lettland und Litauen mit denen der anderen EU-Länder.

Abbildung 4.10 verdeutlicht, dass die durchschnittlichen Beschäftigungsrückgänge in Abb. 4.9 im wesentlichen von den SPIGELL-Gebieten getragen werden. In dieser Gruppe verzeichneten Griechenland und Spanien die höchsten Arbeitsplatzverluste in allen drei Kategorien. Für die restlichen Gebiete der EU scheinen die Beschäftigungszahlen ähnlich wie das BIP-Wachstum die Resilienz-These zu bestätigen: Je größer die Agglomerationen desto besser sieht die Arbeitsmarktperformanz in der Krise aus.

In zwei Dritteln der Regionen mit mehr als einer Million Einwohnern, in mehr als der Hälfte der Regionen mit 500.000 bis eine Million Einwohnern und in immerhin noch 37 % der Regionen mit weniger als 500.000 Einwohnern beobachten wir einen Zuwachs der Beschäftigung zwischen 2008 und 2013. Führend sind die

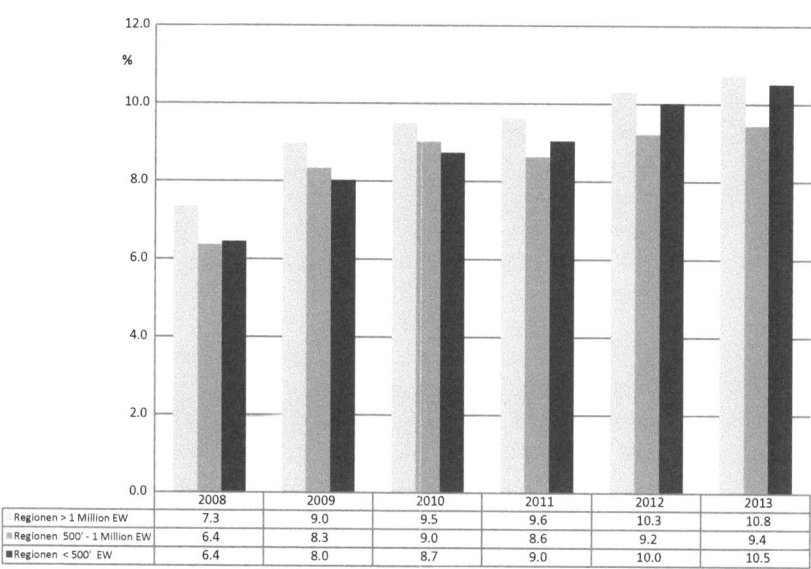

	2008	2009	2010	2011	2012	2013
Regionen > 1 Million EW	7.3	9.0	9.5	9.6	10.3	10.8
Regionen 500' - 1 Million EW	6.4	8.3	9.0	8.6	9.2	9.4
Regionen < 500' EW	6.4	8.0	8.7	9.0	10.0	10.5

Abb. 4.11 Entwicklung der Arbeitslosenquoten in der EU, NUTS 2-Ebene. (Quelle: Eurostat Tabelle lfst_r_lfu3rt (27.7.2014); eigene Berechnungen)

Regionen Luxemburg (+17,9%), Berlin und Danzig (je +12,5%).[15] Die NUTS 2-Gebiete in den SPIGELL Ländern verloren dagegen ausnahmslos Beschäftigung. Das heißt erneut, dass der größte Einfluss aus dem nationalen Kontext stammt. Die möglicherweise größere Resilienz der *larger urban zones* konnte den Einfluss der Krise in den am stärksten von der Krise betroffenen Ländern nicht begrenzen.

Dieser Eindruck soll mit einem Blick auf die Entwicklung der durchschnittlichen Arbeitslosenraten ergänzt werden. Abbildung 4.11 zeigt die Veränderung der Arbeitslosenquoten zwischen 2008 und 2013 in den drei Größenkategorien.

In allen drei Gruppen war die Arbeitslosigkeit 2008 am niedrigsten. Am stärksten stiegen die Raten danach bis 2013 in der Gruppe der größten Agglomerationen mit mehr als einer Million Einwohnern an, aber die Regionstypen entwickeln sich sehr ähnlich. Im Ergebnis vermittelt das Bild denselben Eindruck wie Abb. 4.9. Das heißt, für mehr Information müssen wir die Gesamtdaten in die bekannten

---

[15] Die Veränderungsraten habe ich aus den absoluten Zahlen der Eurostat Tabelle „Beschäftigung nach Geschlecht, Alter und NUTS-2-Regionen (1000) [lfst_r_lfe2emp]" berechnet, zu finden unter http://appsso.eurostat.ec.europa.eu/nui/show.do?dataset=lfst_r_lfe2emp&lang=de (28. Oktober 2014).

zwei Ländergruppen aufteilen: Spanien, Portugal, Irland, Griechenland, Estland, Lettland und Litauen einerseits und die übrigen EU-Staaten andererseits. Abbildung 4.12 auf S. 95 enthält zwei wesentliche Informationen:

Erstens: Interpretiert man jedes Jahr in jeder Ländergruppe als einzelnen Fall, dann ist die Arbeitslosigkeit in 10 von 12 Jahren am höchsten in den NUTS 2-Regionen mit mehr als einer Million Einwohnern. Nur in den Krisenländern in den Jahren 2009 und 2010 liegt die durchschnittliche Arbeitslosenquote für diese Gruppe jeweils 0,3 Prozentpunkte unterhalb des Spitzenwertes für die Regionen mit 500.000 bis einer Million Einwohnern. Das heißt, diese Daten geben keinen Hinweis auf eine höhere Schock-Resistenz der größeren Agglomerationen. Unter den *largest urban zones* in Spanien, Griechenland, Portugal und Irland, aus denen die „1 Million+"-Gruppe besteht, schneidet Spanien am schlechtesten ab. In den verbleibenden zwei Gruppen mit geringeren Bevölkerungszahlen gibt es kein erkennbares Muster der Entwicklung. Die Quoten sind hoch und verdoppeln sich zwischen 2008 und 2013, der größte Sprung findet mit 6 Prozentpunkten von 2008 auf 2009 statt. 2013 liegt der größte Unterschied zwischen zwei Gruppen ebenfalls bei 6 Prozentpunkten. In den übrigen Ländern der Europäischen Union, liegt die Arbeitslosenquote im Schnitt in allen Größengruppen bei rund 8 %. Gleich, aus welcher Perspektive wir die Zahlen im unteren Teil der Abb. 4.12 betrachten, es ist kein bemerkenswerter Einfluss der Agglomerationsgrößen erkennbar. Die Unterschiede in den drei Gruppen werden von Jahr zu Jahr geringer.

Zweitens: Wir sehen wieder, dass der nationale Kontext größeren Einfluss auf den Weg durch die Krise hat als die Größe der Agglomeration. Abbildung 4.12 spiegelt Abb. 4.10. Die durchschnittlichen Arbeitslosenquoten sind in den Regionen außerhalb der Kernkrisenländer viel niedriger.

Fassen wir zusammen. Ich habe zwei Fragen verfolgt: Welchen Einfluss hat die Größe einer Agglomeration auf ihre Fähigkeit zur Bewältung der Krise und wie haben Regionen unterschiedlicher Größe in der Krise abgeschnitten, wenn wir berücksichtigen, in welchem Land sie liegen? Diese zwei Fragen basieren auf Untersuchungen zur Resilienz von Städten, die die These formulieren, dass mit der Größe einer Agglomeration die lokale Fähigkeit zunimmt, Schocks zu absorbieren und rasch zu einer Vor-Krisen-Situation zurückzufinden. Die Gründe, die für diese Annahme angegeben werden, sind plausibel, aber unser erster Blick auf verschiedene Krisenindikatoren hat nur geringe Evidenz in dieser Hinsicht erbracht. Die hier präsentierten Daten bestätigen die Vermutung nicht, dass Resilienz mit der Agglomerationsgröße korreliert. Für eine Zurückweisung der Resilienzthese reichen die vorliegenden Ergebnisse aber nicht aus. Wie im Abschnitt zum methodischen Vorgehen gezeigt, sind der Belastbarkeit der verwendeten Daten deutliche Grenzen

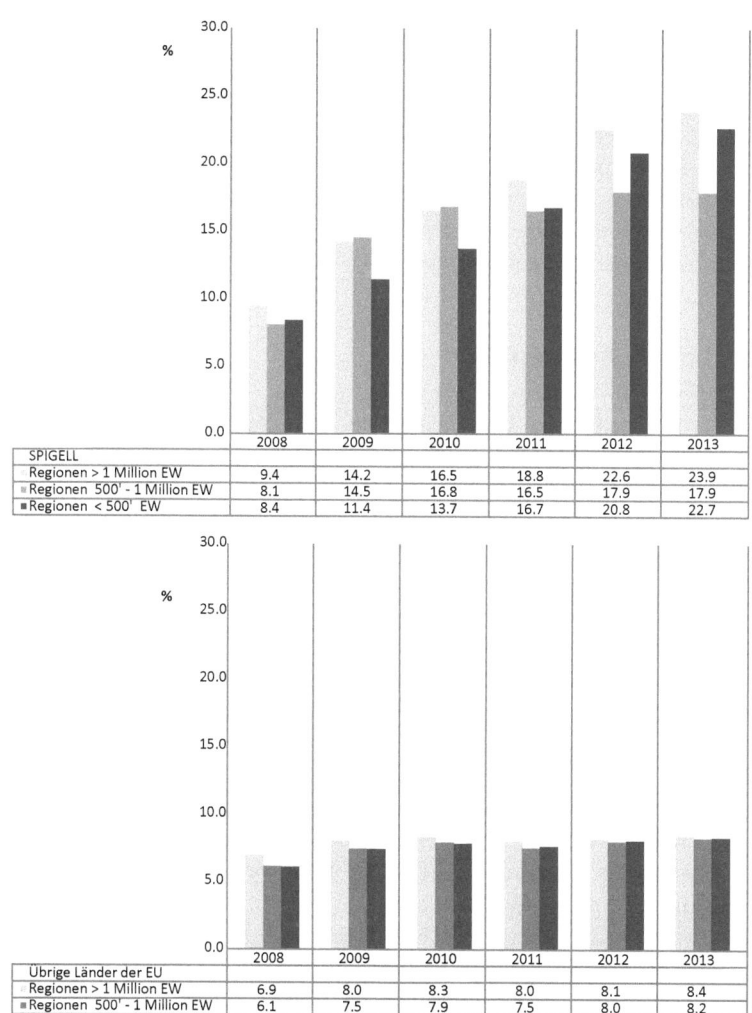

Abb. 4.12 Entwicklung der Arbeitslosenquoten in den Krisenländern und übrigen EU-Ländern, NUTS 2-Ebene. (Quelle: Eurostat Tabelle lfst_r_lfu3rt (27.7.2014); eigene Berechnungen)

gesetzt und die einfachen Analyseschritte dürfen nur als explorative Studie gesehen werden. Für eine verlässliche Prüfung der Thesen sind Daten erforderlich, die urbane Agglomerationen unterschiedlicher Größe genauer abdecken. Wir brauchen darüber hinaus mehr Krisenindikatoren und Resilienzindikatoren, wie sie zum Beispiel das ESPON vorschlägt (Bristow et al. 2013). Und natürlich müssen wir ein anspruchsvolleres Analysewerkzeug einsetzen, bevor wir von robusten Ergebnissen sprechen können. Dieser letzte Schritt wäre angesichts der gegenwärtig vorliegenden, bescheidenen Datenbasis über den vertretbaren Aufwand hinausgegangen.

4.6   Lokale Autonomie

Trotz der offensichtlichen Datenmängel möchte ich die Ergebnisse in ihrer Tendenz ernst nehmen und nach einer Erklärung suchen. Ich sehe im wesentlichen zwei Anknüpfungspunkte, um die dargestellten Befunde zu verstehen.

Der erste Ansatz richtet sich auf die Ausgangshypothese. Die Resilienzannahme ist recht unspezifisch; es könnte sein, dass sie in der vorgeschlagenen Weise auf Städte nicht anwendbar ist, weil Städte zu heterogen sind. Trotz vieler Ähnlichkeiten gerade der so genannten Europäischen Städte sind die Unterschiede zwischen Finnland und Italien oder Deutschland und Griechenland vielleicht so groß, dass differenziertere Kategorien erforderlich sind. Unterschiede in den urbanen Qualitäten zwischen und innerhalb von Städten können einander beeinflussen oder einen messbaren Effekt auf die Widerstandsfähigkeit gegen externe Schocks gegenseitig aufheben. Eine solche Erklärung kann allerdings nur mit der notwendigen und eben angemahnten tieferen Analyse verfolgt werden und bedarf einer größeren Zahl von Indikatoren, besser definierten räumlichen Einheiten und besserer Daten. Dies kann aus den genannten Gründen hier nicht geleistet werden. Verfolgen wir deshalb eine weitere mögliche Erklärung.

Der zweite Anknüpfungspunkt bezieht sich auf die empirischen Rahmenbedingungen der urbanen Agglomerationen. Städte können sich von der gesamtgesellschaftlichen und gesamtwirtschaftlichen Entwicklung kaum abkoppeln und eigene, separate Wege einschlagen. Dies hat sich insbesondere für die SPIGELL Gebiete gezeigt, aber es läßt sich auch in den anderen EU-Länder beobachten. Obwohl die Daten zu Beschäftigung und Arbeitslosigkeit in den weniger krisenbetroffenen Ländern die Resilienzthese zu unterstützen scheinen, legt der Vergleich mit dem jeweiligen nationalen Kontext nahe, dass der lokale Weg durch die Krise hauptsächlich von der nationalen Umgebung geprägt wird und den Einfluss der

Agglomerationsgröße überschreitet. Die Beziehung zwischen nationaler und lokaler Ebene beeinflusst das Ausmaß der Krisenfestigkeit der Städte. Wenn diese lokale Abhängigkeit vom größeren nationalen Zusammenhang tatsächlich der Fall ist und den direkten Einfluss der Finanzkrise auf lokaler Ebene begrenzt, sollten wir uns für jene Faktoren interessieren, die diese Abhängigkeit verursachen. Es ist anzunehmen, dass ein Großteil des nationalen Einflusses über administrative Strukturen ausgeübt wird, die lokale Einheiten an einer unabhängigen Verfolgung ihrer Strategie hindern. Wie zu Beginn angedeutet, wird in der Resilienzforschung die Annahme vertreten, dass autonome politisch-administrative Strukturen und lokale Unabhängigkeit einen positiven Einfluss auf urbane Resilienz haben. Und umgekehrt wird angenommen, dass die lokale Ebene um so krisenanfälliger ist, je höher die lokale Abhängigkeit von zentralen Entscheidungen ist.

Hooghe, Marks und Schakel untersuchen die Entwicklung der Gebietskörperschaften in 42 Ländern seit 1950. Die Autoren haben einen *regional authority index* gebildet, der nicht nur ein Maß für institutionelle Tiefe und politische Reichweite,[16] sondern auch fiskalische Autonomie, fiskalische Kontrolle und exekutive Befugnisse beinhaltet (Hooghe et al. 2010, S. 21 ff.). Spanien, Portugal, Irland, Griechenland, Estland, Lettland und Litauen sind ausnahmslos unitarische Staaten, in denen die politische Macht bei der Zentralregierung gebündelt ist. Die Regierung entscheidet, welche Kompetenzen sie an regionale oder lokale Ebenen delegiert. Folglich sind die Erwartungen an die regionalen oder lokalen Befugnisse niedrig.

Tatsächlich finden Hooghe et al. in diesen Ländern nur wenige Kompetenzen auf der sub-nationalen Ebene. Die Regionalverwaltungen sind der Zentralregierung unterstellt, oder deren Entscheidungen stehen unter dem Vorbehalt eines Regierungsvetos. In keinem der sieben SPIGELL-Länder sind politische Konsultationen zwischen den Lokal- und Regionalverwaltungen und der Zentralregierung routinemäßig vorgesehen. Alle regionalen Steuern werden zentral festgelegt und die Regionalvertreter werden vor der Entscheidung über die Verteilung des Steueraufkommens nicht angehört. Selbst wenn eine Regionalverwaltung in einem speziellen Politikbereich Entscheidungen treffen oder Steuern festlegen kann, wie Hooghe et al. dies für Irland, Spanien und Litauen dokumentieren, schließt diese Kompetenz nicht automatisch Aspekte von lokaler Autonomie ein. So haben zum Beispiel die Repräsentanten der spanischen *provincias* die Befugnis, mit der Zentralregierung über die Verteilung des Steueraufkommens zu verhandeln (Hooghe et al. 2010, S. 37–39, 353 ff.), weshalb die Handlungsfähigkeit auf der regiona-

---

[16] Damit bezeichnen Hooghe, Marks und Schakel das Ausmaß, in dem Regionalverwaltungen relevante Kompetenzen haben und ihre institutionelle Struktur selbst bestimmen.

len Ebene als sehr hoch bezeichnet wird. Zugleich kritisieren Autoren die geringe Autonomie und insbesondere Fiskalautonomie auf lokalen und sub-regionalen
Ebenen unterhalb der *provincias* (Farinós Dasí et al. 2006, S. 16) Dies gilt nicht
nur für Spanien. Wassenhoven präsentiert eine Übersicht, wonach „local government is financially ‚very independent' in a minority of countries. In more than a
third of the countries, it is ‚dependent on central government'. Countries in this
category are mostly new member-states and candidate-states, but included here are
also Greece and Portugal." (Wassenhoven 2006, S. 203) Gerade das lokale Recht
zur Besteuerung, so Wassenhoven, macht den Unterschied zwischen Autonomie
und Abhängigkeit von der Zentralregierung manifest. Aber er findet in seiner Studie kaum eine Ausnahme von dem grundsätzlichen Eindruck der untergeordneten
Rolle der Stadtverwaltungen in den unitarischen Staaten Spanien, Portugal, Irland,
Griechenland, Estland, Lettland und Litauen. Die ESPON-Studien sowohl zur *Resilience of Regions* als auch über *Second Tier Cities and Territorial Development
in Europe* bestätigen diesen Eindruck (Bristow et al. 2013; Parkinson et al. 2012).
    Es ist allerdings sehr schwierig, Informationen über lokale (fiskalische) Auto-
nomie zu finden, die international vergleichbar sind. Selbst der jüngste Eurostat-
Bericht über Trends in der Besteuerung, der nach Bristow et al. (2013, S. 94) die
bevorzugte Quelle für die Untersuchung des Niveaus der Fiskalautonomie darstellt, dokumentiert nur den Anteil, den lokale Regierungen an der Gesamtbesteue-
rung oder am Bruttoinlandsprodukt erhalten (Eurostat 2014, S. 207 f.). 2012 lag
die Spanne der lokalen Steuern zwischen 19,3 % des Gesamtsteueraufkommens
in Lettland und 0,7 % in Griechenland (ebd.).[17] Aber diese Zahlen sagen wenig
über die Kompetenzen der lokalen Ebene, ihre Steuern auch selbst zu erheben. In
den genannten Ländern erhalten die lokalen Regierungen ihren Steueranteil grundsätzlich als Transfer von der Zentralregierung. Nur für Griechenland, Litauen und
Spanien spricht der Bericht von lokaler, wenngleich sehr begrenzten Freiheit zur
Steuererhebung. Ein Überblick über das Ausmaß lokaler Autonomie und aktueller
Verschiebungen in der Verantwortung findet sich bei Parkinson et al. (2012):
    Die ersten beiden Zeilen der Tab. 4.2 zeigen, dass relativ hohe lokale Auto-
nomie vor allem in den weniger von der Krise betroffenen Ländern Österreich,
Belgien, Dänemark, Finnland, Deutschland und Schweden zu finden ist. In den
unteren Feldern finden wir alle bisher betrachteten SPIGELL-Krisenländer in der
Gruppe der Einheitsstaaten mit mäßigem bis geringem Grad an lokaler Autonomie.
Das Beispiel der Niederlande, Polens und der Slowakei in dieser Gruppe zeigt
zwar, dass lokale Autonomie keine unverzichtbare Voraussetzung für einen relativ

---

[17] Zum Vergleich: In Deutschland liegt diese Quote bei 7,9 %.

Tab. 4.2 Politische Systeme, Verantwortlichkeiten und lokale Autonomie. (Quelle: Parkinson et al. 2012, S. 8; eigene Übersetzung)

Ländergruppen	Merkmale	Trends in der Kompetenzverteilung	Lokale Einnahmen und Autonomie
Bundesstaaten (Österreich, Belgien Deutschland)	Verfassungsmäßig anerkannte, zwischen zentralen und nachrangigen staatlichen Ebenen (Bundesstaaten) geteilte Entscheidungsbefugnisse	Keine signifikanten Veränderungen, Stärkung der föderalen Struktur in Belgien	Mittel
Nördliche Einheitsstaaten (Schweden, Finnland, Dänemark, Norwegen)	Zentralisierte Staaten mit starker lokaler Autonomie	Rationalisierung und Vereinheitlichung einiger lokaler Zweige (Provinzen, Bezirke zu Regionen zusammengefasst)	Hoch
Regionalisierte Einheitsstaaten (Italien, Spanien)	Starke Autonomie der Zwischenebenen (Regionen)	Rasche Dezentralisierung und Tendenz, föderale Vereinbarungen einzuführen	Mittel bis hoch, zunehmend
Andere Einheitsstaaten – ‚alte' Mitgliedsstaaten (Frankreich, Griechenland, Irland, Luxemburg, Niederlande, Portugal. Großbritannien)	Verschiedene institutionelle Formen mit mehr (Großbritannien, Niederlande, Frankreich) oder weniger Entscheidungsbefugnissen der Lokalregierung (Portugal, Griechenland)	Andauernde, aber langsame Dezentralisierung und Reorganisation in Großbritannien und Frankreich. Verlangsamung oder Stop der Dezentralisierung in Portugal und Griechenland	Mittel (hoch in Frankreich)
Andere Einheitsstaaten – „neue' Mitgliedsstaaten (Bulgarien, Tschechien, Estland, Ungarn, Lettland, Litauen, Polen, Rumänien, Slowakei, Slowenien, Zypern, Malta)	Staaten in Restrukturierungsphase, fragmentierte Lokalregierung	Wiederherstellung und Stärkung der Lokalregierungen; klarere Dezentralisierungsprozesse in Polen	Mittel bis niedrig

problemlosen Weg durch die Krise ist (Europäische Kommission 2013). Aber sie scheint zu helfen.

Der Mangel an Aufmerksamkeit für die Bedeutung lokaler Autonomie in den Krisenländern trifft inzwischen auf Kritik, wie sie zum Beispiel vom Kongress der Gemeinden und Regionen des Europarates in Richtung Portugal formuliert wird: „Der Kongress verweist des Weiteren darauf, dass [...] die portugiesischen Gemeinden auf unterschiedliche Weise von den wirtschaftlichen und finanziellen Folgen der Krise betroffen sind und einige äußerst ernste Haushaltsprobleme haben und dass die kürzlich verabschiedeten staatlichen Restriktionen im Hinblick auf die Verschuldung Mängel in Bezug auf die faire Verteilung der Abgaben aufweisen" (Europarat, Kongress der Gemeinden und Regionen 2012, S. 1). Der Europarat lädt die portugiesische Regierung ein, „den regionalen und kommunalen Stellen mehr Autonomie im Hinblick auf kommunale Steuern zu gewähren, einschließlich im Hinblick auf das kommunale Steuereinzugssystem" (ebd.). Ganz in diesem Sinne unterstreichen Bouckaert et al., dass beispielsweise französische Gemeinden mit 49 % des Gesamtsteueraufkommens einen hohen Anteil eigenständiger Steuerquellen haben, und dass „the impact of the crisis on local government is limited because the local taxes are less cyclical than the central government taxes." (Bouckaert et al. 2010, S. 7)

Lokale Autonomie wird als unterstützender Faktor für urbane Resilienz betrachtet und die Effektivität lokalen Handelns wird durch lokale und insbesondere fiskalische Handlungsfreiheit positiv beeinflusst (Grohs 2013). Die Autoren des ESPON-Projekts zur Resilienz von Regionen sind überzeugt, „that governmental structures can influence levels of economic resilience, with greater levels of fiscal or legislative autonomy supporting economic resilience at a sub-national level." (Bristow et al. 2013, S. 8) Städte, die über größere lokale Handlungsspielräume verfügen, können deshalb besser in der Lage sein, eine Krise zu bewältigen und unabhängiger von ihrer jeweiligen nationalen Umgebung zu agieren, als dies lokale Agglomerationen mit weniger Autonomie tun können. Um die Widerstandsfähigkeit urbaner Agglomerationen unterschiedlicher Größe zu verbessern, ist es folglich nicht nur erforderlich, die Ökonomie zu festigen, sondern auch die Autonomie-Strukturen auf lokaler Ebene und die Rolle der Städte im nationalen politisch-administrativen System zu stärken.

4.7   Anhang: Larger Urban Zones in der Europäischen Union

	Larger Urban Zones (mehr als eine Million Einwohner)	entsprechende NUTS 2 Region
BE	Brussel	Rég. Bruxelles
BE	Antwerpen	Prov. Antwerpen
BG	Sofia	Yugozapaden
CZ	Prag	Praha
CZ	Ostrau	Moravskoslezsko
DK	Kopenhagen	Hovedstaden
DE	Ruhr	Düsseldorf, Köln, Arnsberg, Münster
DE	Berlin	Berlin
DE	Hamburg	Hamburg
DE	Stuttgart	Stuttgart
DE	München	Oberbayern
DE	Frankfurt am Main	Darmstadt
DE	Köln	Köln
DE	Bonn	Köln
DE	Aachen	Köln
DE	Düsseldorf	Düsseldorf
DE	Dresden	Dresden
DE	Bielefeld	Detmold
DE	Hannover	Hannover
DE	Nürnberg	Mittelfranken
DE	Bremen	Bremen
DE	Leipzig	Leipzig
DE	Karlsruhe	Karlsruhe
DE	Mannheim	Karlsruhe
IE	Dublin	Southern and Eastern
EL	Athen	Attiki
EL	Thessaloniki	Kentriki Makedonia
ES	Madrid	Comunidad de Madrid
ES	Barcelona	Cataluña
ES	Valencia	Comunidad Valenciana
ES	Sevilla	Andalucia
ES	Malaga	Andalucia
ES	Cordoba	Andalucia
FR	Paris	Île de France
FR	Lyon	Rhône-Alpes
FR	Grenoble	Rhône-Alpes
FR	Rouen	Rhône-Alpes

	Larger Urban Zone (mehr als eine Million Einwohner)	entsprechende NUTS 2 Region
FR	St. Etienne	Rhône-Alpes
FR	Marseille	Provence-Alpes-Côte d'Azur
FR	Toulon	Provence-Alpes-Côte d'Azur
FR	Lille	Nord - Pas-de-Calais
FR	Toulouse	Midi-Pyrénées
FR	Bordeaux	Aquitaine
IT	Rom	Lazio
IT	Mailand	Lombardia
IT	Neapel	Campania
IT	Turin	Piemonte
HU	Budapest	Közép-Magyarország
NL	Amsterdam	Noord-Holland
NL	Rotterdam	Zuid-Holland
NL	Den Haag	Zuid-Holland
AT	Wien	Wien
PL	Kattowitz	Slaskie
PL	Warschau	Mazowieckie
PL	Krakau	Malopolskie
PL	Danzig	Warminsko-Mazurskie
PT	Lissabon	Lisboa
PT	Porto	Norte
RO	Bukarest	Bucuresti - Ilfov
FI	Helsinki	Helsinki-Uusimaa/ Etelä-Suomi
SWE	Stockholm	Stockholm
UK	London	Inner London, Outer London
UK	Birmingham	West Midlands
UK	Coventry	West Midlands
UK	Manchester	Greater Manchester
UK	Glasgow	South Western Scotland
UK	Leeds	West Yorkshire
UK	Bradford	West Yorkshire
UK	Liverpool	Merseyside
UK	Newcastle-upon-Tyne	Northumberland and Tyne and Wear

	Larger Urban Zone (500.000 – 1 Mio. Einwohner)	entsprechende NUTS 2 Region
BE	Liège	Prov. Liège
BE	Gent	Prov. Oost-Vlaanderen
BG	Plovdiv	Yuzhen tsentralen
CZ	Brünn	Jihovýchod
DK	Aarhus	Midtjylland
DE	Saarbrücken	Saarland
DE	Braunschweig-Salzgitter-Wolfsburg	Braunschweig
DE	Osnabrück	Weser-Ems
DE	Würzburg	Unterfranken
DE	Kiel	Schleswig-Holstein
DE	Augsburg	Schwaben
DE	Freiburg i. Breisgau	Freiburg
DE	Magdeburg	Sachsen-Anhalt
DE	Erfurt	Thüringen
EE	Tallinn	Eesti
ES	Bilbao	País Vasco
ES	Zaragoza	Aragón
ES	Badajoz	Extremadura
ES	Vigo	Galicia
FR	Nantes	Pays de la Loire
FR	Straßburg	Alsace
FR	Rennes	Bretagne
FR	Montpellier	Languedoc-Roussillon
IT	Palermo	Sicilia
IT	Catania	Sicilia
IT	Genua	Liguria
IT	Bologna	Emilia Romagna
IT	Florenz	Toscana
IT	Bari	Puglia
IT	Venedig	Veneto
IT	Padua	Veneto
IT	Verona	Veneto
LT	Vilnius	Lietuva
V	Riga	Latvija

	Larger Urban Zone (500.000 – 1 Mio. Einwohner)	entsprechende NUTS 2 Region
NL	Utrecht	Utrecht
NL	Eindhoven	Noord-Brabant
AT	Linz	Oberösterreich
AT	Graz	Steiermark
PL	Stettin	Zachodniopomorskie
PL	Lublin	Lubelskie
PL	Bydgoszcz	Kujawsko-Pomorskie
PL	Białystok	Podlaskie
PL	Breslau	Dolnoslaskie
PL	Posen	Wielkopolskie
PL	Lódz	Łódzkie
SLO	Ljubljana	Zahodna Slovenija
SKO	Bratislava	Bratislavský kraj
SWE	Göteborg	Sydsverige
SWE	Malmö	Västsverige
UK	Cardiff	East Wales
UK	Nottingham	Derbyshire and Nottinghamshire
UK	Edinburgh	Eastern Scotland
UK	Leicester	Leicestershire, Rutland and Northamptonshire
UK	Belfast	Northern Ireland (UK)
UK	Kingston upon Hull	East Yorkshire and Northern Lincolnshire
UK	Sheffield	South Yorkshire
UK	Bristol	Gloucestershire, Wiltshire and Bristol/Bath area
UK	Bournemouth	Dorset and Somerset
UK	Portsmouth	Hampshire and Isle of Wight

Literatur

Barber, B. R. 2013. *If mayors ruled the world. Dysfunctional nations, rising cities.* New Haven: Yale University Press.

Berube, A., A. Friedhoff, C. Nadeau, P. Rode, A. Paccoud, J. Kandt, T. Just, und R. Schemm-Gregory. 2010. *Global metro monitor. The path to economic recovery.* Washington D.C.

Bouckaert, G., J. Voets, und D. de Herdt. 2010. *Local government in the EU at a glance: Survey analysis.* Preparatory paper for the High Level Meeting on Local Governance 2010. Leuven.

Bristow, G., et al. 2013. *Economic crisis: Resilience of regions. Applied Research 2013/124/2012, Revised Interim Report.* ESPON & Cardiff University.

Building Resilient Regions. o. J. What is regional resilience? http://brr.berkeley.edu/. Zugegriffen: 9. Juni 2014.

Christaller, W. 2006. *Die zentralen Orte in Süddeutschland Eine ökonomisch-geographische Untersuchung über die Gesetzmässigkeit der Verbreitung und Entwicklung der Siedlungen mit städtischen Funktionen.* Darmstadt: Wiss. Buchges.

Europäische Kommission. 2006. *Die Kohäsionspolitik und die Städte. Der Beitrag der Städte zu Wachstum und Beschäftigung in den Regionen.* Brüssel.

Europäische Kommission. 2013. *Die regionale und urbane Dimension der Krise. Achter Zwischenbericht über den wirtschaftlichen, sozialen und territorialen Zusammenhalt.* Brüssel.

Europäische Kommission, GD Regionalpolitik. 2007. *Zustand der europäischen Städte. Zusammenfassender Bericht.* Brüssel.

Europäische Union. 2007. *Leipzig Charta zur nachhaltigen europäischen Stadt.* Leipzig.

Europäische Union. 2008. *Abschlusserklärung der für Stadtentwicklung zuständigen Minister. Marseille Statement.* Brüssel.

Europarat, Kongress der Gemeinden und Regionen. 2012. Kommunale und regionale Demokratie in Portugal. Empfehlung 323. 22. Tagung, Kongress der Gemeinden und Regionen des Europarates. https://wcd.coe.int/ViewDoc.jsp?Ref=REC323%282012%29&Language=lanGerman&Ver=original&Site=COE&BackColorInternet=DBDCF2&BackColorIntranet=FDC864&BackColorLogged=FDC864. Zugegriffen: 16. November 2014

European Commission. o. J. *European cities – spatial dimension.* Brussels.

European Union. 2007a. *First action programme for the implementation of the territorial agenda of the European Union.* Ponta Delgada.

European Union. 2007b. *Territorial agenda of the EU. Agreed on 25 May 2007.* Leipzig.

European Union. 2010. Toledo informal ministerial meeting on urban development declaration. http://urban-intergroup.eu/2011/09/spanish-presidency-2010/. Zugegriffen: 19. Mai 2014.

European Union, Regional Policy. 2007. *State of European cities report. Adding value to the European urban audit.* Brussels.

Eurostat. 2011. *Regions in the European Union. Nomenclature of territorial units for statistics: NUTS2010/EU-27.* Luxemburg: EUR-OP.

Eurostat. 2014. *Taxation trends in the European Union. Data for the EU member states, Iceland and Norway.* Brussels.

Farinós Dasí, J., J. Milder, M. Payá Abad, und J. Romero González. 2006. *Governance of territorial and urban policies from EU to Local Level. ESPON project 2.3.2 – Final report.*

Grohs, S. 2013. Der Wandel der Rolle der Kommunen im Staat. Welchen Weg geht Europa? In *Starke Kommunen in leistungsfähigen Ländern. Der Beitrag von Funktional- und Territorialreformen*, Hrsg. H. Bauer, 137–154. Potsdam: Universitätsverlag Potsdam.

Heinemann, F. 2009. *Zukunft der EU-Strukturpolitik. Kurzfassung.* Forschungsprojekt I D 4–15/07 im Auftrag des Bundesministeriums für Wirtschaft und Technologie.

Hooghe, L., G. Marks, und A. H. Schakel. 2010. *The rise of regional authority. A comparative study of 42 democracies.* London: Routledge.

Lang, T. 2011. Urban resilience and new institutional theory. A happy couple for urban and regional studies? In *German annual of spatial research and policy 2010*, Hrsg. B. Müller, 15–24. Berlin: Springer.

Martin, R. 2012. Regional economic resilience, hysteresis and recessionary shocks. *Journal of Economic Geography* 12 (1): 1–32. doi:10.1093/jeg/lbr019.

Nissen, S. 2002. *Die regierbare Stadt. Metropolenpolitik als Konstruktion lösbarer Probleme. New York, London und Berlin im Vergleich.* Wiesbaden: VS Verlag für Sozialwissenschaften.

OECD. 2013. Definition of Functional Urban Areas (FUA) for the OECD metropolitan database. http://www.oecd.org/gov/regional-policy/Definition-of-Functional-Urban-Areas-for-the-OECD-metropolitan-database.pdf. Zugegriffen: 16. Nov. 2014.

Parkinson, M., et al. 2012. *Second tier cities and territorial development in europe: performance, policies and prospects. SGPTD Final Report.*

Preunkert, J., und G. Vobruba. 2012. Die Eurokrise. Konsequenzen der defizitären Institutionalisierung der gemeinsamen Währung. In *Entfesselte Finanzmärkte. Soziologische Analysen des modernen Kapitalismus*, Hrsg. K. Kraemer und S. Nessel, 201–224. Frankfurt a. M.: Campus.

RWI, DifU, NEA, und Prac. 2010. *Second state of European cities report. Research project for the European Commission, DG Regional Policy.*

UNDESA. 2006. *World urbanization prospects. The 2005 revision.* New York: UN.

Wassenhoven, L. 2006. Annex report B: Synthesis of national overviews. In *Governance of Territorial and urban policies from EU to local level. ESPON project 2.3.2 – Final Report.*

Grenzen europäischer Grenzen. Das Schengen-System in der Migrationskrise

5

Isabel Hilpert

Zu Beginn des Jahres 2011 brachten die politischen Umbrüche in Nordafrika das europäische Grenzregime an seine Grenzen. Der „Arabische Frühling" führte zu einem erhöhten Migrationsaufkommen im Mittelmeer, denn zum einen verstärkte er die individuellen und strukturellen Fluchtursachen von Migrantinnen und Migranten und zum anderen durchkreuzte er die bisherige europäische Grenzsicherungspolitik. Schnell wurde der Anstieg an Migration im Mittelmeer als Krisenphänomen deklariert. Die „Migrationskrise" (Comitato Accordo Schengen 2012, S. 5) führte zu einer weiteren Krise, nämlich zu einer Krise des Schengen-Systems innerhalb der Europäischen Union. Zwischen den EU-Außengrenzstaaten, besonders Italien, und den Binnengrenzstaaten der Union entstand ein Konflikt über den Umgang mit der „Migrationskrise" innerhalb des Schengen-Raums, welcher Anlass für neue Verhandlungen über die Ausgestaltung der europäischen Grenzpolitik war. Am Ende dieser intensiven Debatten stand eine neue Schengen Governance.

In diesem Kapitel analysiere ich die Diskurse in Deutschland und Italien um die neue Schengen Governance, welche exemplarisch für die unterschiedlichen Argumentationen und Positionen der Binnengrenzstaaten und der südlichen Außengrenzstaaten stehen. Deren dichotome Reaktionen auf die Krisensituation im Mittelmeer zeigen, das ist meine These, den Konflikt zwischen den Binnen- und Außengrenzstaaten als Ergebnis der mit dem Abbau der Binnengrenzen einhergehenden Europäisierung der Außengrenzen der Europäischen Union.

I. Hilpert (✉)
Institut für Soziologie, Universität Leipzig, Beethovenstr. 15, 04107 Leipzig, Deutschland
E-Mail: isabel.hilpert@uni-leipzig.de

© Springer Fachmedien Wiesbaden 2015
J. Preunkert, G. Vobruba (Hrsg.), *Krise und Integration,*
Europa – Politik – Gesellschaft, DOI 10.1007/978-3-658-09231-3_5

Um die aktuellen grenzpolitischen Entwicklungen innerhalb der Europäischen Union besser kontextualisieren zu können, gebe ich zunächst einen kurzen theoretischen Überblick über die bisherige Europäisierung der Grenzpolitik. Diese steht in unmittelbarem Zusammenhang mit der Frage staatlicher Souveränität, denn die Europäisierung des Grenzregimes zieht auch eine veränderte Perzeption staatlicher Souveränität nach sich. Auf der Grundlage einer eigenen theoretischen Verortung zeichne ich im Hauptteil die europäische Debatte um die neue Schengen Governance nach und analysiere die Diskurse[1] in Deutschland und Italien. Ziel ist es hierbei, den Zusammenhang zwischen dem Konflikt und der Europäisierung des Grenzregimes zu klären, sowie theoretische Überlegungen zur Entwicklung der europäischen Grenzpolitik vorzustellen. Im Anschluss fasse ich meine Ergebnisse kurz zusammen.

5.1   Die Europäisierung des Grenzregimes

In der jüngsten Vergangenheit haben sich Grenzen in der Europäischen Union massiv modifiziert. Es lässt sich beobachten, dass die Union im Zuge des Abbaus der Kontrollen an Binnengrenzen eine systematische Europäisierung der als „gemeinschaftlich" verstandenen Außengrenzen betreibt (Kostadinova 2012; Häyrynen 2009, S. 57 ff.). „Control over bordering and rebordering is no longer solely in the hand of nationstates. Borderwork has been passed upwards from member states to the EU. National borders can also be European borders" (Rumford 2007, S. 329). Sowohl Prozesse der Grenzziehung als auch der Grenzsicherung (Eigmüller 2007, S. 46 ff.; Tohidipur und Fischer-Lescano 2008, S. 505 ff.) werden zunehmend vergemeinschaftet. Ein wesentliches Ergebnis der Grenzforschung ist deshalb: „[E]xternal borders are now de facto European" (Zaiotti 2011, S. 219). In der Europäischen Union hat sich ein „genuin europäisches Grenzenregime" entwickelt (Bach 2010, S. 171), in welchem eine gemeinsame EU-Außengrenze ein konstituierendes Element darstellt und eine „Monopolisierung der Grenzschutzfunktionen" (ebd., S. 173) durch die Europäische Agentur FRONTEX stattfindet. Dieser Einschätzungen zum Grad der Europäisierung der Grenzpolitik wird in der wissenschaftlichen Auseinandersetzung vor allem aus einer staats- bzw. völkerrechtlichen Perspektive

---

[1] In der hier vorgestellten empirischen Untersuchung wurden die Diskursbeiträge deutscher und italienischer Abgeordneter im Europäischen Parlament in der Debatte um die neue Schengen Governance analysiert sowie die politischen Debatten zum Thema Schengen Governance auf nationaler Ebene in Deutschland und Italien verfolgt. Der Fokus lag auf der Analyse der Verlautbarungen der zuständigen Ministerien (in Redebeiträgen, Presseinterviews, Pressemeldungen und Publikationen der Ministerien), aber auch auf den Redebeiträgen der Abgeordneten in den nationalen Parlamenten.

widersprochen: „Durch ihren Zusammenschluss in der Europäischen Union haben deren Mitgliedstaaten ihren souveränen Anspruch auf Kontrolle ihrer Außengrenzen keinesfalls aufgegeben" (Kunnert 2009, S. 255). Kunnert verweist allerdings auch darauf, dass die Mitgliedstaaten „legislative Kompetenzen mit ‚Außengrenzbezug' in erheblichem Umfang [an die EU, Anm. d. Autorin] übertragen" (ebd., S. 214). Eine dritte Perspektive beinhaltet die schlichte Beobachtung, dass der Charakter der Grenzen noch „open to discussion" sei (Bachmann und Stadtmüller 2012, S. 2).

Die Differenzierung der Grenzen in „Außengrenzen Europas" und „Außengrenzen der Mitgliedstaaten der Europäischen Union" lässt sich allerdings durchaus zusammen denken. Die Mitgliedstaaten der Union haben die Modifikation der Verantwortlichkeiten vertraglich selbst vorangetrieben. Dies führte letztendlich zur „doppelte[n] Codierung" (Vobruba 2012, S. 97) der Außengrenzen, die nun beides sind – national und europäisch. Diese neue europäische Grenzkonstellation lässt sich mit dem Begriff „postnational" fassen (ebd., S. 111).

In der postnationalen Grenzkonstellation gehen die veränderten Verantwortlichkeiten für Grenzziehung und Grenzsicherung mit einem Funktionswandel der Grenze einher. In diesem Kontext stehen diverse wissenschaftliche Analysen zu veränderten Mitgliedschaftsräumen in Europa (Eigmüller 2010, S. 133), zu verhandlungsabhängigen Grenzen (Bach 2010, S. 168 ff.) und zur damit einhergehenden neuen Selektivität von Grenzen (Mau et al. 2008, S. 129; auch Eigmüller und Vobruba 2011, S. 112 ff.). Auch die Exterritorialisierung von Grenzkontrollen (Del Sarto 2010, S. 150; McMahon 2012, S. 4), also die „räumliche Verlagerung von Grenzkontrollen […] an Orte […], die sich jenseits des territorialen Hoheitsgebietes des Staates befinden" (Laube 2013, S. 17) wird in ihren vielfältigen Formen als zentrales Element des Funktionswandels beobachtet. Die Praxis der Exterritorialisierung kann auch als wesentliche Ursache der Krise des europäischen Grenzregimes im Jahr 2011 betrachtet werden, denn „[e]s waren die Aufbrüche des Arabischen Frühlings im Jahr 2011, welche […] das System der vorverlagerten Grenze im Mittelmeer zum Einsturz brachten" (Kasparek 2013, S. 46; auch Campesi 2011, S. 1; McMahon 2012, S. 6).

Die neuen Grenzfunktionen innerhalb der Europäischen Union scheinen zunächst mit dem Verständnis von territorialen Staatsgrenzen unvereinbar. Auch Vobruba (2012, S. 108 ff.) macht auf diverse Unterschiede in der Rede von Staats- oder Funktionsgrenzen aufmerksam. Beide Ansätze lassen sich, so argumentiert er, allerdings in der Untersuchung der neuen europäischen Grenzkonstellationen verbinden: „Segmentäre, politische Grenzen werden auf neue Erfordernisse eingestellt, die man als Folgen von raumübergreifenden Prozessen funktionaler Differenzierung beschreiben kann. Das ist die postnationale Grenzkonstellation" (ebd., S. 111).

Der Wandel der Grenzkonstellation der Europäischen Union zieht eine Veränderung staatlicher Souveränität nach sich. Für den modernen Nationalstaat wird die räumlich durch Grenzen gefasste Souveränität als wesentliches Element betrachtet.[2] „The notion of sovereignty is crucial for the understanding of the traditional definition of state borders" (Bachmann und Stadtmüller 2012, S. 2). Mit der zunehmenden Europäisierung wandelt sich jedoch die nationale Souveränität der Mitgliedstaaten der Europäischen Union. Diese Veränderung von Souveränität in Europa wird in der Forschung breit diskutiert.[3] Thesen vom Tod des Nationalstaates und Ende der Souveränität (Winn 2000, S. 22; auch Felder 2001, S. 174 ff.) stehen neben Beobachtungen eines veränderten Souveränitätsverständnisses in Europa (Arnold 2001, S. 119 ff.; Sturm und Pehle 2012) und eines „schleichenden Strukturwandels des Nationalstaates" (Bach 2013, S. 105). Der Wandel von Grenzen ist dabei nur eines von diversen Problemfeldern in der Untersuchung der Transformation von Souveränität. Einige Autorinnen und Autoren befassen sich spezifisch mit Fragen des Souveränitätswandels im Kontext sich verändernder Grenzregime. „Der zunehmende Einfluss supranationaler und regionaler Instanzen auf die Grenz- und Einwanderungspolitik wurde verschiedentlich als ein Aspekt eines weiter gehenden ‚Souveränitätsverlusts' des Staates unter den Bedingungen der Globalisierung interpretiert […]. Vom Standpunkt eines einzelnen Staates betrachtet, ließe sich tatsächlich von einem solchen Verlust an Souveränität sprechen. Freilich sollte das nicht mit einem Rückgang oder Niedergang souveräner Macht im Allgemeinen verwechselt werden", schreibt beispielsweise William Walters (2011, S. 315).

Mein Analyseansatz unterscheidet sich von dieser Art der Souveränitätsforschung insofern, als dass er nicht nach einer Erklärung des nationalstaatlichen Souveränitätswandels sucht, sondern nach der Perzeption und diskursiven Bezugnahme auf Souveränität durch die Akteure fragt. Wie referieren die Akteure auf Souveränität? Welchen Stellenwert hat das Konzept in ihren Diskursbeiträgen? Diese Fragen fanden in der bisherigen Forschung kaum Beachtung. Ihre Beantwortung kann die gängigen Betrachtungen des Wandels staatlicher Souveränität ergänzen und gleichzeitig als Überprüfung der theoretischen Annahmen dienen. Die Perspektive verspricht ein präzises Verständnis politischen Handelns im Kontext der Debatte um das europäische Grenzregime.

---

[2] Eine beachtenswerte Übersicht über den Zusammenhang von Staat und Souveränität seit dem 17. Jahrhundert geben Brunner, Conze und Koselleck in ihrem Werk „Geschichtliche Grundbegriffe" (2004, S. 1–155).

[3] Einen Überblick gibt zum Beispiel Gerlich 2007.

5.2 Die Krise des Schengen-Systems und die Debatte um eine neue Schengen Governance

„What is happening in the mediterranean area is not a problem for Italy, only for Italy or the European mediterranean countries; it's a problem for Europe and for the world. We are in front of a humanitarian emergency and I ask Europe to settle all the necessary measures to deal with a catastrophic humanitarian emergency. We cannot be left alone" (Rat der Europäischen Union 2011a). Mit diesem eindringlichen Appell reagierte der italienische Innenminister Roberto Maroni auf die veränderte Migrationssituation im Mittelmeer im Frühjahr 2011. Eine „Invasion" dieses Ausmaßes habe es zuvor noch nie gegeben und Italien sei deshalb auf die Solidarität und konkrete Unterstützung der anderen Mitgliedstaaten der Europäischen Union angewiesen.[4] Diese sahen allerdings mehrheitlich keinen Anlass für außerordentliche Maßnahmen zur Unterstützung der italienischen Regierung und forderten Italien auf, sich der Lösung des Problems selbst anzunehmen.[5] Im April 2011 vergab Italien temporäre Aufenthaltsbescheinigungen an Migrantinnen und Migranten, die über den Seeweg eingereist und hauptsächlich französischsprachig waren, und eröffnete diesen so die Möglichkeit, in andere Staaten der Europäischen Union zu reisen. Dies führte zu heftiger Kritik diverser Mitgliedstaaten, die Italien vorwarfen, eine Krise des Schengen-Systems auszulösen (Carrera et al. 2011, S. 6) und schließlich zu einer zeitweisen Wiedereinführung von Kontrollen an der französisch-italienischen Grenze (ebd.; Di Pascale und Nascimbene 2011, S. 352 ff.; McMahon 2012, S. 8 ff.). Den diplomatischen Konflikt legten Italien und Frankreich offiziell anlässlich eines Treffens der beiden Ministerpräsidenten Silvio Berlusconi und Nicolas Sarkozy bei, woraus ein Schreiben an die Präsidenten des Europäischen Rates und der Kommission hervorging. In diesem äußerten sie ebenfalls die Befürchtung einer Krise des Schengen-Systems: „[D]er Druck an den gemeinsamen Außengrenzen hat Auswirkungen auf den Zusammenhalt der Mitgliedstaaten der Europäischen Union. Die Migrationssituation im Mittelmeer könnte sich schnell zu einer echten Krise entwickeln, die das Vertrauen unserer

---

[4] Zur Notstandsrhetorik der italienischen Regierung siehe Campesi 2011, S. 1, Cuttitta 2014, S. 204 ff. oder McMahon 2012, S. 6. Diese lässt sich nicht erst im Kontext der politischen Umbrüche in Nordafrika beobachten, die politischen Akteure in Italien bedienen sich seit Jahrzehnten einer permanenten Migrationsnotstandsrhetorik (Cuttitta 2012, S. 20).

[5] Die Europäische Kommission sicherte Italien humanitäre Unterstützung zu, allerdings im Rahmen bestehender Regulierungen, welche die italienische Regierung jedoch als unzureichend erachtete (McMahon 2012, S. 6).

Mitbürger in die Freizügigkeit im Schengen-Raum nachhaltig gefährdet"[6] (Berlusconi und Sarkozy 2011). Sie forderten deshalb eine Stärkung der Schengen Governance, welche „die Möglichkeit, temporäre Grenzkontrollen an den Binnengrenzen im Falle außerordentlicher Schwierigkeiten in der Steuerung der gemeinsamen Außengrenzen, wiedereinzuführen", einschloss (ebd.).

Die Auswirkungen der Migrationsbewegungen im Mittelmeerraum innerhalb der Europäischen Union waren auch ein Schwerpunktthema in diversen Sitzungen des Europäischen Rates für Justiz und Inneres. Die Mehrheit der Innenminister der Mitgliedstaaten teilte die Befürchtung, dass durch die aktuellen Geschehnisse das Projekt eines nach innen grenzkontrollfreien europäischen Raumes in Gefahr sei und stimmte der Forderung einer neuen Schengen Governance zu. Erhöht wurde der Reformbedarf aus Sicht vieler Mitgliedstaaten auch durch die temporäre Wiedereinführung von Grenzkontrollen zu Deutschland und Schweden im Mai 2011 durch Dänemark (Alscher 2013, S. 3), die scharfe Kritik auslöste. Der Konflikt über den Umgang mit der „Migrationskrise" innerhalb des Schengen-Raums hatte sich zu einer Krise des Schengen-Systems entwickelt. Im Juni 2011 beauftragte der Europäische Rat die Kommission damit, einen Vorschlag für einen neuen Schengen-Mechanismus zu erarbeiten, um auf „exceptional circumstances putting the overall functioning of Schengen cooperation at risk" (Rat der Europäischen Union 2013b) reagieren zu können.

Die Debatte unter den Mitgliedstaaten sowie mit der Europäischen Kommission und dem Europäischen Parlament um die Notwendigkeit und Ausgestaltung der neuen Schengen Governance dauerte fast zwei Jahre an und war von zahlreichen Kontroversen geprägt.[7] Eine zentrale Prämisse war aber in allen Mitgliedstaaten gleich: „Der Schengen-Raum ist eine sehr große Errungenschaft der Europäischen Union, er ist greifbar und zum Vorteile aller Bürger", betonte der französische Innenminister Manuel Valls (Rat der Europäischen Union 2012b) „Es ist einer der großen Erfolge der europäischen Idee, begründet von Frankreich und Deutschland, die Schlagbäume abzubauen. Niemand will das nach innen grenzenlose Europa missen", hielt auch Hans-Peter Friedrich fest, der deutsche Innenminister (Friedrich 2012). Und die italienische Innenministerin Anna Maria Cancellieri rief aus: „Europa ist nur mit Schengen denkbar" (Comitato Accordo Schengen 2012, S. 14). Die Personenfreizügigkeit im Schengen-Raum wurde von fast allen Dis-

---

[6] Alle Übersetzungen aus dem Italienischen und dem Französischen stammen von der Autorin.

[7] Die Debatte konzentrierte sich dabei auf das Funktionieren des Schengen-Systems innerhalb der Europäischen Union unter den Mitgliedstaaten und ließ die externe Dimension des europäischen Grenzregimes und die Frage weitestgehend außen vor, wie die „Migrationskrise" gelöst werden konnte, die ursächlich für die Krise des Schengen-Systems war.

kursteilnehmenden in den Mitgliedstaaten als bedeutender Wert, gar als Wesensmerkmal der Europäischen Union proklamiert, der zweifelsfrei aufrechterhalten
werden müsse. Diese Diskurse bestärken wissenschaftliche Thesen zur Bedeutung
des Schengen-Systems in Europa: „Schengen is now fully entrenched in everyday
political and popular discourses. In other words, it has become common sense"
(Zaiotti 2011, S. 220). In der Debatte um die neue Schengen Governance entwickelte sich allerdings eine Kontroverse darüber, unter welchen Bedingungen ein
gemeinsamer europäischer Raum funktionieren kann.

Die Positionen der Außengrenzstaaten standen denen der Binnengrenzstaaten[8]
der Union gegenüber. Die Kontroverse ist im Kontext der postnationalen Grenzkonstellation zu analysieren, denn die Doppelcodierung der Außengrenzen der
Europäischen Union führt zu neuen Konflikten unter den Mitgliedstaaten. In einer
Krisensituation, wie dem erhöhten Migrationsaufkommen im Mittelmeerraum,
werden die unterschiedlichen nationalen Interessenlagen und daraus resultierenden
Positionen besonders deutlich, wie ich im Folgenden zeigen werde.

Die nationalen Positionen der Binnengrenzstaaten und der Außengrenzstaaten
zum Umgang mit der Krise des Schengen-Systems lassen sich auf zwei konträre
Pole zuspitzen: Die Binnengrenzstaaten sahen mehrheitlich den Erhalt nationaler
Souveränität als Lösung für die Probleme in der Schengen Governance, die Außengrenzstaaten betrachteten nationale Souveränität hingegen als Ursache der Krise.
Anders formuliert: Die Binnengrenzstaaten sahen nur in der Aufrechterhaltung und
teilweisen Erweiterung nationaler Souveränität eine Möglichkeit für den Fortbestand des Systems, während die Außengrenzstaaten die Argumentation verfolgten,
dass die Probleme in der Schengen Governance nur durch verstärkte Vergemeinschaftung gelöst werden könnten. Die Positionen von Deutschland und Italien werden exemplarisch für diese unterschiedlichen Argumentationen analysiert. Beide
Staaten waren zentrale Akteure im Diskurs um die neue Schengen Governance
und prägten die jeweiligen Diskursstränge wesentlich. Im Folgenden soll ihre Argumentation im Detail analysiert werden.

---

[8] Die Dichotomie zwischen den Binnengrenzstaaten und den Außengrenzstaaten, beziehungsweise zwischen Zentrum und Peripherie der Europäischen Union und deren „Interdependenzen und Interaktionen" konzeptionalisiert z. B. Vobruba (2007, S. 17 ff.).

5.3 Die Position Deutschlands in der Debatte um die neue Schengen Governance

Als der italienische Innenminister Roberto Maroni im Frühjahr 2011 als Reaktion auf die erhöhte Anzahl von Flüchtlingen aus Nordafrika nach Italien eine „humanitarian emergency" (Rat der Europäischen Union 2011a) ausrief und die Europäische Union um Unterstützung und Solidarität bat, antwortete sein deutscher Amtskollege Hans-Peter Friederich eindeutig: „Italien muss sein Problem selbst regeln" (Friedrich zitiert in Lutz 2011). Friedrich betonte, dass sich Italien nicht in einer Notlage befände und sich im Umgang mit den Migrantinnen und Migranten an die rechtlichen Vorschriften halten und seiner Verantwortung stellen müsse (Rat der Europäischen Union 2011b). Wiederholt forderte er, dass Italien im konkreten Fall durch Kontaktaufnahme mit Tunesien eine Rückführung der „Wirtschaftsflüchtlinge" organisieren und den Grenzschutz sicherstellen müsse. „Wir können nicht akzeptieren, dass über Italien viele Wirtschaftsflüchtlinge nach Europa kommen" (ebd.). Der deutsche Innenminister unterstützte die Haltung Frankreichs, Migrantinnen und Migranten, die von Italien Visa erhielten, aufgrund der in Europa geregelten Zuständigkeiten notfalls nach Italien zurück zu senden (Kitzler 2011), betonte allerdings vielfach: „Es kann nicht im Sinne Europas sein, dass wir jetzt gezwungen werden, neue Kontrollen einzuführen, sondern wir hoffen, dass die Italiener ihre Aufgaben erfüllen" (Rat der Europäischen Union 2011b).

In der darauf folgenden Debatte um die neue Schengen Governance wurde in den Diskursbeiträgen der deutschen Bundesregierung die Lösung der Krise des Schengen-Systems innerhalb der Europäischen Union an den Erhalt nationaler Souveränität im Bereich des Grenzschutzes gekoppelt. Die dieser Prämisse zugrunde liegende Argumentation wird im Folgenden untersucht und von den Beiträgen anderer politischer Akteure in Deutschland abgegrenzt.

Aus Sicht der deutschen Bundesregierung, hauptsächlich vertreten durch Innenminister Friederich, war es im Kontext des durch die politischen Umbrüche in Nordafrika ausgelösten erhöhten Migrationsaufkommens im Mittelmeerraum zu „Fehlentwicklungen in einzelnen Mitgliedstaaten" gekommen, welche „die Schengen-Zusammenarbeit insgesamt gefährdet [hatten]" (Bundesministerium des Innern 2013a). „Fehlentwicklungen" bedeutete im Diskurs, dass Mitgliedstaaten ihre „Schengen-Verpflichtungen" (Bundesministerium des Innern 2013b) nicht mehr erfüllten. Dabei wurde nicht näher thematisiert, was diese Verpflichtungen der einzelnen Mitgliedstaaten genau sind, die Haltung implizierte nur, dass die Gewährleistung der inneren Sicherheit eine solche Verpflichtung darstellt, denn von einem Nichteinhalten wären auch „die Sicherheitsinteressen anderer Mitgliedstaaten betroffen" (ebd.). Das Nichteinhalten der Verpflichtungen hatte die Bundesregierung in den südlichen Außengrenzstaaten der Europäischen Union, besonders in Italien, beobachtet und deshalb die Gefahr eines allgemeinen Vertrauensverlustes in die Zusammenarbeit im Schengen-Raum gesehen (Lutz 2011). Das deutsche Innenministerium sah daher akuten Handlungsbedarf und betonte in diversen Verlautbarungen seine zentrale Rolle sowohl in der Initiative als auch in der Ausgestaltung der neuen Schengen-Verordnung. „Mit dem von Deutschland angestoßenen neuen Projekt der Schaffung eines Mechanismus für eine bessere Schengen Governance soll das Vertrauen in die Zusammenarbeit im Schengen-Raum gestärkt werden", heißt es in der Innenpolitischen Bilanz im April 2013 (Bundesministerium des Innern 2013b). Das Vertrauen in die Zusammenarbeit und damit in die Schengen Governance an sich konnte, im Diskurs der deutschen Bundesregierung, nur durch erweiterte sicherheitspolitische Handlungsoptionen der Mitgliedstaaten wiederhergestellt werden. Das Ziel des deutschen Engagements war daher die Einführung einer „Notfallklausel" (Friedrich in Bundesministerium des Inneren 2013c), um den Mitgliedstaaten die Möglichkeit zu geben, Grenzkontrollen an Binnengrenzen der Europäischen Union wiedereinführen zu können, „wenn ein Mitgliedstaat seine Schengen-Verpflichtungen beispielsweise wegen eines außergewöhnlichen Migrationsdrucks nicht mehr erfüllt" (Bundesministerium des Innern 2013b). Die Forderung nach einer „Notfallklausel" enthielt als wesentliches Element die Möglichkeit der eigenständigen Entscheidung über die Wiedereinführung der Grenzkontrollen in den Mitgliedstaaten. Im Diskurs der Bundesregierung leitete sich dies aus dem Verständnis von Souveränität ab.

Im Kontext der Grenzpolitik meinte „nationale Souveränität" im Diskurs der Bundesregierung nicht, so wie in der Epoche vor Schengen (Zaiotti 2011), die explizite Beanspruchung der Hoheit über die nationalen Grenzen per se. Im Diskurs des Innenministers wurde Souveränität vielmehr als „Achtung der nationalen Souveränität der Mitgliedstaaten für die Sicherheit ihrer Bürger" (Bundesministerium des Innern 2013a) konzipiert. „Für jeden Mitgliedstaat ist es selbstverständlich und höchste Aufgabe, die Sicherheit seiner Bürger zu gewährleisten. Es ist eine Frage der nationalen Souveränität" (Friedrich 2012). Dies führte Friedrich auch in einem gemeinsamen Schreiben mit seinem französischen Amtskollegen Claude Guéant im Frühjahr 2012 aus (Gammelin 2012). An anderer Stelle verwies er darauf, dass sich der Souveränitätsanspruch aus dem Vertrag von Lissabon ergäbe. In diesem sei klar definiert: „Verantwortlich für die innere Sicherheit sind die Mitgliedstaaten" (Rat der Europäischen Union 2012a). Für den Schengen-Raum hieß dies aus Sicht der Bundesregierung, dass das „Letztverantwortungs- und Entscheidungsrecht" (ebd.) über die Wiedereinführung von Binnengrenzkontrollen bei den Mitgliedstaaten liegen muss. Nur durch die Gewährleistung der inneren Sicherheit und die „Handlungsfähigkeit" (ebd.) der Mitgliedstaaten könne das Vertrauen in das

Schengen-System aufrechterhalten werden. Die erweiterte Möglichkeit der Wiedereinführung von Grenzkontrollen „ist als politisches Signal natürlich unheimlich wichtig, weil wir unseren Bürgern auch sagen können: Wir sind handlungsfähig, wenn es darauf ankommt. Vor Ort, dort wo eure Sicherheit bedroht ist oder möglicherweise die Sicherheit insgesamt in Europa in Gefahr ist, sind wir als Verantwortliche auch handlungsfähig" (ebd.). Die Bundesregierung legitimierte hier ihre Forderung nach nationaler Entscheidungshoheit über die Wiedereinführung von Grenzkontrollen durch den Anspruch auf Souveränität im Bereich der „nationalen Sicherheit". Souveränität fungiert also als Argument für die Erreichung der politischen Ziele.

In den Debatten um die neue Schengen Governance argumentierten Politikerinnen und Politiker der Opposition im Bundestag und deutsche Abgeordnete im Europaparlament deutlich gegen diese Position des Innenministeriums. Vertreterinnen der Grünen warfen der deutschen und der französischen Regierung bezüglich des Vorschlags zur Wiedereinführung von Grenzkontrollen beispielsweise Populismus vor: „Der deutsch-französische Vorstoß ist ein billiges, aber gefährliches Wahlkampfmanöver. Die Herren Friedrich und Guéant wollen mit ihrem populistischen und antieuropäischen Vorschlag eine der großen Errungenschaften der EU – die Reisefreiheit – aushebeln. […] Wir brauchen Zusammenhalt in Europa und keine nationalen Alleingänge" (Harms 2012).

5.4 Die Position Italiens in der Debatte um die neue Schengen Governance

In Italien entfernte sich der Diskurs um die Schengen-Reform schnell von den von Berlusconi gemeinsam mit Sarkozy im Frühjahr 2011 geforderten Inhalten. Die Frage, ob die Erleichterung der Wiedereinführung von Kontrollen an Binnengrenzen innerhalb des Schengen-Raums tatsächlich im Interesse der italienischen Regierung lag und welche Beweggründe dahinter stecken könnten, wurde in der medialen Öffentlichkeit und auf den politischen Bühnen in Europa viel diskutiert.[9] Ihre Beantwortung ist nicht Gegenstand dieser Untersuchung. Es soll nur festgehalten werden, dass es in Italien schon kurz nach Beginn der Debatte über die neue

---

[9] Der Autor Gavin Hewitt von BBC News (2011) vermutet beispielsweise, dass das Papier unter nationalem politischen Druck in Frankreich und Italien entstanden sei: „Both Mr Berlusconi and Mr Sarkozy are facing domestic pressure from right-wing parties to curb large-scale immigration". Auch der deutsche FDP-Politiker Alexander Graf Lambsdorff (2011) betrachtet machtpolitische Motive und die Instrumentalisierung „rückgewandte[r], nationale[r] Stimmungen" als ausschlaggebend für die Initiative.

Schengen Governance zu einem Regierungswechsel kam und Silvio Berlusconi somit in der Debatte von neuen politischen Akteuren ersetzt wurde.

In den fast zwei Jahre andauernden Verhandlungen entwickelte sich dabei in Italien ein Konsens in nahezu allen politischen Lagern: Die Krise des Schengen-Systems könne nur durch einen weiteren Abbau nationaler Souveränität und die Vergemeinschaftung der Governance gelöst werden. „Unser Land hat eine Lösung vorgeschlagen, welche die Zentralität der Kommission vorgesehen und ein politisches sowie institutionelles Gleichgewicht, auch gegenüber dem Parlament in Straßburg, garantiert hätte, mit dem Ziel, eine koordinierte und flexible europäische Strategie zu entwickeln", fasste die von November 2011 bis April 2013 amtierende Innenministerin, Anna Maria Cancellieri, im September 2012 die italienische Position im Rat zusammen (Comitato Accordo Schengen 2012, S. 5). Die Debatte in Italien konzentrierte sich dabei vor allem auf das Argument, dass sich die eigenmächtigen Aktivitäten einzelner Staaten und die mangelnde Solidarität innerhalb der Union als wesentliche Gefahr für die bestehende Schengen Governance herausgestellt hatten. Dieses Argument für eine Vergemeinschaftung der Schengen Governance soll im Folgenden näher analysiert werden.

Im Diskurs der italienischen Akteure wurden „nationale Alleingänge" (ebd.) bei der Wiedereinführung von Grenzkontrollen als zentrales Hindernis für den Fortbestand der Schengen Governance identifiziert.[10] Eigenmächtige Aktivitäten einzelner Staaten, wie die Wiedereinführung von Grenzkontrollen, konnten, so die Argumentation, bis dato auf europäischer Ebene nicht verfolgt und geahndet werden. Diese Aktivitäten hätten das „Prinzip der Freizügigkeit" (ebd.) an sich allerdings massiv gefährdet. Die Erfahrungen mit Frankreich im Jahr 2011 wurden im Diskurs immer wieder als Beispiel und Begründung für den akuten Handlungsbedarf herangezogen. Während die Ministerin die Reaktionen Frankreichs moderat nur als Auslöser für die Debatte über die Schengen-Reform identifizierte (ebd.), fanden vor allem die italienischen Abgeordneten im Europaparlament deutlichere Worte. Parlamentarierinnen und Parlamentarier unterschiedlicher Parteien sahen in der temporären Wiedereinführung von Grenzkontrollen eine Infragestellung des Schengen-Systems an sich und beobachteten eine Reihe weiterer negativer Effekte für die Europäische Union: „Wir erinnern uns alle, dass Frankreich die Grenzen für einige Migranten, die aus Italien kamen, geschlossen hat und wie dieser Vorfall antieuropäische Instinkte ebenso wie das Gefühl von einem Europa der Bürokraten allein gelassen zu sein, auslöste", sagte beispielsweise die Abgeordnete Lara Comi (Europäisches Parlament 2013) von der Europäischen Volkspartei. Um „nationale Alleingänge" wie unerlaubte Grenzkontrollen und andere Verstöße einzelner

---

[10] Einen ähnlichen Diskurs führten in Deutschland die Grünen.

Staaten gegen die Schengen-Verordnung zukünftig identifizieren und ahnden zu können, setzte sich Italien für ein besseres Monitoring der Geschehnisse an den Binnengrenzen der Europäischen Union ein. Außerdem müsse die „gemeinschaftliche Methode über der zwischenstaatlichen" stehen (Salvatore Caronna, Fraktion der Sozialdemokraten im Europäischen Parlament, ebd.) und der Kommission als neutralem Organ eine zentrale Rolle zukommen. Sie sei der „Garant des europäischen Interesses" und könne sicherstellen, dass Grenzkontrollen tatsächlich nur im Ausnahmefall wiedereingeführt würden (Comitato Accordo Schengen 2013, S. 12). „Wenn wir den einzelnen Mitgliedstaaten die Entscheidung über einen Ausnahmefall fast allein überlassen, drehen wir dieser großen zivilisatorischen Errungenschaft der Personenfreizügigkeit die Luft ab", argumentiert beispielsweise Massimo Livi Bacci (ebd.), der für die Partito Democratico im italienischen Parlament sitzt, für eine Vergemeinschaftung der Entscheidung über die Wiedereinführung von Kontrollen an Binnengrenzen.

Mit der Kritik an „nationalen Alleingängen" ging im italienischen Diskurs die Beobachtung einher, dass die mangelnde Solidarität unter den Mitgliedstaaten eine Gefahr für die Schengen Governance sei. „Einige Mitgliedstaaten fordern mehr Garantien von den anderen Staaten und drohen mit der Schließung der eigenen Grenzen. Aber wenn wir vorschlagen, das Problem gemeinsam zu lösen, indem wir die Verantwortung und die Kosten teilen, dann sind diese Staaten nicht einverstanden", kritisierte der Abgeordnete Alfredo Antoniozzi (Europäisches Parlament 2013). Dies, so die einhellige Meinung der italienischen Akteure, sei in hohem Maße problematisch, weil nur durch das „Prinzip der Solidarität" das „Prinzip der Freizügigkeit" in Europa aufrechterhalten werden könne (Comitato Accordo Schengen 2012, S. 6 ff.). Die italienische Position wird im Zitat des früheren Innenministers Roberto Maroni deutlich: „Das europäische Gesellschaftsmodell basiert auf dem Modell der Solidarität [...]. Das Solidaritätsprinzip sieht vor, dass einem Mitgliedstaat in Schwierigkeiten durch die anderen Staaten geholfen wird" (Rat der Europäischen Union 2011a). Wie zahlreiche andere italienische Akteure verwies Maroni hier auf das im Vertrag von Lissabon formulierte „Solidaritätsprinzip" unter den Mitgliedstaaten und benutzte dies als rechtliche Legitimation für seine Forderungen. Mit dem Appell an europäische Solidarität im Kontext des erhöhten Migrationsaufkommens im Mittelmeer fordere Italien nur die Umsetzung eines fundamentalen Grundsatzes innerhalb der Union.

Nicht nur mangelnde Unterstützung in „humanitarian emergencies", sondern auch die Erleichterung der Wiedereinführung von Grenzkontrollen widerspräche diesem Grundsatz und hätte für Italien gravierende Folgen: „Vor allem für uns, die wir sehr vom Migrationsfluss betroffen sind, würde ein mögliches Aussetzen des Schengen-Abkommens viele Schwierigkeiten erzeugen" (Cancellieri in Comitato

Accordo Schengen 2012, S. 14). Italien sei „aus geografischen Gründen" besonders stark von „Migrationsnotfällen" betroffen, argumentierten beispielsweise die Mitglieder des Schengen-Ausschusses des italienischen Parlaments (Comitato Accordo Schengen 2013, S. 31), und wäre daher mit erheblichen Problemen konfrontiert, würden die Binnengrenzen geschlossen.

In zahlreichen Debatten um die europäische Grenzpolitik thematisierten die italienischen politischen Akteure die nationalen Grenzen als „Außengrenzen der Europäischen Union". Im Diskurs gingen die Akteure dabei davon aus, dass Italien als Transitland für Migrantinnen und Migranten fungiert: „Europa muss ohne Umschweife zur Kenntnis nehmen, dass der Großteil der Migranten, die in unserem Land ankommen, woanders hin wollen" (Angelino Alfano 2013, amtierender Innenminister Italiens). Aus dieser als nachteilig empfundenen Funktion Italiens leiteten die italienischen Diskursteilnehmenden direkte Ansprüche gegenüber den anderen Mitgliedstaaten ab, so auch in der Schengen-Debatte. Die Europäische Union solle dem Umstand der europäischen Außengrenzfunktion Italiens die nötige Beachtung schenken und sich dem Land gegenüber solidarisch zeigen, argumentierten unter anderem die Parlamentarierinnen und Parlamentarier (Comitato Accordo Schengen 2013, S. 33; auch Maroni in Rat der Europäischen Union 2011a).

Die italienischen politischen Akteure haben in der Debatte um die Schengen-Reform die eigenmächtigen Aktivitäten einzelner Mitgliedstaaten und die mangelnde Solidarität innerhalb der Union als wesentliche Gefahren für die bestehende Schengen Governance identifiziert. Die Krise des Schengen-Systems hätte aus italienischer Sicht deshalb nur durch eine Vergemeinschaftung der Governance, und somit eine weitere Institutionalisierung der europäischen Grenzpolitik, gelöst werden können. Gleichzeitig wurde in den Diskursen wiederholt betont, dass es explizit im nationalen Interesse Italiens sei, wenn die Mitgliedstaaten mehr Souveränität über die Grenzkontrollen an die europäische Ebene abgeben würden.[11] Die Erlebnisse mit Frankreich und die Reaktionen der anderen Mitgliedstaaten hatten Italien vor Augen geführt, dass das Land geringe Handlungsoptionen und von den anderen Staaten wenig Solidarität zu erwarten habe. Die spezifischen Interessen Italiens würden sich in zwischenstaatlichen Verhandlungen nicht realisieren lassen, weshalb die italienischen Akteure in der Debatte um die Schengen Governance für die Verstärkung supranationaler Strukturen plädierten. Die italienischen Akteure unterstützten die Abgabe von Souveränität der Mitgliedstaaten zugunsten eines

---

[11] In Italien finden seit Jahrzehnten politische Diskurse statt, wonach es national von Vorteil ist, die europäische Integration voranzutreiben (Masala 2004, S. 202). Besonders stark wird diese Politik bei migrations- und grenzpolitischen Fragen verfolgt (Di Stasio 2012, S. 140).

Souveränitätsgewinnes für die Kommission und das europäische Parlament im Diskurs aus einem gesamteuropäischen Interesse, welches sich mit dem Partikularinteresse Italiens verband. Der Transfer der Souveränität hätte Italien wiederum kaum betroffen, da dessen Außengrenzen, wie bereits erwähnt, in der postnationalen Grenzkonstellation bereits doppelt codiert sind (vgl. Vobruba 2012, S. 97). Eine weitere Vergemeinschaftung der Schengen Governance würde vielmehr dazu führen, ein Gleichgewicht unter den Mitgliedstaaten herzustellen, da so auch die Kontrollen der Binnengrenzen stärker unter supranationalem Einfluss stünden.

5.5 Nationale Souveränität als Lösung oder Ursache

Die Positionen Deutschlands und Italiens unterschieden sich in der Debatte um die neue Schengen Governance grundlegend in der Analyse der Ursachen und in den Lösungsansätzen der Krise des Schengen-Systems. Dabei referierten beide Diskurse in konträrer Weise auf das Konzept nationaler Souveränität. Deutschland betrachtete den Erhalt nationaler Souveränität als Lösung für die Probleme in der Schengen Governance, Italien als deren Ursache. Die Analyse des Souveränitätsdiskurses der Akteure zeigt, dass dieser in beiden Fällen taktisch motiviert war, um die jeweiligen politischen Interessen durchzusetzen. Während sich die italienischen Akteure über die Last, die sich aus der Lage an der „Außengrenze Europas" ergibt, beklagten und daraus Forderungen gegenüber den Binnenstaaten ableiteten, appellierte der deutsche Innenminister an nationale Verantwortlichkeiten. Sowohl Italien als auch Deutschland verfolgten in den Debatten das Ziel, das Schengen-System zugunsten des eigenen Staates zu modifizieren, um die Auswirkungen der „Migrationskrise" so gering wie möglich zu halten. Dieses Bestreben ist vor dem Hintergrund des zunehmenden Drucks auf Regierungen, beim Thema Migration gegenüber der Bevölkerung deutlich Handlungsfähigkeit zu signalisieren, zu verstehen. In der Argumentation für die Modifikation des Schengen-Systems verwiesen deshalb sowohl Italien als auch Deutschland stark auf den (angenommenen) Vertrauensverlust in den Schengen-Raum durch die Bevölkerung.

Beide Staaten argumentierten in den Diskursen um die neue Schengen Governance mit Bezügen auf dieselben europäischen Vertragswerke, wie den Vertrag von Lissabon oder das Schengen-Abkommen und verwiesen immer wieder darauf, „im Sinne der Union als Ganzer" zu agieren. Sie bezogen sich allerdings auf unterschiedliche Kategorien, um ihre jeweiligen Forderungen und Handlungen rechtlich zu legitimieren, beziehungsweise anderen Mitgliedstaaten Verstöße aufzuzeigen. Beide, Deutschland und Italien, nutzten dabei den europäischen Rahmen, um nationale Partikularinteressen durchzusetzen.

Die Europäische Union initiierte eine Reform der Schengen Governance, als sie mit einer „Migrationskrise" (Comitato Accordo Schengen 2012, S. 5) konfrontiert war, die zeitgleich zur Eurokrise und damit einhergehenden verstärkten europäisierungskritischen Diskursen und Bewegungen in den Mitgliedstaaten stattfand. „Especially since 2011 we have witnessed a resurfacing of nationalistic debates and populist tendencies, with several member states looking to maintain, and in certain cases even regain – discretion over largely ‚Europeanized' areas such as the reintroduction of internal borders and management of external borders" (Carrera et al. 2013, S. 2 f.). Auch die deutsche Bundesregierung sprach sich im Diskurs um die neue Schengen Governance deutlich gegen eine Kompetenzerweiterung von Kommission und Parlament aus.[12] Der italienische Diskurs hingegen wich von diesem Trend ab. Auch in Italien waren und sind in anderen Politikfeldern deutliche europäisierungskritische Entwicklungen zu beobachten. Im Falle der Grenzpolitik war der Ruf nach Europäisierung und einer weiteren Institutionalisierung allerdings eine Reaktion auf die „Migrationskrise" in Europa. Die Vergemeinschaftung diente, wie ich hier gezeigt habe, der Verwirklichung nationaler Interessen Italiens.

5.6 Die neue Schengen Governance

Im Oktober 2013, nach über zwei Jahren Verhandlungen, wurde das „Schengen Governance Package" von allen an der Abstimmung teilnehmenden Mitgliedstaaten[13] des Rates einstimmig verabschiedet (Rat der Europäischen Union 2013a). Es beinhaltet zwei zentrale Maßnahmen (Rat der Europäischen Union 2013b). Zum einen wurde eine neue Regelung zur Evaluierung der Anwendung des Schengen-Vertragswerkes beschlossen, zum anderen eine Modifikation des Schengen-Grenzkodex zur temporären Wiedereinführung von Kontrollen an Binnengrenzen der Mitgliedstaaten. Durch die Reform erhält die Kommission, gemeinsam mit den Mitgliedstaaten, eine zentrale Rolle bei der Umsetzung des Evaluations- und Monitoring-Mechanismus. Sie kann nun Evaluationsbesuche in den Grenzregionen durchführen, um zu überprüfen, ob die Mitgliedstaaten sich an das Schengen Abkommen halten. „Evaluation teams will draft evaluation reports which will be adopted by the Commission. The Council will adopt any necessary recommendations for remedial action" (ebd., S. 2). Werden in einem Mitgliedstaat Defizite bei den

---

[12] Die Debatte um die neue Schengen Governance ging mit einem weitreichenden Kompetenzkonflikt zwischen den europäischen Institutionen einher (dazu Carrera et al. 2013, S. 9).

[13] Dänemark, Irland und Großbritannien nahmen aufgrund ihres Ausnahmestatus nicht an der Abstimmung teil. Zuvor hatte bereits das Europäische Parlament dem Reformpaket zugestimmt.

Außengrenzkontrollen festgestellt, so ist dieser verpflichtet, einen „action plan" zu entwickeln, dessen Umsetzung die Kommission überprüft. Durch die Reform des Schengen-Grenzkodex sind Kontrollen an Binnengrenzen zukünftig unter neuen Voraussetzungen möglich. Bisher war die Wiedereinführung von Grenzkontrollen nur bei vorhersehbaren Großereignissen, wie Weltmeisterschaften oder im Zusammenhang mit unvorhersehbaren Ereignissen, wie terroristischen Angriffen, rechtens. Mit der neuen Regulierung können Kontrollen auch „in the case of serious deficiencies relating to the external border controls" (ebd., S. 3) durchgeführt werden. Dieser „Notfallmechanismus" (Alscher 2013, S. 3) tritt in Kraft, wenn ein Evaluationsbericht ein anhaltendes Defizit bei der Kontrolle der Außengrenzen attestiert und auch von der Kommission initiierte Unterstützungsmaßnahmen die Situation nicht verbessern (zum Beispiel durch den Einsatz von FRONTEX). „Where an evaluation report under the Schengen evaluation mechanism concludes that a member state has been seriously neglecting its obligations, putting the overall functioning of the area without internal border controls at risk […], the Council may on the basis of a Commission proposal recommend that one or more specific member states reintroduce border controls at all or specific parts of the internal borders. […] [T]he serious deficiency relating to external border controls must constitute a serious threat to public policy or internal security" (Rat der Europäischen Union 2013b, S. 4).

Das Ergebnis der Verhandlungen um die neue Schengen Governance und die Realisierung der nationalen Ziele wurde in Deutschland und Italien unterschiedlich interpretiert. Der deutsche Bundesinnenminister Friedrich äußerte sich zufrieden mit dem Ergebnis der Verhandlungen: „Die Einigung zur Stärkung des Schengen-Raums zeigt, dass wir in Europa auch hier in der Lage sind, Fehlentwicklungen entgegenzuwirken. Mit dem beschlossenen Verfahren wahren wir die Balance zwischen der Achtung der nationalen Souveränität der Mitgliedstaaten für die Sicherheit ihrer Bürger und der notwendigen Befassung auf europäischer Ebene" (Bundesministerium des Inneren 2013a). Auch Vertreterinnen und Vertreter der SPD begrüßten die Einigung. Die Abgeordnete Birgit Sippel sah das „Grundrecht auf Freizügigkeit" gestärkt und betonte den Wert des neuen Evaluationssystems für die Europäische Union, kritisierte allerdings die mangelnde Einbeziehung des Europäischen Parlaments (Fraktion der Sozialdemokraten im Europäischen Parlament 2013). Deutsche Vertreterinnen und Vertreter der Grünen und der Linken im Europaparlament und auf nationaler Ebene kritisierten hingegen den verhandelten Kompromiss zwischen Rat, Kommission und Europaparlament grundsätzlich als „Aufweichung der Schengenregeln" (Franziska Keller, Die Grünen, 2013) und „fatales Signal gegenüber den Mitgliedstaaten mit EU-Außengrenze und ein Armutszeugnis für die EU" (Ulla Jelpke, Die Linke, 2013).

Auch in Italien wurden die Ergebnisse der Verhandlungen und die endgültige Verordnung zur neuen Schengen Governance unterschiedlich eingeschätzt. In den Debatten im Rat für Justiz und Inneres vor den Verhandlungen mit dem Parlament und der Kommission habe Italien, so die Innenministerin Cancellieri, seine Ziele nur teilweise erreichen können (Comitato Accordo Schengen 2012, S. 5). Das neue Evaluationssystem wurde von italienischen Mitgliedern des nationalen und europäischen Parlaments hingegen fast einhellig als Errungenschaft angesehen. Dem zweiten Teil der Verordnung, der Wiedereinführung von Grenzkontrollen, wurde dagegen in offiziellen Verlautbarungen kaum Beachtung geschenkt. Einzig die Abgeordneten der rechtspopulistischen Lega Nord äußerten scharfe Kritik: „Es handelt sich hier letztendlich um das x-te Techtelmechtel zwischen den nordeuropäischen Ländern und der Kommission, das für Italien gar keine Vorteile bringt. [...] Einerseits können Frankreich und die nordeuropäischen Länder immer noch Grenzkontrollen in Ausnahmefällen einführen und die Außengrenzstaaten wie Italien, die mehr von den Flüchtlingswellen betroffen sind, im Stich lassen. Andererseits werden sich die Eurokraten in Brüssel mehr in die nationale Migrationspolitik einmischen können und diese kontrollieren: und wir haben ja schon gesehen, zu welchem Desaster das führen kann" (Mara Bizzotto zitiert nach ASCA 2013).

Sowohl in Italien als auch in Deutschland legten die an den Verhandlungen beteiligten Akteure den Fokus ihrer Beurteilung der Verhandlungsergebnisse auf jenen Teil des „Schengen Governance Package", der ihren zuvor artikulierten Interessen am meisten entsprach – die deutsche Bundesregierung feierte ihren Erfolg der Institutionalisierung eines „Notfallmechanismus", die italienischen Akteure das stärker vergemeinschaftete Evaluationssystem. Trotz der Konflikte in den Verhandlungen konnte, so scheint es, eine Einigung erzielt werden, die sowohl den Interessen der Außen- als auch der Binnengrenzstaaten entsprach.

5.7 Resümee

Grenzen, einst als „organizing principles for the modern state system" (Diener und Hagen 2012, S. 7) beobachtet, haben sich in der Europäischen Union substantiell modifiziert. Mit dem Abbau der Kontrollen an den Binnengrenzen ging eine Europäisierung der Außengrenzen einher, welche nun doppelt codiert sind –sowohl national als auch europäisch.

Die politischen Umbrüche in Nordafrika im Jahr 2011 förderten eine „Migrationskrise" im Mittelmeer, die wesentliche Probleme des europäischen Grenzregimes offenlegte und zu einer Krise des Schengen-Systems innerhalb der Europäischen Union wurde. Schnell diagnostizierten die politischen Akteure der Mitgliedstaaten, dass das Schengen-System den neuen Gegebenheiten im Krisenfall nicht mehr gewachsen war. Sie machten dafür das Handeln anderer Mitgliedstaaten und die strukturellen Rahmenbedingungen verantwortlich. Italien und Deutschland standen dabei exemplarisch für die konträren Positionen der südlichen Außengrenzstaaten und der Binnengrenzstaaten der Europäischen Union. Zwischen diesen hatte sich ein Konflikt über den Umgang mit der „Migrationskrise" im Mittelmeer entwickelt, der als Ergebnis der Europäisierung der Außengrenzen der Europäischen Union entstanden war. Er brachte eine Diskrepanz der Perzeption der bestehenden Europäisierung der Grenzen und Uneinigkeit über gegenseitigen Ansprüche und Verantwortlichkeiten für Migration und Grenzschutz innerhalb der Europäischen Union zum Vorschein.

Italien und Deutschland kamen in ihrer Analyse der Ursache der Krise des Schengen-Systems daher zu unterschiedlichen Ergebnissen, die zu konträren Lösungsansätzen führten, welche sich auf die Frage zuspitzen lassen, ob die nationale Souveränität Lösung oder Problem ist. Die Binnengrenzstaaten sahen nur in der Aufrechterhaltung und teilweisen Erweiterung nationaler Souveränität eine Möglichkeit für den Fortbestand des Systems, während die Außengrenzstaaten die Argumentation verfolgten, dass die Probleme in der Schengen Governance nur durch eine stärkere Vergemeinschaftung gelöst werden können.

Der in diesem Kapitel verfolgte Ansatz der Akteursperspektiven auf Souveränität ermöglichte neue Einblicke in den Wandel staatlicher Souveränität. Die Untersuchung zeigte, dass die Referenz auf das Konzept nationaler Souveränität in den politischen Diskursen der Verwirklichung der jeweiligen Interessen im Umgang mit der „Migrationskrise" innerhalb der Europäischen Union galt. Deutschland argumentierte explizit für eine Ausweitung nationaler Souveränität. Diese wurde aber nicht mehr, wie es für den klassischen Nationalstaat galt, als (naturalisierter) Anspruch auf die Hoheit über die nationalen Grenzen konstituiert. Souveränität ist in der postnationalen Grenzkonstellation kein Selbstzweck mehr, sondern die Bezugnahme auf sie wird taktisch eingesetzt. In den Diskursen um die neue Schengen Governance diente sie als ein Argument zur Umsetzung der eigenen politischen Interessen. Die Akteure haben das Konzept mit einer neuen Konnotation versehen und so den Wandel der Souveränität in Europa vorangetrieben.

„Europa ist nur mit Schengen denkbar", ließen die politischen Akteure in der Europäischen Union zu Beginn der Debatte um die neue Schengen Governance verlautbaren. Die dichotome Reaktion auf die „Migrationskrise" im Schengen-Raum stellte diesen vielfach postulierten Schengen-common sense (Zaiotti 2011, S. 220) allerdings zur Disposition und warf neue Fragen über die Gestaltung des europäischen Raumes auf. Am Ende der Verhandlungen stand jedoch ein Reformpaket, in dem sowohl die Außen-, als auch die Binnengrenzstaaten ihre Interessen wiederfanden. Die Debatte um die Krise des Schengen-Systems zeigt, dass durch die Europäisierung des Grenzregimes Prozesse in Gang gesetzt wurden, die zu neuen Konflikten unter den Mitgliedstaaten führten. Im Aushandlungsprozess um deren Lösung wurde die Europäisierung des Politikfeldes dabei weiter vorangetrieben. Als Resultat der Krise zeichnet sich so eine weitere Institutionalisierung der gemeinsamen europäischen Grenzpolitik und eine institutionelle Festigung des europäischen Raumes ab.

Literatur

Alscher, S. 2013. Europäische Union: Einigung auf Schengen-Reform *Migration und Bevölkerung Newsletter* (5): 3–5.

Arnold, R. 2001. Neue Formen von Staatlichkeit? Die Europäische Union und ihre Mitglieder. In *Global denken: Die Rolle des Staates in der internationalen Politik zwischen Kontinuität und Wandel*, Hrsg. H. Oberreuter und M. Piazolo, 119–130. München: Olzog.

Bach, M. 2010. Die Konstruktion von Räumen und Grenzbildern in Europa: Von verhandlungsresistenten zu verhandlungsabhängigen Grenzen. In *Gesellschaftstheorie und Europapolitik: Sozialwissenschaftliche Ansätze zur Europaforschung*, Hrsg. M. Eigmüller und S. Mau, 153–178. Wiesbaden: VS Verlag für Sozialwissenschaften.

Bach, M. 2013. Jenseits der Souveränitätsfiktion: Der Nationalstaat in der Europäischen Union. In *Der entmachtete Leviathan. Löst sich der souveräne Staat auf?* Hrsg. M. Bach, 105–124. Baden-Baden: Nomos.

Bachmann, K., und E. Stadtmüller. 2012. *The EU's shifting borders: Theoretical approaches and policy implications in the new neighbourhood.* Abingdon: Routledge.

Brunner, O., W. Conze, und R. Koselleck. 2004. *Geschichtliche Grundbegriffe. Band 6 St-Vert.* Stuttgart: Klett-Cotta.

Campesi, G. 2011. The Arab Spring and the crisis of the European border regime. Manufacturing emergency in the Lampedusa crisis. EUI Working Paper SPS (59).

Carrera, S., E. Guild, M. Merlino, und J. Parkin. 2011. *A race against solidarity: The Schengen regime and the Franco-Italian affair.* Brussels: Centre for European Policy Studies.

Carrera, S., L. den Hertog, und J. Parkin. 2013. *Local and regional authorities and the EU's external borders: A multi-level governance assessment of schengen governance and ,smart borders'.* Brussels: Centre for European Policy Studies.

Cuttitta, P. 2012. *Lo spettacolo del confine. Lampedusa tra produzione e messa in scena della frontiera.* Mailand: Mimesis.

Cuttitta, Paolo. 2014. Borderizing the Island. Setting and narratives of the Lampedusa border play. *Acme. An International E-Journal for Critical Geographies* 13 (2): 196–219.

Del Sarto, R. 2010. Borderlands: The Middle East and North Africa at the EU's Southern Buffer Zone. In *Mediterranean frontiers: Borders, conflict and memory in a transnational world*, Hrsg. D. Bechev und K. Nicolaïdis, 149–166. London: Tauris Academic Studies.

Di Pascale, A., und B. Nascimbene. 2011. The ,Arab Spring' and the extraordinary influx of people who arrived in Italy from North Africa. *European Journal of Migration and Law* 13 (4): 341–360.

Di Stasio, C. 2012. *La politica migratoria europea: Da Tampere a Lampedusa*. Neapel: Editoriale scientifica.

Diener, A. C., und J. Hagen. 2012. *Borders: A very short introduction*. New York: Oxford University Press.

Eigmüller, M. 2007. *Grenzsicherungspolitik: Funktion und Wirkung der europäischen Außengrenze*. Wiesbaden: VS Verlag für Sozialwissenschaften.

Eigmüller, M. 2010. Räume und Grenzen in Europa: Der Mehrwert soziologischer Grenz- und Raumforschung für die Europasoziologie. In *Gesellschaftstheorie und Europapolitik: Sozialwissenschaftliche Ansätze zur Europaforschung*, Hrsg. M. Eigmüller und S. Mau, 133–141. Wiesbaden: VS Verlag für Sozialwissenschaften.

Eigmüller, M., und G. Vobruba. 2011. Selektive Grenzöffnung im Rahmen der Europäischen Nachbarschaftspolitik. In *Migration, Integration und europäische Grenzpolitik*, Hrsg. M. H. Möllers, 111–127. Frankfurt a. M.: Verlag für Polizeiwissenschaft.

Felder, M. 2001. *Die Transformation von Staatlichkeit: Europäisierung und Bürokratisierung in der Organisationsgesellschaft*. Wiesbaden: Westdeutscher Verlag.

Gerlich, P. 2007. Machtverfall und Machtgewinn europäischer Nationalstaaten im Einigungsprozess. In *Der europäische Raum*, Hrsg. P. Deger und R. Hettlage, 109–122. Wiesbaden: VS Verlag für Sozialwissenschaften.

Häyrynen, M. 2009. The transboundary landscape of the EU-Schengen border. *Journal of Borderlands Studies* 24 (2): 57–61.

Kasparek, B. 2013. Von Schengen nach Lampedusa, Ceuta und Piräus: Grenzpolitiken der Europäischen Union. *Aus Politik und Zeitgeschichte* 63 (47): 39–45.

Kostadinova, V. 2012. Neo-functionalism, the commision and the construction of the EUs external borders. In *The EU's shifting borders: Theoretical approaches and policy implications in the new neighbourhood*, Hrsg. K. Bachmann und E. Stadtmüller, 28–41. Abingdon: Routledge.

Kunnert, G. 2009. Touristen aus EU-Drittstaaten als potentielle Terroristen?: Ein kritischer Blick auf Ursprünge, Entwicklung und aktuelle Tendenzen der EU-Außengrenzpolitik. In *Grenzen in Europa*, Hrsg. M. Gehler und A. Pudlat, 211–268. Hildesheim: Olms.

Laube, L. 2013. *Grenzkontrollen jenseits nationaler Territorien: Die Praktiken liberaler Staaten zur Steuerung globaler Mobilität*. Frankfurt a. M.: Campus.

Masala, C. 2004. Italien. In *Europa-Handbuch: Band II: Die Staatenwelt Europas*, Hrsg. W. Weidenfeld, 192–204. Gütersloh: Bertelsmann Stiftung.

Mau, S., L. Laube, C. Roos, und S. Wrobel. 2008. Grenzen in der globalisierten Welt: Selektivität, Internationalisierung, Exterritorialisierung. *Leviathan: Berliner Zeitschrift für Sozialwissenschaft* 36 (1): 123–140.

McMahon, S. 2012. North African migration and Europe's contextual mediterranean border in light of the lampedusa migrant crisis of 2011. EUI Working Paper SPS (07).

Rumford, C. 2007. Does Europe have cosmopolitan borders? *Globalizations* 4 (3): 327–339.

Sturm, R., und H. Pehle. 2012. *Das neue deutsche Regierungssystem: Die Europäisierung von Institutionen, Entscheidungsprozessen und Politikfeldern in der Bundesrepublik Deutschland*. Wiesbaden: VS Verlag für Sozialwissenschaften.

Tohidipur, T., und A. Fischer-Lescano. 2008. Europäisches Grenzmanagement: Handlungsrahmen der Grenzschutzagentur Frontex. In *Jahrbuch Öffentliche Sicherheit 2008/2009*, Hrsg. M. H. Möllers und R. C. van Ooyen, 505–516. Frankfurt a. M.: Verlag für Polizeiwissenschaft.

Vobruba, G. 2007. *Die Dynamik Europas*. Wiesbaden: VS Verlag für Sozialwissenschaften.

Vobruba, G. 2012. *Der postnationale Raum: Transformation von Souveränität und Grenzen in Europa*. Weinheim: Beltz Juventa.

Walters, W. 2011. Mapping Schengenland. In *Biopolitik – in der Debatte*, Hrsg. T. Atzert, S. Karakayali, M. Pieper, und V. Tsianos, 305–337. Wiesbaden: VS Verlag für Sozialwissenschaften.

Winn, N. 2000. In search of Europe's internal and external borders: Politics, security, identity and the European union. *Perspectives on European Politics and Society* 1 (1): 19–48.

Zaiotti, R. 2011. *Cultures of border control: Schengen and the evolution of European frontiers*. Chicago: University of Chicago Press.

Primärquellen

Alfano, A. 2013. L'Italia non può accogliere tutti. http://www.angelinoalfano.it/s6-attivita/17196/angelino-alfano-litalia-puo-accogliere. Zugegriffen: 4. April 2014.

ASCA. 2013. Schengen: Bizzotto (Lega Nord), Una riforma che non cambia niente. http://www.asca.it/newsSchengen__Bizzotto_(Lega_Nord)__una_riforma_che_non_cambia_niente-1287045.html. Zugegriffen: 4. April 2014.

Berlusconi, S., und N. Sarkozy. 2011. Dall'immigrazione rischio di grave crisi: La lettera congiunta Berlusconi – Sarkozy a Herman Van Rompuy, presidente del Consiglio Europeo e a Jose' Manuel Barroso, presidente della Commissione Europea, in merito al Trattato di Schengen e ai femomeni migratori. http://www.ilpopolodellaliberta.it/notizie/20575/berlusconi-sarcozy. Zugegriffen: 4. April 2014.

Bundesministerium des Innern. 2013a. Bundesinnenminister Friedrich begrüßt Einigung zwischen Rat und Europaparlament zur Reform des Schengenraums. http://www.bmi.bund.de/SharedDocs/Pressemitteilungen/DE/2013/05/ji.html. Zugegriffen: 4. April 2014.

Bundesministerium des Innern. 2013b. Innenpolitische Bilanz 2009–2013. https://www.bmi.bund.de/SharedDocs/Downloads/DE/Ministerium/innenpolitische_bilanz.pdf?__blob=publicationFile. Zugegriffen: 4. April 2014.

Bundesministerium des Innern. 2013c. Schengen-Governance-Mechanismus beschlossen: Pressemitteilung 08.10.2013. Berlin. www.bmi.bund.de/SharedDocs/Pressemitteilungen/DE/2013/10/schengen.html 1/. Zugegriffen: 6. Dez. 2013.

Comitato parlamentare di controllo sull'attuazione dell'Accordo di Schengen, di vigilanza sull'attività di Europol, di controllo e vigilanza in materia di immigrazione (Comitato Accordo Schengen). 2012. Audizione del Ministro dell'Interno, Anna Maria Cancellieri, nell'ambito dell'indagine conoscitiva sul diritto di asilo, immigrazione ed integrazione in Europa. http://www.camera.it/_dati/leg16/lavori/stenbic/30/2012/0925/s020.htm. Zugegriffen: 4. April 2014.

Comitato accordo di controllo sull'attuazione dell'Accordo di Schengen, di vigilanza sull'attività di Europol, di controllo e vigilanza in materia di immigrazione (Comitato Accordo Schengen). 2013. Documento approvato dal Comitato accordo di controllo sull'attuazione dell'Accordo di Schengen, di vigilanza sull'attività di Europol, di controllo e vigilanza in materia di immigrazione. http://www.camera.it/_dati/leg16/lavori/documentiparlamentari/indiceetesti/017bis/011/pdfel.htm. Zugegriffen: 4. April 2014.

Europäisches Parlament. 2013. Änderung der Verordnung (EG) Nr. 562/2006 zwecks Festlegung einer gemeinsamen Regelung für die vorübergehende Wiedereinführung von

Kontrollen an den Binnengrenzen unter außergewöhnlichen Umständen (A7-0200/2012–
Renate Weber): Plenardebatte. Straßburg. http://www.europarl.europa.eu/sides/getDoc.
do?pubRef=//EP//TEXT+CRE+20130612+ITEM-00912+DOC+XML+V0//DE&language=DE. Zugegriffen: 4. April 2014.

Fraktion der Sozialdemokraten im Europäischen Parlament. 2013. „So stärken wir das
Grundrecht auf Freizügigkeit": Europaparlament stimmt Reform der Schengen-Regeln
zu. http://birgit-sippel.de/So_staerken_wir_das_Grundrecht_auf_Freizuegigkeit__Europaparlament_stimmt_Reform_der_Schengen-Regeln.html. Zugegriffen: 12. Okt. 2013.

Friedrich, H.-P. 2012. Eine Führung für das Schengen-Europa: Gastbeitrag von Bundesinnenminister Dr. Hans-Peter Friedrich am 17.03.2012 In Le Figaro. http://www.bmi.bund.
de/SharedDocs/Interviews/DE/2012/03/bm_le_figaro.html. Zugegriffen: 4. April 2014.

Gammelin, C. 2012. Berlin und Paris wollen Grenzkontrollen zurück. Süddeutsche Zeitung
20. April. http://www.sueddeutsche.de/politik/illegale-zuwanderung-berlin-und-paris-
wollen-grenzkontrollen-zurueck-1.1337155. Zugegriffen: 4. April 2014.

Graf Lambsdorff, A. 2011. Die Lunte an Europa gelegt. Spiegel online 29. April. http://www.
spiegel.de/politik/ausland/debatte-ueber-grenzkontrollen-die-lunte-an-europagelegt. Zugegriffen: 10. Okt. 2013.

Harms, R. 2012. Schengen – Europa ohne Grenzen: Rebecca Harms und Dany Cohn-Bendit
appellieren an die europäische Vernunft in der Diskussion um die Aufweichung der Schengen-Regeln. http://www.rebecca-harms.de/index.php/lesen/suche#:GEHH6KX16T. Zugegriffen: 4. April 2014.

Hewitt, G. 2011. France and Italy push for reform of Schengen treaty. http://www.bbc.co.uk/
news/world-europe-13189682?print=true. Zugegriffen: 4. April 2014.

Jelpke, U. 2013. Schengen-Reform ist Armutszeugnis für die EU. http://www.linksfraktion.
de/pressemitteilungen/schengen-reform-armutszeugnis-eu/. Zugegriffen: 4. April 2014.

Keller, F. 2013. Grüne gegen Aufweichung der Schengenregeln. LIBE-Blitzlicht. http://
www.ska-keller.de/images/stories/themes/migration/pdf/LIBE-Blitzlicht%2zum%20
neuen%20Schengenabkommen.pdf. Zugegriffen: 4. April 2014.

Kitzler, J.-C. 2011. Von Massenflucht kann derzeit keine Rede sein: Flüchtlinge auf Lampedusa: Bundesinnenminister Friedrich sieht Italien in der Verantwortung. Deutschland-
radio Kultur – Interview. http://www.deutschlandradiokultur.de/von-massenflucht-kann-
derzeit-keine-rede-sein.1008.de.html?dram:article_id=163937. Zugegriffen: 4. April
2014.

Lutz, M. 2011. Flüchtlinge sollen nicht nach Deutschland: Bundesinnenminister Friedrich
(CSU): „Italien muss sein Problem selbst regeln". Die Welt 11. April. http://www.welt.
de/print/die_welt/politik/article13134954/Fluechtlinge-sollen-nicht-nach-Deutschland.
html. Zugegriffen: 4. April 2014.

Rat der Europäischen Union. 2011a. Rat für Justiz und Inneres – Februar 2011: Arrival and
doorstep IT (Maroni). http://tvnewsroom.consilium.europa.eu/event/justice-and-home-
affairs-council-february-2011/arrival-and-doorstep-it-maroni-1. Zugegriffen: 4. April
2014.

Rat der Europäischen Union. 2011b. Rat für Justiz und Inneres – April 2011: Arrival and
doorstep DE (Friedrich). http://tvnewsroom.consilium.europa.eu/event/justice-and-ho-
me-affairs-council-april-2011/arrival-and-doorstep-de-friedrich. Zugegriffen: 4. April
2014.

Rat der Europäischen Union. 2012a. Rat für Justiz und Inneres – Juni 2012: National briefing: Germany. http://tvnewsroom.consilium.europa.eu/event/justice-and-home-affairs-

council-june-2012/national-briefing-germany-part-16#/event-media.   Zugegriffen: 4.
April 2014.
Rat der Europäischen Union. 2012b. Rat für Justiz und Inneres – Juni 2012: National brie-
fing: France.   http://tvnewsroom.consilium.europa.eu/event/justice-and-home-affairs-
council-june-2012/national-briefing-france-part-125. Zugegriffen: 4. April 2014.
Rat der Europäischen Union. 2013a. Abstimmungsergebnis. Verordnung des Europäischen
Parlaments und des Rates zur Änderung der Verordnung (EG) Nr. 562/2006 zwecks
Festlegung einer gemeinsamen Regelung für die vorübergehende Wiedereinführung von
Kontrollen an den Binnengrenzen unter außergewöhnlichen Umständen. Interinstitutio-
nelles Dossier 2011/0242 (COD)(14516/13).
Rat der Europäischen Union. 2013b. Council adopts the Schengen Governance legislative
package. Luxembourg. http://www.consilium.europa.eu/uedocs/cms_data/docs/pressda-
ta/en/jha/138922.pdf. Zugegriffen: 6. Dez. 2013.

„Differenzierte Integration" als Lösung europäischer Integrationskrisen

6

Anja Riedeberger

6.1 Einleitung

Der europäische Integrationsprozess ist ein historisches Projekt, das sich vor allem durch seinen unvergleichlichen Erfolg auszeichnet. So ist es in nur 60 Jahren gelungen, eine Europäische Union (EU) aufzubauen, in deren Rahmen heute 28 europäische Nationalstaaten in vielen wesentlichen Bereichen ihrer politischen Souveränität zusammenarbeiten. Die Europäische Union versteht sich dabei als Garant für die friedliche Zukunft unseres einstmals durch zwei Weltkriege schwer erschütterten Kontinents und gerade die aktuellen Unruhen in der Ukraine zeigen, wie wichtig ein geschlossenes Auftreten der europäischen Nationalstaaten für die europäische und globale Entwicklung ist.

Seit 2009 wird die Europäische Union allerdings von einer internen, als „Euro-Krise" bezeichneten, Staatsschulden-, Banken- und Wirtschaftskrise stark belastet (Illing 2013; Preunkert und Vobruba 2013; Vobruba 2012). Dabei gehen einige Europawissenschaftler sogar davon aus, dass die Zukunft des europäischen Integrationsprojektes auf Grund der tiefgreifenden Auswirkungen dieser Krise insgesamt in Frage gestellt wird. So argumentiert beispielsweise Werner Weidefeld, die Euro-Krise habe das Fundament der europäischen Integration derart schwerwiegend erschüttert, dass die wichtigste Aufgabe der Europapolitik aktuell darin

A. Riedeberger (✉)
Institut für Soziologie, Universität Leipzig, Beethovenstr. 15, 04107 Leipzig, Deutschland
E-Mail: riedeberger@sozio.uni-leipzig.de

© Springer Fachmedien Wiesbaden 2015
J. Preunkert, G. Vobruba (Hrsg.), *Krise und Integration,*
Europa – Politik – Gesellschaft, DOI 10.1007/978-3-658-09231-3_6

besteht, die Legitimationsgrundlage der europäischen Einigung mit einer neuen identitätsstiftenden Zielprojektion wieder zu festigen (Weidenfeld 2012). Dieser Argumentation steht die historische Tatsache entgegen, dass der europäische Integrationsprozess seit seinen Anfängen immer wieder von vergleichbar schwerwiegenden Krisen und unterschiedlichen Problemen belastet wurde. So scheiterte bereits die Gründung des Vereinten Europas in den 1940er Jahren mehrfach an den starken integrationspolitischen und weltanschaulichen Kämpfen. Auch der Bereich der wirtschafts- und währungspolitischen Integration erlebte zahlreiche Krisen und Rückschläge, so dass eine erfolgreiche Entwicklung dieses Politikfeldes über viele Jahrzehnte hinweg auf Grund politischer Unstimmigkeiten und materieller Problemlagen nicht möglich zu sein schien. Dieses Entwicklungsmuster kennzeichnet zahlreiche Politikfelder der europäischen Integration und kann beispielsweise auch für die Europäische Sozialpolitik oder die Europäische Außen- und Sicherheitspolitik nachgewiesen werden. Schließlich zeigt auch das Schicksal des Europäischen Verfassungsvertrages, dass Krisen und Momente des Scheiterns wesentliche und prägende Merkmale in der Geschichte der europäischen Integration darstellen.

Eine nähere Betrachtung dieser europäischen Krisen zeigt, dass sie aus einem spezifischen Spannungsverhältnis von Einheitlichkeit und Vielfalt resultieren, das den Verlauf des europäischen Integrationsprozesses kennzeichnet. So umschließt Europa auf der einen Seite eine Vielzahl von Nationalstaaten, die gravierende Unterschiede in ihrer ökonomischen Leistungsfähigkeit, ihrer politischen Tradition, ihren kulturellen Gepflogenheiten und in ihren sozialen Strukturen aufweisen. Auf der anderen Seite verfolgen diese Nationalstaaten das Ziel, eine Europäische Union zu etablieren, die eine politische, wirtschaftliche, kulturelle und soziale Einheit bildet, die sich innenpolitisch immer stärker harmonisiert und außenpolitisch als geschlossenes Subjekt auftritt. In diesem europäischen Spannungsverhältnis von Einheitlichkeit und Vielfalt entstehen notwendig immer wieder Konflikte und Krisen, und es stellt sich insgesamt die Frage, wie der Erfolg des europäischen Integrationsprojektes angesichts dieser schwierigen Rahmenbedingungen erklärt werden kann. Mit welchen politischen Strategien ist es den europapolitischen Akteuren gelungen, die starken materiellen Unterschiede und die politischen Unstimmigkeiten zwischen den europäischen Nationalstaaten in einer Europäischen Union zu vereinen, deren Mitgliedstaaten heute in wesentlichen Souveränitätsbereichen eng zusammenarbeiten?

In der vorliegenden Untersuchung soll die These vertreten werden, dass dieser Erfolg auf der Entwicklung einer Integrationsstrategie basiert, die diesem spezifischen Konfliktfeld hervorragend angepasst ist: der Strategie der differenzierten Integration. Diese These soll im Rahmen einer historischen Analyse geprüft werden, die zeigt, dass es den europapolitischen Akteuren in der Geschichte der europäischen Integration bereits mehrfach gelungen ist, schwerwiegende europäische Krisen durch die Anwendung differenzierter Strategien aufzulösen. Dabei ist diese Untersuchung vor allem deshalb von besonderer tagespolitischer Relevanz, weil in der gegenwärtigen Europapolitik verstärkt darüber diskutiert wird, die aktuelle Euro-Krise durch die Anwendung differenziert organisierter Reformen zu lösen. So argumentiert José Manuel Barroso, ehemaliger Präsident der Europäischen Kommission, im September 2011, die dringend notwendigen wirtschafts- und währungspolitischen Reformen könnten angesichts der Blockadehaltung einiger Mitgliedstaaten nur durch die Anwendung differenzierter Integrationsstrategien umgesetzt werden: „Es steht den Mitgliedstaaten selbstverständlich frei, Entscheidungen nicht mitzutragen. Das ist, wie es so schön heißt, eine Frage der nationalen Souveränität. Sie haben aber nicht das Recht, die anderen am Voranschreiten zu hindern. Auch die anderen Staaten sind souverän, und wenn sie voranschreiten wollen, sollten sie das tun dürfen." (Barroso 2011, S. 7; auch Habermas 2011, S. 109 ff.; Hüther 2011, S. 2).

Der bisher in der Europaforschung noch nicht erbrachte Nachweis, dass die Strategie der differenzierten Integration bei der Bewältigung ähnlicher Krisen bereits in der Vergangenheit mit Erfolg angewendet wurde, könnte diesen Überlegungen ein empirisches Fundament verleihen und dazu beitragen, den Weg für differenziert strukturierte Reformen weiter zu öffnen. Deshalb soll im ersten Abschnitt durch eine Analyse des europapolitischen Diskurses an einigen Beispielen zunächst gezeigt werden, dass die differenzierte Integrationsstrategie von den politischen Akteuren tatsächlich als Lösungsansatz für europäische Integrationskrisen entwickelt wurde. Nach einer begrifflichen Systematisierung der differenzierten Integration geht es im Anschluss um die Frage, inwieweit diese Strategie in der realpolitischen Krisenbewältigung tatsächlich angewandt wurde und zu welchen Ergebnissen diese Versuche führten.

6.2 Die differenzierte Integration im europapolitischen Diskurs

Im Nachfolgenden soll anhand von drei historischen Integrationskrisen gezeigt werden, dass die europapolitischen Akteure bereits früher differenzierte Integrationsstrategien als Lösungsansatz für europäische Krisen entwickelten. Dabei wird es auch um die Frage gehen, welche Motive dieser Integrationspolitik zu Grunde lagen und welche Differenzierungsformen dabei entstanden.

6.2.1   Die Gründungskrisen des Vereinten Europas

Bereits die Gründung des Vereinten Europa ist durch zahlreiche Krisen und lange
Phasen der Stagnation geprägt. Die ersten Versuche, die europäischen Nationalstaaten in einem Maße zu vereinen, das inhaltlich und strukturell mit der heutigen
Europäischen Union vergleichbar ist, werden bereits in den 1920er Jahren von
der Paneuropabewegung unternommen (Coudenhove-Kalergi 1931). Die Verwirklichung dieser Idee scheitert in den darauffolgenden Jahren allerdings an politischen Unstimmigkeiten und gesamtgesellschaftlichen Krisen. So unterliegen die
politischen Bemühungen der Paneuropabewegung schließlich der zunehmenden
Nationalisierung, die 1939 in den Zweiten Weltkrieg mündet. Bereits während
der Kriegszeit entstehen allerdings erneut verschiedene europapolitische Bewegungen, die ein Gegengewicht zur nationalsozialistischen Vision eines Vereinten
Europa (NSDAP 1942) bilden wollen und nach dem Ende des Zweiten Weltkrieges
eine wahre Europa-Euphorie hervorrufen. Sowohl föderalistische, katholische als
auch sozialistische und konservative Gruppen sind von der unbedingten Notwendigkeit eines Einheitlichen Europas überzeugt; über die konkrete Gestaltung dieser Union wird in den Nachkriegsjahren allerdings heftig debattiert und gestritten
(Sandys 1947; Spinelli und Rossi 1941; Union Europäischer Föderalisten (UEF)
1946). Auf Grund dieser anhaltenden Differenzen, die bis in die Regierungspolitik
hineinreichen, scheint die Gründung eines Vereinten Europa nach dem Zweiten
Weltkrieg erneut zu scheitern. Angesichts dieser Stagnation und der anhaltenden
europapolitischen und weltanschaulichen Unstimmigkeiten entwickelt Winston
Churchill 1946 erstmals die Idee differenzierter Integration. Wenn die Gründung
eines einheitlichen, alle europäischen Staaten umfassenden Europa aktuell nicht
möglich ist, so argumentiert Churchill, könnte sich zunächst eine Gruppe von in-
tegrationswilligen Staaten zusammenschließen, die als Integrationsavantgarde den
Weg für die nachfolgenden Staaten eröffnen: „If at first all the States of Europe are
not willing or able to join a union we must nevertheless proceed to assemble and
combine those who will and who can." (Churchill 1946).

In diesem Sinne gründen Belgien, Dänemark, Frankreich, Großbritannien,
Italien, Luxemburg und die Niederlande 1949 den Europarat, der als „Schwung-
rad der europäischen Einigung" fungieren und zur Entstehung einer Union aller
europäischen Staaten beitragen soll. Bereits nach kurzer Zeit zeigt sich allerdings,
dass der Europarat auf Grund interner politischer Differenzen insgesamt kaum
handlungsfähig ist und dieses Ziel letztlich nicht erreichen kann. Für viele Euro-
paaktivisten verdeutlicht die Entwicklung des Europarates, dass selbst zwischen
dieser geringen Anzahl an Nationalstaaten keine kontinuierliche Zusammenarbeit
möglich zu sein scheint und auch die erhoffte Einheit aller europäischen Staaten

damit in weite Ferne rückt. Die Idee eines Vereinten Europa gerät damit in eine nachhaltige Krise und viele Europagruppen lösen sich zum Ende der 1940er Jahre wieder auf (Brunn 2004, S. 73; Schneider 1998, S. 232 ff.; Wessels 1977, S. 60). In dieser Situation entwickelt Jean Monnet, der damalige Leiter des französischen Planungsamtes, das Konzept eines nicht nur territorial, sondern auch sektoral differenzierten Europa. Ähnlich wie Churchill geht er davon aus, dass die Gründung eines Einheitlichen Europa, das alle europäischen Nationalstaaten und alle politischen Bereiche umfasst, zur damaligen Zeit nicht möglich ist. Er schlägt 1950 deshalb die Gründung einer europäischen Gemeinschaft vor, die in ihrer Mitgliederzahl und ihrer politischen Reichweite zunächst eng begrenzt ist, langfristig aber als Integrationsavantgarde voranschreiten soll: „Europa kann nicht auf einmal oder als ein umfassender Bau entstehen. Es wird kommen, wenn konkrete Leistungen zunächst eine tatsächliche Verbundenheit schaffen [...]. Zu diesem Zweck beabsichtigt die französische Regierung, auf einem zwar begrenzten, aber entscheidenden Gebiet sofort Maßnahmen zu ergreifen." (Schuman 1950, S. 2 f.).

Monnets Konzept wird, wie das vorangehende Zitat zeigt, wenig später zur Grundlage für die gemeinsam mit Robert Schuman entwickelte Idee, eine europäische Montanunion zu begründen. Dabei hoffen Monnet und Schuman, dass die Zusammenarbeit einiger europäischer Staaten im Sektor der Montanindustrie eine konkrete Verbundenheit und Abhängigkeit zwischen diesen Staaten etabliert und sich so ein Fundament für eine gesamteuropäische Gemeinschaft entwickelt.

Wie diese Ausführungen zeigen, wurde die Idee eines differenziert organisierten Europa von verschiedenen politischen Akteuren bereits vor der eigentlichen Gründung der europäischen Gemeinschaften entwickelt. Churchill und Monnet sehen in der Anwendung differenzierter Strategien dabei einen geeigneten Lösungsansatz, um die Krisen und die Stagnation der Gründungsphase zu überwinden und die Vereinheitlichung der europäischen Nationalstaaten trotz anhaltender politischer Unstimmigkeiten zu ermöglichen.

6.2.2 Politische Konzepte einer differenzierten Integration der Europäischen Wirtschafts- und Währungsunion

1957 beschließen die Gründungsstaaten der Europäischen Wirtschaftsgemeinschaft (EWG), Belgien, Deutschland, Frankreich, Italien, Luxemburg und die Niederlande, die langfristige Etablierung einer Europäischen Wirtschafts- und Währungsunion (WWU) und verankern im EWG-Vertrag zunächst eine „Koordination der Wirtschafts- und Währungspolitik". Konkret können sich die Mitgliedstaaten zu diesem Zeitpunkt allerdings nur auf ein sehr niedriges Koordinationsniveau ei-

nigen. So sieht der Vertrag hier lediglich eine Zusammenarbeit der Verwaltungs-
stellen und der Zentralbanken sowie die Einsetzung eines beratenden Währungs-
ausschusses (EWGV, Artikel 105) vor. Die Wirtschafts- und Währungspolitik ver-
bleibt damit generell in den Händen der Mitgliedstaaten, die sich lediglich dazu
verpflichten, mit eigenen Mitteln eine gemeinsame Zielsetzung zu verfolgen:
„Jeder Mitgliedstaat betreibt die Wirtschaftspolitik, die erforderlich ist, um unter
Wahrung eines hohen Beschäftigungstandes und eines stabilen Preisniveaus das
Gleichgewicht seiner Gesamtbilanz zu sichern und das Vertrauen in seine Währung
aufrechtzuerhalten." (EWGV, Artikel 104).

Bereits diese Regelung im EWG-Vertrag zeigt, dass die Entwicklung der wirt-
schafts- und währungspolitischen Integration von sehr widersprüchlichen Motiven
geprägt ist. Auf der einen Seite entwickeln die Mitgliedstaaten schon frühzeitig
den Wunsch zu einer wirtschafts- und währungspolitischen Integration und greifen
diese Idee im Verlauf der europäischen Entwicklung immer wieder ambitioniert
auf. Auf der anderen Seite zögern sie bei der konkreten Übertragung von wirt-
schafts- und währungspolitischen Kompetenzen auf die europäische Ebene und
können sich über die konkrete politische Gestaltung einer WWU nicht einigen.
Wie die folgenden Ausführungen verdeutlichen, ist die wirtschafts- und währungspolitische Integration deshalb eine der konflikt- und krisenreichsten Integrations-
linien der europäischen Geschichte.

1969 beschließen die Staats- und Regierungschefs auf dem Haager Gipfeltref-
fen erneut, die Integrationsentwicklung im wirtschafts- und währungspolitischen
Bereich stärker voranzubringen, und vereinbaren die zeitnahe Gründung einer
Europäischen Wirtschafts- und Währungsunion. Zu diesem Zweck beauftragen sie
den damaligen luxemburgischen Finanzminister Pierre Werner, einen detaillierten
Plan zur Verwirklichung einer WWU zu erarbeiten (Werner-Plan). Auf Grund von
starken Differenzen der wirtschafts- und währungspolitischen Standpunkte der
Mitgliedstaaten und durch externe Probleme, wie den Ölpreisschock 1973, scheitert die Umsetzung des Werner-Plans allerdings, und die Mitgliedstaaten kommen
bereits 1974 zu dem Resümee, dass die baldige Gründung einer Europäischen Wirt-
schafts- und Währungsunion nicht möglich sein wird (Kellerbauer 2003, S. 27 ff.;
Pfetsch 2001; Schneider 1977a, S. 13 ff.). In dieser historischen Situation fordert
Willy Brandt am 19. November 1974 in einer Rede vor der „Organisation Française
du Mouvement Européen" in Paris, die Stagnation der wirtschafts- und währungspolitischen Integration durch die Anwendung differenzierter Integrationsstrategien
zu beenden: „Die Gemeinschaft sollte sich […] die Einsicht zu eigen machen, daß
sie nicht geschwächt, sondern gestärkt wird, wenn die ihrer Wirtschaftslage nach
objektiv stärkeren Länder die wirtschaftliche Integration voranbringen, während
andere Länder aufgrund ihrer objektiv abweichenden Lage hieran zunächst in Ab-
stufung teilnehmen." (Brandt 1974).

Auch der belgische Premierminister Leo Tindemans plädiert 1975 für eine differenziert strukturierte Gründung und Gestaltung der Europäischen Wirtschafts- und Währungsunion. Tindemans hatte 1975 von den Staats- und Regierungschefs der EWG den Auftrag erhalten, einen detaillierten Entwurf für die Gründung einer Europäischen Union zu erarbeiten. In seinem „Bericht über die Europäische Union" führt Tindemans daraufhin aus, dass essentielle Fortschritte in der wirtschafts- und währungspolitischen Integration zu dem damaligen Zeitpunkt nur durch die Anwendung differenzierter Strategien erzielt werden können: „Es ist unmöglich, heute ein glaubwürdiges Aktionsprogramm zu entwickelt, wenn man davon ausgeht, dass es absolut erforderlich ist, dass in allen Fällen alle Etappen von allen Staaten zum gleichen Zeitpunkt zurückgelegt sein müssen. Objektiv gesehen bestehen in der Wirtschafts- und Finanzlage derart große Unterschiede, dass mit dieser Forderung jeder Fortschritt unmöglich wird und Europa weiter zerfällt. Man muss sich dazu bereitfinden können: dass [...] 1. Die Staaten, welche die Möglichkeit haben, Fortschritte zu machen, auch die Pflicht haben, dies zu tun. 2. Die Staaten, welche vom Rat auf Vorschlag der Kommission als objektiv anerkannte Gründe haben, nicht weiter vorzurücken, dies nicht tun, wobei sie von den anderen Staaten Hilfe und Beistand erhalten, soweit diese dazu in der Lage sind, damit sie die anderen einholen können" (Tindemans 1975).

Brandt und Tindemans entwickeln also die Idee, zwischen der wirtschaftlichen Heterogenität der Mitgliedstaaten und den Integrationsanforderungen der Gemeinschaft durch eine Differenzierung der Integration zu vermitteln, deren Strukturen nach der wirtschaftlichen Leistungsfähigkeit der Mitgliedstaaten organisiert sein sollen. Dem Tindemans-Bericht muss dabei in der Ideengeschichte der differenzierten Integration ein besonderer Stellenwert zugesprochen werden, da es sich hier um das erste detailliert ausgearbeitete Konzept handelt, das differenzierte Integration nicht nur schlagwortartig nennt, sondern Möglichkeiten für eine konkreten Umsetzung dieser Strategie entwickelt. Obwohl Tindemans' Konzept viel Aufmerksamkeit erhält und auch in der Europaforschung mit Interesse diskutiert wird (Schneider 1977b), gelingt es den Mitgliedstaaten nicht, dieses Integrationsprojekt zu verwirklichen, und sie distanzieren sich erneut von der Etablierung einer Wirtschafts- und Währungsunion.

In den 1970er Jahren beginnen die Staats- und Regierungschefs stattdessen mit der Entwicklung von kleinen wirtschafts- und währungspolitischen Integrationsschritten, die jenseits der europäischen Verträge angesiedelt werden. Bezugnehmend auf die positiven Erfahrungen mit dem seit 1971 bestehenden Europäischen Wechselkursverbund beschließt der Europäische Rat 1978 beispielsweise die Etablierung eines Europäischen Währungssystems (EWS). Dabei verpflichten sich die Mitgliedstaaten im Rahmen des EWS vor allem, auf die Währungsstabilität in der

EWG zu achten und langfristig feste Wechselkurse zu etablieren. Diese bedächtige währungspolitische Integration wird mit der Einführung der Europäischen Währungseinheit (European currency unit) 1979 verstärkt. Als die Mitgliedstaaten das Projekt einer Europäischen Wirtschafts- und Währungsunion 1987 mit der Einheitlichen Europäischen Akte (EEA) erneut auf ihre integrationspolitische Agenda setzen, können sie dabei also bereits auf den ersten Integrationserfolgen in diesem Politikfeld aufbauen. Erneut verpflichten sie sich mit der EEA zu einer verstärkten wirtschafts- und währungspolitischen Zusammenarbeit, die in einer finalen Konvergenz der nationalen Wirtschafts- und Währungspolitiken münden soll. Da die Mitgliedstaaten dieses Ziel in den darauffolgenden Jahren allerdings erneut verfehlen, kommt der damalige Kommissionspräsident Jacques Delors 1989 zu dem Schluss: „There is one Community, but not all the members have participated fully in all its aspects from the outset. A consensus on the final objectives of the Community, as well as participation in the same set of institutions, should be maintained, while allowing for a degree of flexibility concerning the date and conditions on which some member countries would join certain arrangements." (Delors 1989).

Wie Brandt und Tindemans in den 1970er Jahren, vertritt also auch Delors die Ansicht, dass deutliche Fortschritte in der wirtschafts- und währungspolitischen Integration nur durch die Anwendung differenzierter Strategien ermöglicht werden können.

Wie hier gezeigt wurde, ist die wirtschafts- und währungspolitische Entwicklungslinie der Europäischen Gemeinschaften von zahlreichen Krisen und langen Phasen der Stagnation geprägt. So gelingt es den Mitgliedstaaten auf Grund von politischen Unstimmigkeiten und fehlenden materiellen Voraussetzungen bis zum Ende der 1980er Jahre nicht, die bereits in den 1960er Jahren geplante Errichtung einer Europäischen Wirtschafts- und Währungsunion umzusetzen. Die Ausführungen von Brandt, Tindemans und Delors haben gezeigt, dass die europapolitischen Akteure angesichts dieser wiederkehrenden Misserfolge verstärkt das Potential differenzierter Integrationsstrategien diskutieren. Dabei setzt sich zunehmend die Ansicht durch, dass die Gründung einer Europäischen Wirtschafts- und Währungsunion auf dem Weg der einheitlichen Integration nicht möglich sein wird.

6.2.3 Die europäische Osterweiterung als besondere integrationspolitische Herausforderung

Anfang der 1990er Jahre steht die noch junge Europäische Union vor einer ihrer größten Herausforderungen. Der Zusammenbruch der Sowjetunion und die darauf folgende friedliche Revolution in Osteuropa eröffnen erstmals die Möglichkeit, nun auch die osteuropäischen Staaten in die EU zu integrieren und so den ursprünglichen Traum einer gesamteuropäischen Gemeinschaft zu verwirklichen (Delors 1999). In der Europapolitik wird die Osterweiterung insgesamt äußerst positiv aufgenommen und als historische Chance für die Etablierung eines einheitlichen und friedlichen Europas gesehen. In diesem Sinne beschließt der Europäische Rat in Kopenhagen bereits 1993 die Erweiterung der Europäischen Union um die Mittel- und Osteuropäischen Länder (MOEL) (Hofreither 1998, S. 173). Gleichzeitig sehen die politischen Akteure darin aber auch eine enorme integrationspolitische Herausforderung, und einige befürchten die Entstehung von langfristigen, desintegrativen Tendenzen für die Entwicklung der Union (siehe bspw. Europäisches Parlament 1995, S. 1f). Diese Befürchtungen werden auch in der Europaforschung vertreten: „Eine sich immer mehr vertiefende Union ist eine Illusion angesichts einer Zahl von 25, 27 oder mehr Ländern, die unterschiedliche Entwicklungspfade, Entwicklungsstufen und Interessenlagen aufweisen." (Alber und Merkel 2006, S. 19).

So argumentieren viele Akteure, die Osterweiterung könne eine Überforderung der europäischen Institutionen zur Folge haben und so die Handlungs- und Integrationsfähigkeit der Union stark einschränken (Entschließung des Europäischen Parlaments über den Vertrag über die Europäische Union 1995, S. 4). Einige EU-Staaten befürchten zudem negative Auswirkungen auf ihre finanzielle, geopolitische oder machtstrukturelle Position in der EU (Kotzias 1998, S. 2). Die größten integrationspolitischen Bedenken richten sich allerdings auf die enormen sicherheitspolitischen, handelspolitischen,[1] finanzpolitischen und agrarpolitischen Unterschiede zwischen den MOE-Ländern und den EU-Staaten. So kommt die EU-Politik in ihrer strategischen Planung der Osterweiterung schnell zu dem Schluss, dass die Handlungsfähigkeit der EU unter erweiterten Bedingungen nur garantiert werden kann, wenn die politischen und materiellen Strukturen der MOEL im Rahmen einer umfassenden Reform an die Standards der EU angepasst werden. Als der rasche Erfolg dieser Reformen für viele Europawissenschaftler und -politiker allerdings im Laufe der 1990er Jahre zunehmend in Frage steht, entwickelt sich eine breite Debatte über die Frage, inwieweit die Anwendung differenzierter Integrationsstrategien die Erweiterung der Union ermöglichen und gleichzeitig ihre Handlungsfähigkeit erhalten könnte. So sprechen sich beispielsweise Wolfgang Schäuble und Karl Lamers in ihren Überlegungen zur europäischen Osterweite-

---

[1] So besteht zwischen der EU und den MOEL eine enorme handelspolitische Heterogenität, die sich beispielsweise an den unterschiedlichen Zollwerten verdeutlichen lässt. Der Zoll der EU liegt 1998 im ungewichteten Durchschnitt bei 7,2 %. Tschechien ist diesem Wert mit 8,0 % am nächsten, aber schon in Ungarn, Polen, der Slowakei und Rumänien liegt der Zoll bei 10 %, Slowenien weist sogar einen Zollsatz von 29 % auf (Fink 1998, S. 154 f.).

rung 1994 deutlich für die verstärkte Anwendung differenzierter Strategien aus: „Die Institutionen der Union müssen so weiterentwickelt werden, dass sie flexibel genug sind, um natürliche Spannungen in einer vom Nordkap bis Gibraltar reichenden Gemeinschaft auszugleichen, differenziert genug, um einer unterschiedlichen Integrationsfähigkeit (und -willigkeit) Rechnung zu tragen und andererseits fest genug, um die Handlungsfähigkeit der Union angesichts außergewöhnlich großer Herausforderungen zu stärken." (Schäuble und Lamers 1994, S. 4 f.).

Konkret fordern die Autoren, dass sich „der feste Kern von integrationsorientierten und kooperationswilligen Ländern, der sich bereits herausgebildet hat, weiter festigt." (ebd., S. 5) Von besonderem Interesse ist dabei die Tatsache, dass Schäuble und Lamers davon ausgehen, dass die Integrationsstruktur der Europäischen Union bereits differenziert gestaltet ist und sich eine feste Gruppe von Mitgliedstaaten herausgebildet hat, die als Integrationsavantgarde fungiert. Zu dieser Gruppe gehören den Autoren zufolge Deutschland, Frankreich und die Beneluxstaaten (ebd., S. 6). Auch der damalige Kommissionspräsident, Jacques Santer, betrachtet die differenzierte Integrationsstrategie 1997 als geeigneten Lösungsansatz für die Bewältigung der durch die geplante Osterweiterung hervor gerufene Problemsituation: „Ich bin mir auch bewusst, dass wir angesichts der anstehenden Erweiterung wahrscheinlich gar nicht anders können, als auf die Möglichkeiten einer stärkeren Flexibilisierung des Integrationssystems zurückzugreifen" (Santer 1997, S. 39 f.).

Im Gegensatz zu Schäuble und Lamers sollten differenzierte Integrationsstrategien seiner Meinung nach allerdings ausschließlich dafür verwendet werden, Integrationswiderstände zu überwinden und schwierige Übergänge zu bewältigen. Santer betont: „Im Interesse der Union sollten wir Differenzierungen nur als Ausnahme vorsehen." (Santer 1997, S. 40). Die von Schäuble und Lamers unterstützte dauerhafte Etablierung eines Kerneuropa schließt er damit kategorisch aus. Auch in der Europawissenschaft wird von vielen die These vertreten, der „Erweiterungskollaps der Europäischen Union" (Weidenfeld und Janning 1997, S. 9) könne nur durch differenzierte Integrationsstrategien verhindert werden: „Mit der Perspektive einer Europäischen Union von Sizilien bis zum Nordkap und vom Atlantik bis an den Bug stößt die Europäische Union an das Ende des vertrauten einzügigen Integrationsgefüges. Nötig ist ein Konzept der differenzierten Integration, das die Weiterentwicklung der Union und ihrer Entwicklung parallel ermöglicht [...] Ohne eine Anpassung ihrer Strukturen und Verfahren erweitert sich die Europäische Union zur Unregierbarkeit." (ebd., S. 147 ff.).

Diese Ausführungen stehen stellvertretend für eine breite Akzeptanz differenzierter Integrationsstrategien angesichts der geplanten Osterweiterung in den 1990er Jahren. Wie die einzelnen Beispiele zeigen, sieht die Europapolitik in der differenzierten Integration einen geeigneten Lösungsansatz, um die Osterweiterung trotz der stagnierenden Reformen in den Mittel- und Osteuropäischen Ländern planmäßig verwirklichen zu können. Die zeitlich begrenzte Differenzierung der Integration soll dabei helfen, die Handlungsfähigkeit der Union auch dann zu erhalten, wenn ihr internes Heterogenitätsniveau im Ergebnis der Osterweiterung signifikant ansteigt. Auch in diesem Fall werden differenzierte Integrationsansätze von den politischen Akteuren also als geeignete Lösungsstrategie für eine europäische Krise bewertet.

6.2.4 Zusammenfassung

Wie die vorangegangenen Beispiele gezeigt haben, ist die Europapolitik vor allem in Krisenzeiten immer wieder bereit, die Allgemeingültigkeit des paradigmatischen, einheitlichen Voranschreitens in Frage zu stellen und alternativen, differenzierten Integrationsstrategien breite Akzeptanz einzuräumen. Dieser Zusammenhang von Krisendeutung und erhöhter Akzeptanz differenzierter Strategien lässt sich dabei an zahlreichen, über die hier dargestellten Beispiele hinausgehenden Fällen nachweisen. Dazu gehören die Finalitätsdebatte 2000, das Scheitern des Verfassungsvertrages 2005 und die Euro-Krise seit 2009.

In der Geschichte der europäischen Integration wurden so zahlreiche Entwürfe eines differenzierten Europa konzipiert und unter Verwendung von Begriffen wie „Kerneuropa", „Europa der zwei Geschwindigkeiten" oder „Europa der konzentrischen Kreise" diskutiert. Auf Grund dieser Vielfalt an Begriffen und Konzepten setzt die weitere Untersuchung der realpolitischen Anwendung differenzierter Strategien eine begriffliche und systematische Klärung voraus, die einen einheitlichen und empirisch anwendbaren Begriff der differenzierten Integration liefert. Erst dann kann die Frage beantwortet werden, inwieweit die dargestellten politischen Debatten auch Einfluss auf die realpolitische Gestaltung des europäischen Integrationsprozesses ausübten und dort tatsächlich Strategien der differenzierten Integration umgesetzt wurden.

6.3 „Differenzierte Integration" als empirischer Begriff

In diesem Abschnitt soll gezeigt werden, wie es angesichts der europapolitischen Vielfalt an Bezeichnungen und Konzepten möglich ist, einen Begriff der differenzierten Integration zu entwickeln, der auf der einen Seite offen ist für diese konzeptionelle und semantische Vielfalt, auf der anderen Seite aber konkret genug, um eine empirische Analyse der realpolitischen Integrationsentwicklung anzuleiten. Den Ausgangspunkt dieser methodischen Konzeption bildet der Begriff der einheitlichen Integration.

6.3.1 Der Begriff der einheitlichen Integration

Der Prozess der europäischen Integration wird von jeher als ein Prozess der Einheitsbildung beschrieben. In seinem Ergebnis soll die Europäische Union als politische, wirtschaftliche, kulturelle und soziale Einheit entstehen. Die Etablierung einer europäischen Einheit ist deshalb jenseits der Diskussionen um ihre finale ordnungspolitische Gestaltung das zentrale Ziel der europäischen Integration. Angesichts dieser herausragenden Bedeutung einheitlicher Integration verwundert, dass diese Integrationsmethode und ihre zentralen Elemente in den Europäischen Verträgen und Dokumenten nie detailliert definiert wurden. Es finden sich stattdessen lediglich einzelne Hinweise auf das Verständnis dieser zentralen Strategie. So heißt es beispielsweise im EGKS-Vertrag: „Durch diesen Vertrag begründen die Hohen vertragsschließenden Teile unter sich eine Europäische Gemeinschaft für Kohle und Stahl; sie beruht auf einem gemeinsamen Markt, verfolgt gemeinsame Ziele und hat gemeinsame Organe." (EGKSV, Teil I, Artikel 1).

Als allgemeine Kriterien der einheitlichen Integration wird hier angeführt, dass die Mitgliedstaaten eine gemeinsame Zielsetzung verfolgen und die Gemeinschaft über eine einheitliche institutionelle Struktur verfügt. Der Gemeinsame Markt ist hier einer der Integrationsbereiche, für den diese Kriterien gelten sollen. Auch in der Europaforschung wird die Methode der einheitlichen Integration weit seltener thematisiert als Formen der Differenzierung. Auch hier lassen sich nur vereinzelt Hinweise auf die Merkmale eines einheitlichen Integrationsschrittes finden. So beschreibt Hans-Eckart Scharrer die einheitliche Integration folgendermaßen: „Eine Gemeinschaftsregelung wird von allen Mitgliedstaaten zum gleichen Zeitpunkt mit gleichem sachlichem Inhalt angewandt." (Scharrer 1984, S. 12).

Scharrer nennt hier ein zeitbezogenes Kriterium der Einheitlichkeit. Ein Integrationsschritt ist demnach nur dann einheitlich, wenn er von den Mitgliedstaaten zum gleichen Zeitpunkt vollzogen wird. Horst Krenzler fügt in seinen Ausführungen hinzu, dass nur dann von einer Einheitlichkeit gesprochen werden kann, wenn der Integrationsschritt nicht nur zum gleichen Zeitpunkt, sondern auch im gleichen Tempo vollzogen wird (Krenzler 1997, S. 1261 f.). In Orientierung an diesen einzelnen Hinweisen aus den europarechtlichen Dokumenten und den

Ausführungen der Europaforschung soll hier folgender Begriff der einheitlichen Integration gelten:

> Ein europäischer Integrationsschritt wird immer dann einheitlich vollzogen, wenn er von allen Mitgliedstaaten zur selben Zeit und im selben Tempo, mit der selben Zielsetzung, den selben Mitteln und im selben institutionellen und rechtlichen Rahmen umgesetzt wird.

Diese Definition der einheitlichen Integration bildet nun den Ausgangspunkt, um in einem zweiten Schritt einen empirischen Begriff der differenzierten Integration zu entwickeln.

6.3.2 Der Begriff der differenzierten Integration

Wie in den vorangegangenen Abschnitten am Beispiel der Entwicklung der wirtschafts- und währungspolitischen Integration gezeigt wurde, war es vor allem auf Grund von politischen Unstimmigkeiten und fehlenden materiellen Voraussetzungen nicht immer möglich, einen geplanten Integrationsschritt nach dem Modell der einheitlichen Integration umzusetzen. In diesen Krisensituationen wurde das Leitbild der Einheitlichkeit durch die europapolitischen Akteure regelmäßig in Frage gestellt und die Anwendung alternativer Integrationskonzepte erwogen, die eine Differenzierung der Integration ermöglichen sollen. Die europapolitischen Akteure haben dabei allerdings sehr unterschiedliche Differenzierungskonzepte und -begriffe entwickelt. So plädieren Schäuble und Lamers beispielsweise für die langfristige Herausbildung eines Kerneuropas, während Santer nur die selektive Anwendung von temporär und sachlich begrenzten Differenzierungen zulassen möchte. Auch in der Europaforschung wird eine enorme Vielzahl an verschiedenen Begriffen und Konzepten der differenzierten Integration vertreten. Zentral sind dabei die Begriffe der „differenzierten Integration",[2] der „abgestuften Integration",[3] „Kerneuropa"[4] und „Europa der konzentrischen Kreise".[5] Wie am Begriff der „abgestuften Integration" gezeigt werden kann, besteht in der Europaforschung zudem

---

[2] Siehe Dazu beispielsweise: Bender 2001, S. 733; Epiney 1998, S. 127; Forgó 1998, S. 43; Kellerbauer 2003, S. 24; Vobruba 2007, S. 87 f.

[3] Dazu: Fischer-Lescano und Kommer 2011, S. 4; Krenzler 1997, S. 1263; Schäfer 2007, S. 496; Vobruba 2007, S. 87 f.

[4] Forgó 1996, S. 15 f.; Krenzler 1997, S. 1266; Maass und Veit 2012, S. 5.

[5] Forgó 1996, S. 16 f.; Krenzler 1997, S. 1273 ff.; Müller-Graff 2007, S. 130; Schäfer 2007, S. 497; Vobruba 2007, S. 89.

eine enorme Bandbreite an verschiedenen Definitionen, die einander nicht selten widersprechen. So besteht nach Georg Vobruba das zentrale Merkmal einer abgestuften Integration in der Langfristigkeit der Differenzierung, die eine Gruppe von Mitgliedstaaten als Integrationsavantgarde heraushebt und sich schließlich zu einem Kerneuropa verfestigt: „‚Abgestufte Integration' bezeichnet eine Konstellation, in der eine Gruppe von Mitglieds-ländern in mehreren wesentlichen Politikbereichen tiefer integriert ist als der Rest […] Im Rahmen des Zentrum-Peripherie-Modells ist zu vermuten, dass eine solche tiefer integrierte Gruppe im Zentrum der EU zu finden ist, dass das Muster ‚abgestufte Integration' in der Praxis also ein Kerneuropa sowohl im integrationspolitischen als auch im geographischen Sinn ergibt." (Vobruba 2007, S. 87).

Auch Katrin Forgó definiert die „abgestufte Integration" im Sinne einer „geographischen Teilung der Union" in eine Gruppe von Staaten, die an allen Politikbereichen beteiligt sind und den Kern der EU bilden, und einer Gruppe, die nicht in alle Politikbereiche integriert ist (Forgó 1996, S. 15 f.). Durch die langfristige Anwendung abgestufter Integrationsstrategien entsteht deshalb auch nach Ansicht von Krenzler insgesamt ein „Europa der konzentrischen Kreise":

> Im Prinzip läuft dieses Modell […] auf ein Europa hinaus, in dem, ganz nach dem Vorbild von Maastricht, weitergehende Integrationsabkommen von einigen ‚Kern'-staaten im Rahmen der bestehenden Integrationsstruktur abgeschlossen werden. Insofern würden sich durch eine solche Entwicklung schon innerhalb der EU zwei Kreise bilden. (Krenzler 1997, S. 1266)

Diese Definition der abgestuften Integration wird nicht von allen Europaforschern geteilt. Nach Nikos Kotzias und Werner Weidenfeld beschreibt der Begriff der abgestuften Integration gerade eine Differenzierungsstruktur, die nicht dauerhaft angelegt ist. Deshalb ist die These, dass sich durch diese Strategie ein stabiles Kerneuropa herausbildet, ihrer Meinung nach nicht gerechtfertigt: „Es ist ersichtlich, dass die vertragliche Einrichtung eines harten Integrationskerns nicht mit dem Prozess einer abgestuften Integration zusammenfällt. Letztere beinhaltet vielmehr einen zeitlichen Entwicklungsprozess mit Übergangscharakter als Prozess der institutionellen Kristallisierung der jeweiligen Abweichung. In der abgestuften Integration bezieht sich die Differenzierung hauptsächlich auf die zeitliche Komponente und auf die Kategorien der Mitgliedsgruppen, die sich innerhalb derselben Bahn, aber mit unterschiedlicher Geschwindigkeit bewegen." (Kotzias 1998, S. 12).

Auch für Weidenfeld liegt das entscheidende Kriterium der abgestuften Integration in der zeitlichen Beschränkung der Differenzierung. Abgestufte Integration definiert er als „gemeinsam vereinbarte, in der Regel zeitlich beschränkte Ausnahmen von der vollen Anwendung des Gemeinschaftsrechts für einen Teil der Mit-

gliedstaaten." (Weidenfeld und Janning 1997, S. 151 f.) Diese Form der zeitlich begrenzten Differenzierung, die Kotzias und Weidenfeld als „abgestufte Integration"
bezeichnen, fassen die meisten Autoren allerdings unter dem Begriff „Europa der
verschiedenen Geschwindigkeiten" oder „Europa mehrerer Geschwindigkeiten"
zusammen (Krenzler 1997, S. 1264).

Dieser Ausschnitt aus der europapolitischen und europawissenschaftlichen Diskussion zeigt deutlich, dass sich diese Vielfalt an Bezeichnungen und Definitionen
als Ausgangspunkt für die Entwicklung eines empirischen Begriffs der differenzierten Integration nicht eignet. So setzt die Identifikation von europäischen Integrationsschritten, die nicht einheitlich, sondern differenziert strukturiert sind, einen
festen Katalog an empirischen Parametern voraus, die eine solche Klassifizierung
anleiten können. Methodologisch stellt sich also die Frage, durch welche empirischen Kriterien ein europäischer Integrationsschritt als „differenziert" klassifiziert
werden kann.

Jenseits der genannten Defizite der konkreten Begriffsbildung gibt die aktuelle Forschung einen entscheidenden Hinweis zur Lösung dieser methodologischen
Herausforderung. So verweist der Begriff der „nicht-einheitlichen Integration" von
Georg Vobruba auf die Tatsache, dass es sich bei allen Konzepten der differenzierten Integration um eine Abweichung vom Prinzip der einheitlichen Integration
handelt. Dieses Begriffsverständnis eröffnet den Weg zu einer empirisch gehalt-
vollen Definition der nicht-einheitlichen Integration. Demnach kann ein Integrationsschritt immer dann als nicht-einheitlich klassifiziert werden, wenn mindestens
eines der fünf Kriterien der einheitlichen Integration nicht erfüllt wird. Daraus ergibt sich folgende Definition:

> Ein europäischer Integrationsschritt wird immer dann differenziert vollzogen, wenn
> er mindestens ein Kriterium der einheitlichen Integration nicht erfüllt.

Nach der vorangegangenen Definition weist ein einheitlicher Integrationsschritt
insgesamt fünf Kriterien auf: die selbe Zeit und das selbe Tempo, die selben Mittel, die selbe Zielsetzung und den selben institutionellen und rechtlichen Rahmen.
Eine Differenzierung liegt demnach immer dann vor, wenn mindestens eines dieser
Kriterien von mindestens einem Mitgliedstaat nicht oder in anderer Weise umgesetzt wird. So könnte einem Mitgliedstaat auf Grund fehlender Voraussetzungen
beispielsweise für die Umsetzung eines Integrationsschrittes eine besondere Frist
eingeräumt werden. Es ist auch denkbar, dass einer Gruppe von Mitgliedstaaten in
Form von Subventionen besondere Mittel zur Verwirklichung eines Integrationsschrittes zugesprochen werden. In beiden Fällen wird ein Kriterium der einheitlichen Integration nicht von allen Mitgliedstaaten erfüllt und es findet eine Differenzierung der europäischen Integrationsstruktur statt.

6.3.3 Zusammenfassung

Die vorliegende Forschungsfrage setzt ein methodisches Konzept voraus, das eine exakte Identifikation und Unterscheidung von einheitlichen und differenzierten Integrationsschritten ermöglicht. Denn nur im Rahmen einer solchen Analyse kann die Frage beantwortet werden, inwieweit die europäischen Integrationskrisen durch die Anwendung differenzierter Strategien gelöst wurden. Wenn sich im Rahmen der vorliegenden Untersuchen zeigen lässt, dass die differenzierte Integration bereits in der Vergangenheit erfolgreich als Lösungsstrategie für europäische Integrationskrisen angewandt wurde, würde dies die Argumentation empirisch untermauern, differenzierte Strategien auch zur Lösung der aktuellen Euro-Krise einzusetzen. Die begriffliche und konzeptionelle Vielfalt, die in der Europapolitik und der Europaforschung bisher entwickelt wurden, kann diesen methodischen Anforderungen nicht genügen, da sie bisher keinen festen Katalog von Kriterien aufweist, die eine umfassende Analyse der europäischen Integrationsschritte erlauben würden. Mit dem hier vorgelegten Konzept der „einheitlichen" und „nicht-einheitlichen" Integration ist es gelungen, die verschiedenen begrifflichen Aspekte der Europaforschung in einem empirisch anwendbaren Begriffssystem zu bündeln und so eine aussagekräftige Analyse der europäischen Integrationsschritte zu ermöglichen.

6.4 „Differenzierte Integration" als Lösungsstrategie für europäische Integrationskrisen?

In diesem Abschnitt soll nun der Frage nachgegangen werden, inwieweit die europapolitischen Akteure versucht haben, die drei oben dargestellten Integrationskrisen tatsächlich durch die Anwendung differenzierter Strategien zu lösen, und mit welchem Erfolg diese Versuche gegebenenfalls unternommen wurden.

6.4.1 Die differenzierte Gründung des Vereinten Europa

Die Gründung eines Vereinten Europa scheiterte vor und nach dem Zweiten Weltkrieg immer wieder an politischen Unstimmigkeiten und fehlender Entschlossenheit. So entwickelten Winston Churchill und vor allem Jean Monnet die Idee, die Gründung des Vereinten Europa nicht einheitlich, also alle europäischen Staaten und alle politischen Ebenen umfassend zu gestalten, sondern eine Gemeinschaft zu begründen, die zunächst in ihrer Mitgliederzahl und ihrer politischen Reichweite differenziert strukturiert ist. Wie nachfolgend gezeigt werden soll, basiert die Entstehung der heutigen Europäischen Union tatsächlich maßgeblich auf der Anwendung dieser differenzierten Gründungsstrategie. So bildet Monnets Idee 1950 die Grundlage für den Entwurf einer Europäischen Gemeinschaft für Kohle und Stahl (EGKS), wie er von Robert Schuman, dem damaligen französischen Außenminister, im sogenannten „Schumanplan" formuliert wurde: „Die französische Regierung schlägt daher vor, die gesamte französisch-deutsche Kohle- und Stahlerzeugung in einer den anderen europäischen Ländern offenstehenden Organisation einer gemeinsamen Hohen Behörde zu unterstellen. Das Zusammenlegen der Kohle- und Stahlerzeugung wird zwangsläufig zur ersten Etappe des Europäischen Staatenbundes, der sofortigen Schaffung gemeinsamer Grundlagen für den Ausbau der Wirtschaft, und zu einem Wandel im Geschick dieser Länder führen [...] Durch die Zusammenfassung der Grundproduktionen und die Errichtung einer neuen Hohen Behörde, an deren Entscheidungen Frankreich, Deutschland und die beitretenden Länder gebunden sind, schafft dieser Vorschlag die ersten festen Grundlagen zu einer für die Erhaltung des Friedens unerläßlichen Europäischen Föderation." (Schuman 1950, S. 2 f.).

Diese französische Initiative wird von sechs europäischen Staaten aufgegriffen und führt 1952 zur Unterzeichnung des Vertrages zur Gründung der Europäischen Gemeinschaft für Kohle und Stahl durch Deutschland, Frankreich, Italien und die Beneluxstaaten. Die EGKS versteht sich nicht nur als industrielles Bündnis, sondern betont bereits in der Präambel des Gründungsvertrages, dass mit dieser Montanunion auch „der erste Grundstein für eine weitere und vertiefte Gemeinschaft unter Völkern" (EGKSV, Präambel) gelegt werden soll. Wie die weitere Entwicklungsgeschichte der europäischen Integration zeigt, konnten die Mitgliedstaaten diese Zielsetzung schon nach kurzer Zeit verwirklichen. So erweist sich die EGKS vor allem durch ihre Kombination von supranationalen und intergouvernementalen Strukturelementen als so erfolgreich, dass bereits 1957 mit der Gründung der Europäischen Atomgemeinschaft und der Europäischen Wirtschaftsgemeinschaft zwei weitere Bündnisse nach diesem Vorbild ins Leben gerufen werden. Mit der ersten Erweiterung dieser Gemeinschaften 1973 um Dänemark, Großbritannien und Irland beginnt schließlich auch die Integration weiterer Mitgliedstaaten, die bis heute nicht abgeschlossen ist. Durch die Zusammenführung dieser einzelnen europäischen Gemeinschaften in einer umfassenden Europäischen Union gewann der europäische Integrationsprozess 1992 schließlich die Richtung und die Struktur, die er bis heute aufweist.

Für die Fragestellung der vorliegenden Untersuchung ist in diesem Kontext vor allem die Tatsache bedeutsam, dass die Gründung der EGKS als erster Fall der differenzierten Integration in der europäischen Entwicklungsgeschichte gesehen werden muss. Da die Integration aller europäischen Staaten in den 1940er Jahren vor allem auf Grund der anhaltenden politischen Differenzen nicht möglich war, bildet sich mit der EGKS zunächst eine Integrationsavantgarde von sechs europäischen Staaten, die den Grundstein für eine erfolgreiche europäische Integration legt. Die erste Differenzierung im europäischen Integrationsprozess findet damit zwar nicht innerhalb einer europäischen Gemeinschaft statt, aber sie teilt das geographische und politische Europa. So deutet auch Wessels die Gründung dieses „Kleineuropas der Sechs" bereits als Teilung Europas in integrationswillige Staaten auf der einen Seite und Staaten, die nicht über ein gewisses Maß an Kooperation hinausgehen wollen auf der anderen Seite (Wessels 2008, S. 61 ff.). Monnets Strategie der sektoral differenzierten Integration hat sich damit als ein langfristiges Erfolgskonzept erwiesen, das schon in kürzester Zeit eine nachweisbare integrationsfördernde Wirkung entfalten konnte und das Fundament für die heutige Europäische Union geschaffen hat.

6.4.2 Die Differenzierung der europäischen Wirtschafts- und Währungspolitik

Die Gründung einer europäischen Wirtschafts- und Währungsunion ist bereits seit den 1960er Jahren das erklärte Ziel der EG-Staaten. Die wirtschafts- und währungspolitische Integration scheiterte über viele Jahrzehnte hinweg allerdings immer wieder an politischen Unstimmigkeiten und fehlenden materiellen Voraussetzungen. 1992 wird diese Zielsetzung im Rahmen der Gründung der Europäischen Union von den Mitgliedstaaten erneut aufgegriffen. Bereits in der Präambel des Maastricht-Vertrages heißt es dazu: „Entschlossen, die Stärkung und die Konvergenz ihrer Volkswirtschaften herbeizuführen und eine Wirtschafts- und Währungsunion zu errichten, die im Einklang mit diesem Vertrag eine einheitliche, stabile Währung einschließt." (EUVM, Präambel).

Angesichts der anhaltenden wirtschafts- und währungspolitischen Unstimmigkeiten zwischen den Mitgliedstaaten und der nach wie vor schwierigen materiellen Rahmenbedingungen entwickeln die Staats- und Regierungschefs 1992 ein besonderes Gründungskonzept, das die einheitliche Integration und Gestaltung einer Europäischen Wirtschafts- und Währungsunion nicht ausschließt, gleichzeitig aber auch die Anwendung differenzierter Strategien in diesem Integrationsbereich ermöglicht. Dieses Konzept soll im Folgenden näher vorgestellt und erläutert werden.

Die Gründung der Europäischen Wirtschafts- und Währungsunion soll dem Maastricht-Vertrag folgend auf einer eng vernetzten Entwicklung der wirtschaftspolitischen und der währungspolitischen Integration basieren. Dabei ist zunächst eine deutliche Verstärkung der wirtschaftspolitischen Zusammenarbeit vorgesehen, die die notwendige Basis für die anschließende währungspolitische Integration etablieren soll. Wirtschaftspolitisch verpflichten sich die Mitgliedstaaten deshalb vor allem dazu, zentrale Prinzipien einzuhalten, wie den Grundsatz eines stabilen Preisniveaus, gesunder öffentlicher Finanzen und einer dauerhaft finanzierbaren Zahlungsbilanz (EUVM, Artikel G, 4). Das Ziel der darauf aufbauenden gemeinsamen Währungspolitik besteht dann in der Etablierung einer einheitlichen Währung und einer einheitlichen Geld- und Wechselpolitik, die sich am vorrangigen Ziel der Preisniveaustabilität orientiert (EUVM, Artikel G, 4). Diese komplexe Vernetzung von wirtschafts- und währungspolitischen Integrationsschritten gliedern die Mitgliedstaaten in einem detaillierten Organisationsplan, der eine dreistufige Verwirklichung der Wirtschafts- und Währungsunion vorsieht. In der ersten Stufe soll vor allem im Rahmen von nationalen Programmen eine EU-weite Konvergenz hinsichtlich der Preisniveaustabilität und gesunder öffentlicher Finanzen geschaffen werden (EUVM, Artikel G, 25), ergänzt um eine vollständige Liberalisierung des Kapitalverkehrs und eine engere Koordinierung der Wirtschafts-, Finanz- und Geldpolitik auf der europäischen Ebene (Kellerbauer 2003, S. 94). Die zweite Integrationsstufe ist ab dem 1. Januar 1994 vorgesehen und umfasst die Gründung eines „Europäischen Währungsinstituts" (EWI), das die Zusammenarbeit zwischen den nationalen Zentralbanken verstärken und das Funktionieren des Europäischen Währungssystems überwachen soll. Zum Ende der zweiten Stufe muss schließlich durch den Rat überprüft werden, ob die einzelnen Mitgliedstaaten die Voraussetzungen für die Errichtung einer Wirtschafts- und Währungsunion erfüllen. Diese Überprüfung orientiert sich an sechs Kriterien, die die Stabilität der Europäischen Wirtschafts- und Währungsunion garantieren sollen: Preisniveaustabilität, dauerhaft tragbare öffentliche Finanzlage, Wechselkursstabilität, Konvergenz der Zinssätze, Höhe des geplanten oder tatsächlichen öffentlichen Defizits und der öffentliche Schuldenstand (EUVM, Artikel G, 25; auch von der Groeben et al. 1997; EUVM, Protokoll Nr. 6). Dabei sieht der Vertrag vor, dass nur jene Staaten Mitglieder einer Europäischen Wirtschafts- und Währungsunion werden dürfen, die diese Konvergenzkriterien erfüllen. Wenn es der Mehrheit der Mitgliedstaaten bis 1996 gelungen ist, diesen Anforderungen zu entsprechen, beginnt anschließend die dritte Integrationsstufe mit der Gründung einer Europäischen Wirtschafts- und Währungsunion.

Mit diesem Gründungskonzept entwickeln die Mitgliedstaaten einen integrationsstrukturell bedeutsamen Lösungsansatz für das Problem der anhaltenden wirtschaftlichen und politischen Heterogenität in der EU. Denn das Instrument der Konvergenzkriterien schließt eine einheitliche Gründung der WWU nicht aus, schafft aber gleichzeitig die Möglichkeit, die Teilnahme an diesem zentralen Integrationsprojekt nach wirtschaftlichen Voraussetzungen und politischer Zustimmung zu differenzieren. Das Gründungskonzept der Europäischen Wirtschafts- und Währungsunion verdeutlicht deshalb sehr gut, dass die europapolitischen Akteure die Strategien differenzierter Integration, die sie im Vorfeld entwickeln und diskutieren, tatsächlich in der realpolitischen Umsetzung ihrer Integrationsprojekte zur Anwendung bringen. So hatten bereits Brandt und Tindemans in den 1970er Jahren die Idee entwickelt, die wirtschaftspolitische Integration der Gemeinschaft nach der wirtschaftlichen Leistungsfähigkeit ihrer Mitgliedstaaten zu differenzieren. Die Einführung der Konvergenzkriterien folgt diesem Integrationsansatz und führt 1999 tatsächlich zu einer differenzierten Gründung der WWU.

Diese Differenzierung hat politische und wirtschaftliche Gründe. Politisch sind die Mitgliedstaaten vor allem in der Frage uneins, nach welchem währungspolitischen Modell die WWU gestaltet werden soll. Dabei stehen die Befürworter des Krönungsansatzes und die Vertreter der monetaristischen Perspektive einander gegenüber. Differenzen gibt es auch in Bezug auf die Entwicklung der gemeinsamen Währung. So schlägt Großbritannien beispielsweise vor, der Euro solle als eine parallel zu den nationalen Währungen verwendete Währung etabliert werden (von der Groeben et al. 1997, S. 403). Deutschland und Spanien möchten den Euro stattdessen dem Modell des Währungskorbs folgend als eine gewichtete Zusammenfassung der Währungen der Mitgliedstaaten zu einer einheitlichen Währung konzipieren und können sich mit diesem Ansatz letztlich auch durchsetzen (ebd., S. 62). Auch die materiellen Voraussetzungen für eine einheitliche Gründung der WWU verbessern sich in den 1990er Jahren kaum. Die Einführung der Konvergenzkriterien trägt zwar zur allmählichen Herausbildung einer Stabilitätskultur bei, 1997 bestehen allerdings immer noch so gravierende Unterschiede in währungs- und wirtschaftspolitisch relevanten Bereichen, dass von der Groeben zusammenfassend konstatiert: „Zu keinem Zeitpunkt seit Aufstellung der Kriterien gab es eine Situation, in der alle Mitgliedstaaten (oder auch nur eine Mehrheit) sie gleichzeitig erfüllt hätte." (ebd., S. 449).

Die Vorgabe, dass die öffentlichen Defizite unter 60 % des Bruttoinlandsproduktes liegen müssen, erfüllen 1995 beispielsweise nur Deutschland, Frankreich, Großbritannien und Luxemburg. Dem Konvergenzkriterium der Preisniveaustabilität entsprechen zu diesem Zeitpunkt 11 von 15 Mitgliedstaaten (von der Groeben et al. 1997, S. 450 ff.). Auf Grund dieser politisch und wirtschaftlich ungünstigen Voraussetzungen ist die Gründung der Europäischen Wirtschafts- und Währungsunion 1999 tatsächlich nur differenziert möglich. So gehören anfangs nur 11 der insgesamt 15 EU-Staaten zum Mitgliederkreis der WWU. Dänemark, Griechenland, Großbritannien und Schweden beteiligen sich nicht oder nur teilweise an

der europäischen Wirtschafts- und Währungspolitik. Die Gründe für die Nicht-
Teilnahme dieser vier Staaten sind dabei sehr unterschiedlich. Griechenland ist
es bis 1998 nicht gelungen, die Konvergenzkriterien im erforderlichen Maße zu
erfüllen, und es nimmt deshalb erst ab 2001 an der dritten Stufe der WWU teil
(Bender 2001, S. 757). Schweden erfüllt zwar die Konvergenzkriterien, möchte
aber aus politischen Gründen, die sich nicht zuletzt auf eine Ablehnung der gemeinsamen Währung durch die schwedische Bevölkerung stützen, nicht an der
dritten Stufe der WWU teilnehmen (Kellerbauer 2003, S. 99). Auch Dänemark
und Großbritannien erfüllen die Konvergenzkriterien, sie erarbeiten sich bei den
Vertragsverhandlungen allerdings einen Sonderstatus in Bezug auf die damit verbundene Teilnahmepflicht. So wird es diesen beiden Staaten im Gegensatz zu allen anderen Mitgliedsländern der EU erlaubt, frei über den Beitritt zur WWU zu
entscheiden. Großbritannien besteht bei den Vertragsverhandlungen auf diesem
Sonderrecht, da es nach wie vor eine kritische Position gegenüber der vertraglich
verankerten währungspolitischen Linie der WWU einnimmt und entscheidet sich
1999 auf dieser Grundlage tatsächlich gegen die Teilnahme an der WWU. Dänemarks Motive sind im Gegensatz dazu nicht inhaltlicher Natur, sondern haben
primär verfassungsrechtliche Hintergründe. So würde der vertraglich vorgesehene
„automatische" Übergang in die dritte Stufe den Vorgaben der dänischen Verfassung widersprechen, die in solchen Fällen eine Volksabstimmung vorsieht. Dieser
rechtliche Konflikt kann nach Ansicht Dänemarks nur aufgelöst werden, wenn die
Teilnahmepflicht außer Kraft gesetzt wird. Auch Dänemark macht 1999 von seinem Recht Gebrauch und nimmt nicht an der WWU teil.

Wie diese Sonderregelungen zeigen, ist es 1999 nicht möglich, die Gründung
der WWU einheitlich zu gestalten. Die Mitgliedstaaten einigen sich stattdessen
auf die Anwendung unterschiedlicher Ansätze und Strategien der differenzierten
Integration, die insgesamt zu einer sehr komplexen Integrationsstruktur der WWU
führen. Konkret entstehen in diesem Politikbereich vier unterschiedliche Integ-
rationsniveaus. An erster Stelle steht 1999 die Vollmitgliedschaft von 11 der insgesamt 15 EU-Staaten. Für diese Staaten gilt ab dem 1. Januar 1999 der gesamte
Rechtsbestand der dritten Stufe der WWU. Die zweite Gruppe wird von den „Staaten, für die eine Ausnahmeregelung gilt", gebildet. Dabei handelt es sich um Länder, die, wie Griechenland oder Schweden, die Konvergenzkriterien oder andere
essentielle Voraussetzungen nicht erfüllen und deshalb nicht an der dritten Stufe
der WWU teilnehmen können. Diese Staaten verbleiben zunächst auf dem Niveau
der 2. Stufe. Sie behalten ihre nationale Währung, bleiben auch darüber hinaus
währungspolitisch autonom und haben keinen Sitz in der Europäischen Zentralbank. Auf der 3. Stufe befindet sich Dänemark, dessen rechtlicher Status exakt den
Staaten der 2. Stufe entspricht, das darüber hinaus aber von der Teilnahmepflicht

an der WWU entbunden ist. Das 4. Niveau wird schließlich von Großbritannien gebildet, das nicht nur frei über seine Teilnahme entscheiden darf, sondern zusätzlich
von einigen wirtschafts- und währungspolitischen Bestimmungen der 2. Stufe be-
freit wurde (dazu auch Bender 2001, S. 757 f.; von der Groeben et al. 1997, S. 752;
Kellerbauer 2003, S. 102 f.).

Es ist den Mitgliedstaaten also auf Grund anhaltender politischer und wirtschaftlicher Heterogenität erst durch die Etablierung einer komplexen Differenzierungsstruktur gelungen, die lang geplante Etablierung einer Europäische Wirt-
schafts- und Währungsunion zu verwirklichen. Die WWU ist damit ein weiterer
Integrationsschritt, der zeigt, wie wichtig die Anwendung differenzierter Strategien für den heutigen Erfolg der Europäischen Union war.

6.4.3 Die Einführung der verstärkten Zusammenarbeit

In den 1990er Jahren sieht die Europapolitik die europäische Osterweiterung als
große historische Chance, die die Europäische Union aber auch vor große Herausforderungen stellt. So befürchten viele, dass es im Ergebnis der Osterweiterung zu
einem deutlichen Anstieg der internen Heterogenität kommt, der die Handlungs-
und Integrationsfähigkeit der Union nachhaltig schwächt. Vor diesem Hintergrund
verstärken sich in der zweiten Hälfte der 1990er Jahre die Forderungen nach einer
integrationspolitischen Reform, die die Anwendung differenzierter Strategien
deutlich erleichtern und so das Integrationspotential der Union auch unter erweiterten Bedingungen erhalten soll. Während der paradigmatische Status der einheitlichen Integrationsstrategie in der bisherigen Integrationsgeschichte von den
Mitgliedstaaten nicht in Frage gestellt wurde und differenzierte Strategien nur in
besonderen Krisensituationen angewandt wurden, ohne damit weiterreichende
integrationspolitische Änderungen zu intendieren, beschließen die Staats- und
Regierungschefs mit dem Vertrag von Amsterdam 2003 eine erste grundlegende
Reform ihres bisherigen integrationspolitischen Konzeptes. So wird im Rahmen
dieses Vertrages neben der einheitlichen Integration unter dem Titel „verstärkte
Zusammenarbeit" (vZA) eine neue Integrationsstrategie entwickelt, die es den
Mitgliedstaaten ermöglicht, innerhalb der Verträge eine eigene Integrationsgruppe
zu bilden, der nicht alle Mitgliedstaaten angehören. Mit der verstärkten Zusammenarbeit wird in der Integrationsgeschichte erstmals eine Strategie eingeführt,
die eine Alternative zum herkömmlichen, einheitlichen Integrationskonzept darstellt. Entscheidend ist dabei allerdings, dass damit der paradigmatische Status
der einheitlichen Integrationsmethode nicht in Frage gestellt werden soll und
die Einheitlichkeit der europäischen Integration weiterhin das zentrale Ziel der

Mitgliedstaaten bleibt. Deshalb entwickeln sie mit der verstärkten Zusammenarbeit ein Instrument, das die Differenzierung der Integrationsstruktur von der Einhaltung strikter Regelungen und Grenzen abhängig macht. So gilt die vZA nicht für alle Bereiche der EU und kann lediglich im Gemeinschaftsrecht der ersten Säule und im Bereich der Polizeilichen und Justiziellen Zusammenarbeit in Strafsachen angewandt werden. Der Bereich der Gemeinsamen Außen- und Sicherheitspolitik, die Unionsbürgerschaft und der Schengen-Besitzstand werden als Anwendungsbereiche ausgeschlossen (EUVA, Artikel 1, 11; Bender 2001, S. 740). Von der Befürchtung ausgehend, dass die Einführung der verstärkten Zusammenarbeit zur dauerhaften Spaltung und zum Zerfall der Gemeinschaft führen könnte, legen die Mitgliedstaaten neben der Beschränkung des Anwendungsbereiches weitere inhaltliche Bedingungen fest. So müssen im Rahmen einer verstärkten Zusammenarbeit die Ziele der Union gefördert werden, ihre Interessen geschützt bleiben und die Grundsätze der Verträge dürfen nicht beeinträchtigt werden. Die vZA darf zudem „nur als letztes Mittel herangezogen [werden], wenn die Ziele der genannten Verträge mit den darin festgelegten einschlägigen Verfahren nicht erreicht werden können" (EUVA, Artikel 3, 15). Neben diesen und zahlreichen anderen Anwendungsbedingungen wurde im Vertrag auch genau festgelegt, wie das Verhältnis zwischen den Mitgliedstaaten, die an der vZA teilnehmen, und denjenigen, die nicht teilnehmen, rechtlich gestaltet werden soll. Dazu gehört unter anderem die Festlegung, dass die „Zuständigkeiten, Rechte, Pflichten und Interessen der nicht an der Zusammenarbeit beteiligten Staaten nicht beeinträchtigt" werden dürfen (EUVA, Artikel 3, 15.). Mit dieser Regelung soll ein dauerhafter Bruch zwischen den zwei Staatengruppen und eine daraus resultierende Spaltung der EU verhindert werden. Umgekehrt dürfen die Mitgliedstaaten, die sich nicht an einer verstärkten Zusammenarbeit beteiligen, dieser nicht im Wege stehen oder ihre Ausführung behindern. Diese zwei Staatengruppen bleiben also weiterhin durch gegenseitige Rücksichtnahme auf die Interessen der jeweils anderen und vor allem durch die rechtlichen und institutionellen Verknüpfungen der Integrationsbereiche, an denen sie gemeinsam teilnehmen, miteinander verbunden.

Wie die bisherigen Ausführungen gezeigt haben, stellt die differenzierte Integration bis zu diesem Zeitpunkt eine Lösungsstrategie dar, die die europäische Integration zwar erfolgreich unterstützt, gleichzeitig aber dem vertraglich verankerten Prinzip der einheitlichen Integration widerspricht. Mit der Einführung der verstärkten Zusammenarbeit verfügt die Europäische Union nun über eine „vertragliche Generalermächtigung für die differenzierte Integration" (Bender 2001, S. 738). Diese Reform verdeutlicht den Erfolg der bisherigen Anwendung differenzierter Strategien und das Potential, das die europapolitischen Akteure dieser Strategie auch für die zukünftige Entwicklung der Europäischen Union zuschreiben.

6.5   Zusammenfassung

Der europäische Integrationsprozess ist in seiner historischen Entwicklung durch zahlreiche Krisen und Problemlagen gekennzeichnet. So schien die Gründung eines Vereinten Europa auf Grund der starken integrationspolitischen und weltanschaulichen Kämpfe in den 1940er Jahren nicht möglich zu sein, und es waren vor allem die großen wirtschaftlichen Unterschiede zwischen den Mitgliedstaaten, die die Etablierung einer Europäischen Wirtschafts- und Währungsunion für viele Jahrzehnte immer wieder verhinderten. In der vorliegenden Untersuchung wurde gezeigt, dass die Europapolitik bereits frühzeitig eine besondere Integrationsstrategie entwickelt hat, die hervorragend an diese europäische Konflikt- und Problemstruktur angepasst ist. Das Konzept der „differenzierte Integration" beinhaltet im Kern die Idee, gefährdete Integrationsprojekte zunächst nicht einheitlich, also mit allen Mitgliedstaaten in gleicher Weise zu vollziehen, sondern zunächst nur eine Beteiligung der integrationsfähigen und -willigen Staaten anzustreben, die als Integrationsavantgarde voranschreiten und den Weg für das spätere Aufschließen aller Staaten ebnen. Mit dieser Strategie ist es 1952 gelungen, die Gründungskrise zu überwinden und mit der Europäischen Gemeinschaft für Kohle und Stahl die erste Grundlage für die Europäische Union zu etablieren. 1992 konnten die Mitgliedstaaten die lange wirtschafts- und währungspolitische Stagnation der Gemeinschaft endlich überwinden und durch die Anwendung differenzierter Strategien eine Europäische Wirtschafts- und Währungsunion ins Leben rufen. Es gibt viele weitere Beispiele für die erfolgreiche Anwendung differenzierter Strategien. Zentrale Integrationsprojekte wie die Entstehung der europäischen Sozialpolitik, die Etablierung des Raums der Freiheit, der Sicherheit und des Rechts und die Einführung der Charta der europäischen Grundrechte beruhen ebenfalls auf der Anwendung differenzierter Strategien. Das Potential der differenzierten Integration als Lösungsansatz für europäische Integrationskrisen steht damit außer Frage. Der historische Erfolg dieser Strategie zeigt, dass differenzierte Integration auch in der aktuellen Euro-Krise einen Lösungsweg eröffnen kann.

Literatur

Alber, J., und W. Merkel. 2006. Das Ende der Vertiefung. In *Europas Osterweiterung. Das Ende der Vertiefung?* Hrsg. J. Alber und W. Merkel, 13–31. Berlin: Sigma.

Barroso, J. M. 2011. Erneuerung Europas – Rede zur Lage der Union 2011. Europäisches Parlament, 28.09.2011. http://europa.eu/rapid/pressReleasesAction.do?reference=SPEECH/11/607&format=HTML&aged=0&language=DE&guiLanguage=en. Zugegriffen: 22. Jan. 2015.

Bender, T. 2001. Die Verstärkte Zusammenarbeit nach Nizza. Max-Plank-Institut für ausländisches öffentliches Recht und Völkerrecht. Heidelberg.

Brandt, W. 1975. *Rede vor der Organisation Française du Mouvement Européen vom 19. Nov. 1974*, D 33ff. Paris: Europa-Archiv.

Brunn, G. 2004. *Die Europäische Einigung von 1945 bis heute*. Stuttgart: Reclam.

Churchill, W. 1946. Address given by Winston Churchill (Zürich-Rede). Zürich. http://www.ena.lu/address_given_winston_churchill_zurich_19_september_1946-2-. Zugegriffen: 17. Nov. 2014.

Coudenhove-Kalergi, R. 1931. Informationsschrift von Richard Coudenhove-Kalergi über die Paneuropabewegung. http://www.ena.lu/informationsschrift_richard_coudenhove-kalergi_paneuropabewegung_. Zugegriffen: 17. Nov. 2014.

Delors, J. 1989. Report on economic and monetary union on the European Community (Delors-Bericht). http://aei.pitt.edu/1007/1/monetary_delors.pdf. Zugegriffen: 22. Jan. 2015.

Delors, J. 1999. Unsere historische Aufgabe: Die Wiedervereinigung Europas. Rede vor dem Aspen Institute in Berlin. http://www.europa-reden.de/. Zugegriffen: 17. Nov. 2014.

Epiney, A. 1998. Schengen – ein Modell differenzierter Integration? In *Flexible Integration in Europa – Einheit oder „Europe à la carte"?* Hrsg. F. Breuss, 127–147. Wien: Springer.

Europäisches Parlament. 1995. Entschließung zur Funktionsweise des Vertrags über die Europäische Union im Hinblick auf die Regierungskonferenz 1996 - Verwirklichung und Entwicklung der Union. Amtsblatt der Europäischen Gemeinschaften (19.06.1995) Nr. C 151: 56–67.

Fink, G. 1998. Osterweiterung: Interessenlagen und Anpassungsprobleme. In *Flexible Integration in Europa – Einheit oder „Europe à la carte"?* Hrsg. F. Breuss, 150–171. Wien: Springer.

Fischer-Lescano, A., und S. Kommer 2011. *Verstärkte Zusammenarbeit in der EU. Ein Modell für Kooperationsfortschritte in der Wirtschafts- und Sozialpolitik?* Friedrich Ebert Stiftung.

Forgó, K. 1996. Differenzierte Integration. IEF Working Paper Nr. 23. Wirtschaftsuniversität Wien, Wien. Forschungsinstitut für Europafragen.

Forgó, K. 1998. Zwischen „Europe à la carte" und Einheit: Modelle differenzierter Integration. In *Flexible Integration in Europa – Einheit oder „Europe à la carte"?* Hrsg. F. Breuss, 41–78. Wien: Springer.

von der Groeben H., J. Thiesing, und C.-D. Ehlermann, Hrsg. 1997. *Kommentar zum EU-/EG-Vertrag*. Baden-Baden: Nomos.

Habermas, J. 2011. *Zur Verfassung Europas*. Berlin: Suhrkamp.

Hofreither, M. 1998. Osterweiterung und die Kohärenz der Union – Gemeinsame Agrarpolitik. In *Flexible Integration in Europa – Einheit oder „Europe à la carte"?* Hrsg. F. Breuss, 173–193. Wien: Springer.

Hüther, M. 29. Juli. 2011. Europa neu denken: Kern und Peripherie. *Süddeutsche Zeitung*.

Illing, F. 2013. *Die Euro-Krise. Analyse der europäischen Strukturkrise*. Wiesbaden: Springer VS.

Kellerbauer, M. 2003. *Von Maastricht bis Nizza. Neuformen differenzierter Integration in der Europäischen Union*. Berlin: Duncker & Humblot.

Kotzias, N. 1998. Die Regierungskonferenz und die flexible Förderung(?) der Integration. In *Flexible Integration in Europa – Einheit oder „Europe à la carte"?* Hrsg. F. Breuss, 1–40. Wien: Springer.

Krenzler, H. 1997. Die Architektur Europas. In *Kommentar zum EU-/EG-Vertrag*, Hrsg. H. von der Groeben, J. Thiesing, und C.-D. Ehlermann, Bd. 5, 1255–1304. Baden-Baden: Nomos.

Maass, G., und W. Veit. 2012. Kerneuropa – weiche Schale(n), harter Kern. Zur Debatte über Europas Zukunft. Friedrich-Ebert-Stiftung, Internationale Politikanalyse.

Müller-Graff, P.-C. 2007. Differenzierte Integration: Konzept mit sprengender oder unitarisierender Kraft für die Europäische Union? *integration* 30 (2): 129–139.

NSDAP. 1942. Vortragsunterlagen der NSDAP über die Neuordnung Europas. Wien. http://www.ena.lu/vortragsunterlage_nsdap_neuordnung_europas_wien_april_1942. Zugegriffen: 17. Nov. 2014.

Pfetsch, F. 2001. *Die Europäische Union. Eine Einführung*. München: Fink.

Preunkert, J., und G. Vobruba. 2013. Die beiden Hälften der Eurokrise. Gegenworte. Hefte für den Disput über Wissen. Nr. 30. 22–25, Berlin-Brandenburgische Akademie der Wissenschaften.

Sandys, D. 1947. *Speech by Duncan Sandys*. Montreux, 27.08.1947-31.08.1947. http://www.ena.lu/address_given_duncan_sandys_montreux_2731_august_1947-3-. Zugegriffen: 17. Nov. 2014.

Santer, J. 1997. Europas künftige Agenda. In *Das neue Europa – Strategien differenzierter Integration*, Hrsg. Bertelsmann Stiftung, 33–41. Gütersloh: Verlag Bertelsmann Stiftung.

Schäfer, W. 2007. Differenzierte Integration. *Wirtschaftsdienst* 87 (8): 495–498.

Scharrer, H.-E. 1984. Abgestufte Integration – Eine Einführung. In *Abgestufte Integration. Eine Alternative zum herkömmlichen Integrationskonzept?* Hrsg. E. Grabitz und F. Franzmeyer, 1–30. Kehl am Rhein: Engel.

Schäuble, W., und K. Lamers 1994. Überlegungen zur Europäischen Politik. https://www.cducsu.de/upload/schaeublelamers94.pdf. Zugegriffen: 22. Jan. 2015.

Schneider, H. 1977a. Anlauf ohne Sprung? In *Auf dem Weg zur Europäischen Union? Diskussionsbeiträge zum Tindemans-Bericht*, Hrsg. H. Schneider, 13–31. Bonn: Europa-Union.

Schneider, H., Hrsg. 1977b. *Auf dem Weg zur Europäischen Union? Diskussionsbeiträge zum Tindemans-Bericht*. Bonn: Europa-Union.

Schneider, H. 1998. Die Diskussion differenzierter Integration. In *Flexible Integration in Europa – Einheit oder „Europe à la carte"?* Hrsg. F. Breuss, 231–253. Wien: Springer.

Schuman, R. 1950. Erklärung von Robert Schuman (Schuman-Plan). http://www.ena.lu/erklarung_robert_schuman_paris_mai_1950-3-613. Zugegriffen: 17. Nov. 2014.

Spinelli, A., und E. Rossi. 1941. Das Manifest von Ventotene. http://www.ena.lu/manifest_ventotene_1941-3-971. Zugegriffen: 17. Nov. 2014.

Tindemans, L. 1975. Bericht über die Europäische Union. http://www.ena.lu/bericht_europaische_union_29_dezember_1975-3-16956. Zugegriffen: 17. Nov. 2014.

Union Europäischer Föderalisten (UEF). 1946. Das Hertensteiner Programm, 21.09.1946. http://www.ena.lu/hertensteiner_programm_21_september_1946-3-3737. Zugegriffen: 17. Nov. 2014.

Vobruba, G. 2007. *Die Dynamik Europas*. Wiesbaden: VS Verlag für Sozialwissenschaften.

Vobruba, G. 2012. *Kein Gleichgewicht. Die Ökonomie in der Krise*. Weinheim und Basel: Beltz-Juventa.

Weidenfeld, W. 2012. Europas Zukunftskonstellationen – strategische Reflexionen. *EUZ Zeitschrift für Europarecht* (04/2012), 84–88.

Weidenfeld, W., und J. Janning 1997. Das neue Europa – Strategien differenzierter Integration. Strategiepapier für das Internationale Bertelsmann-Forum. In *Das neue Europa – Strategien differenzierter Integration*, Hrsg. Bertelsmann Stiftung, 139–168. Gütersloh: Verlag Bertelsmann Stiftung.

Wessels, W. 1977. Die Integrationsstrategie des Tindemans-Berichts. In *Auf dem Weg zur Europäischen Union? Diskussionsbeiträge zum Tindemans-Bericht*, Hrsg. H. Schneider, 217–238. Bonn: Europa-Union.

Wessels, W. 2008. *Das politische System der Europäischen Union*. Wiesbaden: VS Verlag für Sozialwissenschaften.

Europäische Verträge und Dokumente

Vertrag über die Europäische Union, Amsterdamer Version (EUVA).
Vertrag über die Europäische Union, Maastrichter Version (EUVM).
Vertrag über die Gründung der Europäischen Gemeinschaft für Kohle und Stahl (EGKSV).
Vertrag zur Gründung der Europäischen Wirtschaftsgemeinschaft (EWGV).

Teil III
Politik und Ökonomie der Eurokrise

Renten, Finanzmärkte und Wohlfahrtsstaaten nach der Großen Rezession

7

Heiner Ganßmann

7.1 Einleitung

Prüft man die Erklärungen der Finanzkrise von 2007/2008, stößt man häufig auf Zusammenhänge, in denen wohlfahrtsstaatliche Institutionen und deren Veränderungen eine unerwartete Rolle spielen. Es gibt – mitunter verborgene – Kanäle der wechselseitigen Beeinflussung zwischen den Finanzmärkten und wohlfahrtsstaatlichen Programmen, die in unser Bild der Wohlfahrtsstaaten eingebaut werden sollten.

Im Folgenden werde ich derartige Kanäle beschreiben und versuchen, die Wechselwirkungen zwischen modernen Finanzmärkten und staatlich gestifteten und privaten Wohlfahrtsinstitutionen darzustellen. Da nicht wenige der Transaktionsmuster, Spekulationsformen und „Produkte" in den Finanzmärkten komplex und schwer zu verstehen sind, werde ich einen mehr als normalerweise angemessenen Anteil des folgenden Textes nutzen müssen, um zu beschreiben, wie sich diese Märkte vor und in der Krise entwickelt haben – zu Lasten einer expliziteren Berücksichtigung von Differenzen zwischen Wohlfahrtsstaaten und ihrer Entwicklung.

Als Hintergrund der wohlfahrtsstaatlichen Entwicklungen setze ich als gegeben und (mehr oder weniger) bekannt das „neoliberale Projekt" voraus, also jenen Satz von politischen Reformen, die von den Ideen Hayeks und Friedmans inspiriert

H. Ganßmann (✉)
Institut für Soziologie, Freie Universität Berlin, Garystr. 55, 14195 Berlin, Deutschland
E-Mail: heiner@ganssmann.de

© Springer Fachmedien Wiesbaden 2015
J. Preunkert, G. Vobruba (Hrsg.), *Krise und Integration,*
Europa – Politik – Gesellschaft, DOI 10.1007/978-3-658-09231-3_7

wurden und den Interessen der Nutznießer freier Märkte dienen (ausführlich dazu Mirowski 2013).

Diese Reformen haben seit den 1980er Jahren tiefgreifende Veränderungen der Beziehungen zwischen Wirtschafts- und politischen Systemen bewirkt. Obwohl die einschlägigen, tradierten institutionellen Arrangements sich in den OECD-Ländern nach wie vor erheblich unterscheiden, gab es einen allgemeinen Trend zur Verringerung der Rolle dieser Staaten durch die dreifache Bewegung von Deregulierungen, Privatisierungen und Globalisierungen. Bezüglich der Einkommen und Vermögen bewirkten diese Reformen, nicht zuletzt wegen der damit einhergehenden Steuerkürzungen zugunsten der Reichen, eine starke Umverteilung zugunsten der alleroersten Einkommens- und Vermögensschichten. Piketty und Saez (2003) leisteten die Pionierarbeit zu deren Untersuchung mit Hilfe von Steuerdaten zunächst für die USA (zu Deutschland Dell 2007).

Welche Rollen auch immer irregeleitete Politiker oder die moralischen Defizite der Akteure an den Finanzmärkten spielten, es kann keine ernsthaften Zweifel daran geben, dass Deregulierungs-, Privatisierungs- und Globalisierungstendenzen die Bedingungen dafür schufen, die aus der Rezession von 2007/2008 die „Große Rezession" werden ließen: eine Krise von außerordentlicher Tiefe und Reichweite, die im Finanzsystem begann und dann auf die sogenannte Realwirtschaft übergriff, mit schweren Verlusten an Arbeitsplätzen, Einkommen und Vermögen. Sechs Jahre nach dem Einbruch ist noch keine wirkliche Erholung in Sicht. Das wirtschaftliche Aktivitätsniveau bleibt in den meisten Ländern und insbesondere in der Eurozone gedämpft. Unternehmen, Privathaushalte und Staaten stehen unter Druck, ihre exzessiven Schulden abzubauen, was dummerweise nicht geht, wenn es alle Schuldner gleichzeitig tun wollen. Die Zentralbanken haben sich auf recht unorthodoxen Wegen engagiert, um die Solvenz der Banken und des Finanzsektors im Allgemeinen zu sichern und eine längere Kreditklemme zu vermeiden. Zu diesem Zweck verleihen sie riesige Geldsummen zu extrem niedrigen Zinssätzen gegen dubiose Sicherheiten. Die niedrigen Zinsen übersetzen sich in höhere Marktpreise für Aktien und Schuldverschreibungen, so dass zwar erneut eine Art Boom auf den Finanzmärkten zustande kam. Aber der traditionsgemäß vorgesehene Transmissionsmechanismus zwischen den Zentralbanken und der „Real"-Ökonomie, die Steuerung von Investitionen über den Zinssatz, scheint nicht (mehr) zu funktionieren. Das erinnert an den alten Spruch, die Geldpolitik sei wie ein Seil, mit dem man das Biest zwar strangulieren, aber nicht vorwärts stoßen könne. So bleibt das Wirtschaftswachstum schwach, die Arbeitslosigkeit in Euroland auf Rekordniveau, und zu hoch in großen Teilen der EU und den USA.

Offensichtlich sind die Wohlfahrtsstaaten wichtige Teile dieser Szenerie, nicht zuletzt weil sie – gemäß den Ideen bei ihrer Gründung – dafür zuständig sein sollten, Krisenschocks zu mildern und ihre Bevölkerungen vor deren schlimmsten Effekten zu schützen (dazu auch Preunkert in diesem Band). Das ließ sich auch nach der Großen Rezession beobachten, als selbst Länder, die sich von dieser Art Wohlfahrtsstaat verabschiedet hatten, zu einer Art Notstandskeynesianismus zurückkehrten. Plötzlich waren wieder die alten, bekannten „automatischen Stabilisatoren", sogar solche mit positiven Effekten für die Lebenslage der unteren Klassen, gefragt. Aber darüber sollten wir nicht vergessen, dass Wohlfahrtsstaaten – auch auf manchmal merkwürdigen Umwegen – am Aufbau der Krise beteiligt waren.

Gemäß dem neoliberalen Rezeptbuch wurden viele traditionelle sozialpolitische Instrumente entweder abgebaut oder in ihren wohlfahrtsdienlichen Funktionen beeinträchtigt. Ihr Fehlen sollte durch funktional äquivalente marktbasierte Instrumente kompensiert werden. Allerdings trugen einige dieser Instrumente zum Aufbau der Krisenkomponenten bei, genauso wie einige der Reaktionen auf „the end of welfare as we have come to know it" (ein Wahlversprechen Bill Clintons): Die Leute wollten sich gegen die andauernden und häufig verschärften Risiken des Lohnabhängigendaseins in einer kapitalistischen Ökonomie schützen.

Weil die Wende weg von „welfare as we knew it" hin zu angeblich ebenso wohlfahrtstauglichen marktförmigen Substituten am deutlichsten in den USA vollzogen wurde und dort die Finanzkrise begann, werde ich meine These, dass die als Kompensation für wohlfahrtsstaatliche Leistungen gedachten, marktkonformen Instrumente eine wichtige, wenn nicht entscheidende Rolle bei der Krisengenese gespielt haben, am Beispiel der USA erläutern. Die Hauptaufmerksamkeit gilt dabei den privaten Pensionsfonds und dem Eigenheimbesitz. Die Pensionsfonds waren in die Finanzmärkte eingebunden und spielten sowohl beim Aufbau der Krisenfaktoren als auch – nolens volens – bei der Auslösung der Krise mit. Der Eigenheimbesitz wurde politisch als Substitut für wohlfahrtsstaatliche Programme propagiert, so dass der Hypothekenmarkt sowohl als Lieferant des Rohmaterials für die „Finanzprodukte" fungierte, die die Krisenblase aufblähten, als auch als die Institution, die die Privathaushalte dazu brachte, sich im Durchschnitt weit über ihre Zahlungsfähigkeit hinaus zu verschulden.

7.2   Pensionsfonds als Akteure auf den Finanzmärkten

Beginnen wir mit der Erinnerung an eine politische Kontroverse mit langer Laufzeit: Im späten 20. Jahrhundert gab es in den Auseinandersetzungen um optimale Alterssicherungssysteme sogar Unterstützung von links für die Stärkung der kapitalbasierten Altersversorgung im Gegensatz zum etablierten Umlagesystem, durch das die Alterseinkünfte eng mit der allgemeinen Lohnentwicklung verkoppelt wurden. Linke Visionäre imaginierten einen „Pensionsfondskapitalismus" (Aglietta 1997, S. 462), in dem die Lohnabhängigen einen entscheidenden Einfluss auf die Finanzmärkte und darüber hinaus gewinnen könnten, weil ihre akkumulierten Rentenbeiträge einen derart großen Anteil am investierbaren Kapital ausmachen müssten, dass sie sie als Instrument zur Kontrolle des Verhaltens großer Unternehmen nutzen könnten. Kurioserweise wurde das gleiche Szenario in der politischen Debatte um die Einführung des Umlagesystems in Westdeutschland Mitte der 1950er Jahre von rechts beschworen: Ein kapitalbasiertes System würde direkt zum Kommunismus führen, weil die Lohnabhängigen und ihre Gewerkschaften einen überwältigend großen Kapitalbrocken nicht nur für ihre wirtschaftlichen, sondern auch für ihre politischen Interessen einsetzen könnten.[1]

Mit den real existierenden kapitalbasierten Alterssicherungssystemen hat man andere Erfahrungen gemacht. Die von den Pensionsfonds angelegten Gelder haben zwar ein riesiges Volumen erreicht, aber die Anlagestrategien haben nur selten einen anderen Berührungspunkt mit den Interessen der Lohnabhängigen als den der Renditemaximierung. Den Einzahlern geht es um eine hohe Verzinsung ihrer Beiträge, den Unternehmen, die die Fonds betreiben, um hohe Profite. Die Fonds legen dort an, wo sie sich die höchste Rendite versprechen. Der übliche Lohn/ Profit-Tradeoff führt deshalb häufig zu der im Grunde absurden Situation, dass die aktuell Erwerbstätigen Einkommenseinbußen hinnehmen müssen, von denen sie selbst als künftige und die ehemaligen Erwerbstätigen als aktuelle Rentner zugleich aufgrund der nicht zuletzt von den Pensionsfonds durchgesetzten „shareholder values" profitieren. Allerdings stimmen die Gewinninteressen der Finanzunternehmen, die als Investitionsmanager private Pensionsfonds betreiben, und die Interessen der Lohnabhängigen, die für ihre Beiträge zu diesen Fonds eine möglichst hohe und risikoarme Verzinsung erwarten, lediglich an diesem Punkt überein. Ansonsten gilt: Wie groß der Anteil der Anlagerenditen ist, der einerseits als Gewinn (oder sogenannte Verwaltungskosten – in dem als Musterland von der Weltbank angepriesenen Pinochet-Chile waren das bis zu 40 % der Beiträge) an die Unternehmen, andererseits als Verzinsung an die Beitragszahler geht, ist eine Frage der Durchsetzungsfähigkeit an diesem Markt. Die Pensionsfonds konkurrieren u. U. untereinander, die Beitragszahler haben u. U. gar kein Recht, unter den Fonds zu wählen oder deren Anlagestrategie zu beeinflussen, die staatlichen Regulierer folgen dem neoliberalen Zeitgeist, usw.

---

[1] Die Vermögensbestände der Pensionsfonds erreichen in der Tat eindrucksvolle Größen. Den Rekordwert halten zurzeit die niederländischen mit 170 % des Bruttoinlandsprodukts (Towers Watson 2014, S. 4).

Zu diesen durchaus gemischten Erfahrungen mit privaten Pensionsfonds, deren Gewicht im Übrigen je nach Land sehr unterschiedlich ist,[2] gehört auch, wie die Alterssicherungssysteme die Finanzkrise verarbeitet haben.

Die Pensionsfonds haben 2008 Vermögensverluste in Höhe von 3,1 Billionen $ hinnehmen müssen. Während die Vermögenswerte in den Folgejahren wieder hinreichend stiegen, um die Verluste wettzumachen, tauchte ein neues Problem auf. In den meisten OECD-Ländern blieben die realen Renditen der Fonds im negativen Bereich.[3] Solange die wichtigsten Zentralbanken die Zinssätze so niedrig halten, wie sie es seit der Krise für notwendig erachten, um einen wirtschaftlichen Aufschwung über billige Kredite (zunächst an die Banken, die sie dann weitergeben sollen) zu stimulieren, haben Pensionsfonds (und Versicherungen) große Schwierigkeiten, mit ihren Anlagen die erforderlichen Renditen zu erwirtschaften, die ihnen sowohl einen Gewinn als auch eine Zinszahlung an die Beitragszahler ermöglichen. Dabei ist nicht zu vergessen, dass hohe Zinsen auf die Beiträge als ein Hauptvorteil galten, der zugunsten kapitalgedeckter Alterssicherungssysteme im Vergleich zu staatlich organisierten Umlagesystemen propagiert wurde.[4]

---

[2] Passend zu den „Varieties of Capitalism"-Thesen haben die privaten Pensionsfonds ihre Hauptstützen in den anglo-amerikanischen Staaten. Auf die USA (59 %) und Großbritannien (10 %) entfallen fast 70 % der Pensionsfondsvermögen von dreizehn untersuchten Ländern (Australien, Brasilien, Frankreich, Deutschland, Großbritannien, Hongkong, Irland, Japan, Kanada, Niederlande, Südafrika, Schweiz und USA), wobei im liberalen Kapitalismus die größten Anteile in Aktien angelegt sind und der Trend zu „defined contribution"-Systemen am deutlichsten ist (mit Anteilen von 84 % in Australien, 58 % in den USA und 28 % in Großbritannien) (Towers Watson 2014).

[3] „The annual, real rate of investment returns (in local currency and after investment management expenses) averaged −1.7 % ranging widely from 12.1 % for the highest performer (Denmark) to −10.8 % for the lowest (Turkey). After Denmark, the highest returns in 2011 were in the Netherlands (8.2 %), Australia (4.1 %), Iceland (2.3 %) and New Zealand (2.3 %). On the other hand in countries like Italy, Japan, Spain, the United Kingdom and the United States, pension funds experienced average negative investment returns in the range of −2.2 % to −3.6 %. Nine other OECD countries saw pension fund returns of worse than −4 % in real terms." (OECD 2012, S. 200).

[4] Als weiterer Hauptvorteil wurde und wird behauptet, mit „vorfinanzierten" Renten ließen sich negative demographische Trends besser bewältigen, eine Behauptung, die sowohl gegen die alte Einsicht, wonach die Renten real immer aus dem laufenden Sozialprodukt bedient werden müssen (Mackenroth 1952) als auch gegen aktuelle Experteneinschätzungen (z. B. Barr und Diamond 2008) hauptsächlich von der Versicherungslobby aufrecht erhalten wird (Bräuninger 2009; die deutsche Musterrolle als Lobbyist spielt in dieser Frage Walter Riester, der 2001 als sozialdemokratischer Minister für Soziales − mit Unterstützung der Grünen − eine Teilprivatisierung des deutschen Alterssicherungssystems durchdrückte). Manche Ökonomen behaupten einen dritten Vorteil, nämlich dass ein kapitalbasiertes System zu höheren Sparleistungen, diese wiederum zu höheren Investitionen und daher höherem Wachstum führen würden. Empirisch belegt ist das nicht. Vgl. Minns und Sexton (2006, S. 21) zur einschlägigen Diskussion.

Von den Eigentumsverhältnissen her gesehen hätten die Einzahler in Pensionsfonds sicher die Möglichkeit, einen politisch oder moralisch motivierten Einfluss
dahingehend geltend zu machen, wie ihre Beiträge investiert werden. Schließlich
geht es um ihr Geld. Aber davon war jedenfalls vor der Großen Rezession wenig
zu spüren, obwohl einige amerikanische Gewerkschaften inzwischen nicht mehr
dem Usus folgten, wonach Investitionen von gut bezahlten Professionellen für
hohe Renditen getätigt werden sollen, ohne Einmischungen, die ethisch oder politisch motiviert sein könnten. Ohne solche Beschränkungen ist es demgemäß wenig überraschend, dass US-Pensionsfonds eine Hauptrolle bei der Einführung und
Stützung neuer spekulativer Transaktionsformen spielten, zuerst beim Engagement
im Optionshandel, dann bei der Mitwirkung in den Märkten für Unternehmensschuldverschreibungen und in den Repo-Märkten,[5] die im Erfolgsfall eine kurzfristige und profitable Verwaltung von Kassenbeständen erlauben.

In welchem Sinne sind typische Finanzmarkttransaktionen spekulativ? Der Optionshandel kann als Beispiel dienen. Wenn z. B. ein Pensionsfonds mit niedrigem
Risiko in Staatsschuldenpapieren investiert hat, ist normalerweise auch die Verzinsung niedrig, sagen wir 2 %. Um die Beitragszahler durch höhere Erträge zu-
friedenzustellen (und neue anzuziehen) und um das Einkommen des Investitions-
managers zu steigern, das an positive Anlageergebnisse gekoppelt ist, bietet der
Fonds Optionen auf die Papiere an, die er hält, sagen wir zu einem Preis von 2 $
für einen Schatzbrief von 100 $. Eine Bank funktioniert als Vermittler, häufig im
nicht-regulierten OTC (over the counter)-Handel, indem sie die Optionen nach den
Terminbedürfnissen des Verkäufers maßschneidert, z. B. um mit dem erwarteten
Zusatzeinkommen aus dem Optionsverkauf bessere Erträge in der Quartalsbericht-
erstattung auszuweisen. Wenn es einen Käufer gibt, wird ein Vertrag geschrieben,
der den „strike price" des Schatzbriefs und einen Schlusstermin festlegt, sagen
wir 100 $ am 31. Oktober. Der Verkäufer der Option muss den Schatzbrief für den
„strike price" liefern, wenn der Käufer die Option wahrnimmt. Das wird letzterer dann tun, wenn der Marktpreis des Schatzbriefs am Schlusstermin über dem
„strike price" liegt. Der Käufer wird den Bond dann zum Marktpreis verkaufen
und verdient die Differenz zwischen „strike price" und Marktpreis. Wenn z. B.
der Marktpreis am Schlusstermin bei 104 $ liegt, hat der Käufer der Option auf
2 $ Einsatz einen Gewinn von 2 $ gemacht. Der Clou am Optionshandel für den
Käufer ist, dass er vom Wertzuwachs eines Papiers profitiert ohne den finanziellen
Aufwand, der erforderlich wäre, wenn er das Papier selbst kaufen müsste. Wenn je-

---

[5] Die typische Repo-Transaktion verläuft so, dass der Halter von Wertpapieren, anstatt einer
rechtlich und vertraglich relativ komplizierten Kreditaufnahme, diese Papiere mit dem Versprechen verkauft, sie zu einem vereinbarten Zeitpunkt mit einem – der Verzinsung eines
äquivalenten Kredits entsprechenden – Preisaufschlag zurückzukaufen.

doch der Marktpreis den „strike price" nicht übersteigt, verliert der Käufer der Option 2 $, die der Verkäufer dann verdient hat. Kurz, der Käufer einer Call-Option wettet auf eine Preissteigerung, der Verkäufer auf Preisstabilität oder -senkung. Dabei sind die Preise von Bonds, also Papieren mit Festverzinsung und gegebenen Laufzeiten, auf Sekundärmärkten abhängig von der allgemeinen Zinsentwicklung. Wenn z. B. die Zentralbank den Leitzinssatz senkt (erhöht), gehen die Bondpreise hoch (runter). Deshalb ist die Antizipation dessen, was die Zentralbank tun wird, ein wesentliches Element bei dieser Art von Spekulation.

Ob sich Pensionsfonds in solchen spekulativen Transaktionen[6] engagieren oder nicht hängt von Regulierungen ab oder von den Verträgen, die sie mit Beitragszahlern bezüglich des Risikos schließen, dass sie bei der Geldanlage eingehen. Wenn die Beitragszahler hohe Renditen erwarten und zugleich ignorieren, wie sie zustande kommen, können die Fondsmanager riskantere Geschäfte betreiben, wie den Optionshandel oder den Handel mit anderen Derivaten.[7] Gegenwärtig sind die Zinssätze extrem niedrig und in den meisten reichen Ländern real negativ (d. h. die Inflationsrate ist höher als der Zinssatz). Wer für eine auskömmliche Alterssicherung sparen will, sieht dieses Ziel häufig nur als erreichbar an, wenn das Gesparte in riskante Anlagen fließt. Ob das hilft, ist eine Frage des Glücks. Hinzu kommt noch, dass der wirkliche Zustand von Pensionsfonds gegenwärtig nicht ohne weiteres ersichtlich ist, weil niedrige Zinssätze zugleich bedeuten, dass der Marktwert ihrer Anlageobjekte gewachsen ist – so dass erst eine Abkehr von der Niedrigzinspolitik das wahre Ausmaß ihrer Unterfinanzierung offenlegen würde.

Beispiel: Ein 100 € Schatzbrief wird mit einer Verzinsung von 3 % ausgegeben. Wenn die Zentralbank den Zinssatz auf 1 % senkt, wird der Marktwert des Schatzbriefs wegen der Konkurrenz der Anlagemöglichkeiten gegen 300 € tendieren, weil der erwartete Einkommensstrom den Gegenwartswert des Schatzbriefs

---

[6] Einige per Umfrage erhobene Daten zu dem Ausmaß der Engagements in „alternativen Investitionen" finden sich in IOPS (2011). Towers Watson berichtet für die o. g. Länder folgende Aufteilung der Investitionen zwischen Aktien, Bonds, Barkasse und Alternativen (inkl. Immobilien und Derivaten): Bei Aktien ist der Anteil vom Höchstwert von 61 % (2001) zweimal krisenhalber eingebrochen und auf 52 % (2013) gesunken, während der Anteil der Alternativen von 5 über 15 (2007) auf 18 % gestiegen ist (Towers Watson 2014, S. 27).

[7] Grundsätzlich unterscheidet man zwischen drei Arten von Derivaten: Terminkontrakten (futures), Optionen und Swaps: „A futures contract is a bilateral contract in which one party, the long position, is compensated if the price or index or rate underlying the contract rises while the other party, the short position, is compensated if it goes down. An options contract grants the right but not the obligation to purchase or sell a commodity or financial instrument at a particular price in the future; the option holder derives a benefit if the price moves in his or her favor. In a swaps contract, the two parties exchange streams of payments based on different benchmarks." (FCIC 2011, S. 560).

auf den Sekundärmärkten bestimmt. Der gleiche Mechanismus funktioniert bei
Aktien, bei denen die erwarteten Dividenden relativ zum gegenwärtigen Leitzins
den Marktwert bestimmen (natürlich abgesehen von weiteren spekulativen Einflüssen). Sobald die Zentralbank den Zinssatz wieder anhebt, werden die Wertpapierkurse entsprechend fallen.

Wie auch immer, die Regeln, nach denen Pensionsfonds investieren, können sie
zu Krisenbeschleunigern werden lassen, wie die Erfahrungen von 2007/2008 gezeigt haben. Als die Rating Agenturen im Sommer 2007 plötzlich die Ratings von
CDOs (collateralized debt obligations, s. u.) massenhaft und drastisch absenkten,
waren die Fonds, die verpflichtet waren, nur in Papieren mit „investment grade"
(also hohen Ratings wie AAA oder AA) zu investieren, ebenso plötzlich gezwungen, diese Papiere abzustoßen und damit in einen bereits fallenden Markt zusätzliches Angebot einzufüttern. Selbst ohne diese Verkaufsverpflichtung leisten Buchhaltungsregeln wie „fair value accounting" und die Verpflichtung des „mark to
market" einem solchen Wertverfall Extraschub, weil umgehend den Marktpreisen
folgende, nach unten korrigierte Bewertungen die Bilanzen von Unternehmen auch
dann kritisch aussehen lassen, wenn sie diese Papiere bis zum Ende der Laufzeit
halten wollen. Deshalb können die Halter solcher Papiere verwundbarer aussehen,
als sie wirklich sind, was wiederum ihre Fähigkeit, Kredite zu bekommen, beeinträchtigt, so dass sie u. U. gezwungen sind, Vermögensbestände zu liquidieren. So
kommt eine Abwärtsspirale in Gang.

Kurz, Pensionsfonds gehören zu den Produzenten starker, prozyklischer Effekte
in den Finanzmärkten, weil ihre Investitions- und Buchhaltungsregeln und ihre
Abhängigkeit von Kreditrating-Agenturen bei Investition- oder Verkaufsentscheidungen sie zwingen, sich sofort an Markt- bzw. Ratingänderungen anzupassen.[8]

Damit es keine Missverständnisse gibt: Eine analoge prozyklische Kraft kann
auch von Umlagesystemen dann ausgehen, wenn sie zu kurzfristigen, automatischen Anpassungen der Rentenleistungen an das Beitragsaufkommen gezwungen
werden. Ökonomisch gesehen ist es selbstverständlich sinnvoll, wohlfahrtsstaatliche Ausgaben an langfristige Trends anzupassen, aber schnelle Anpassungen
verstärken zyklische Schwankungen. Wenn z. B. Leistungen aus der Rentenkasse
jedes Mal gekürzt würden, sobald die Arbeitslosigkeit steigt und deswegen die
Sozialbeiträge sinken, wie das in einer Rezession der Fall ist, wäre das Absinken
der Renteneinkommen ein weiterer Faktor, der die gesamtwirtschaftliche Nachfrage und damit das wirtschaftliche Aktivitätsniveau schwächt. Bei automatischen
kurzfristigen Anpassungen müssen Pensionsfonds und Versicherungen ihre Leistungen sofort absenken, wenn die ihnen zuströmenden Zahlungen abnehmen, was

---

[8] Im Gegensatz dazu funktionieren – falls notwendig – defizitfinanzierte sozialstaatliche
Transfers als „automatische Stabilisatoren" der Nachfrage.

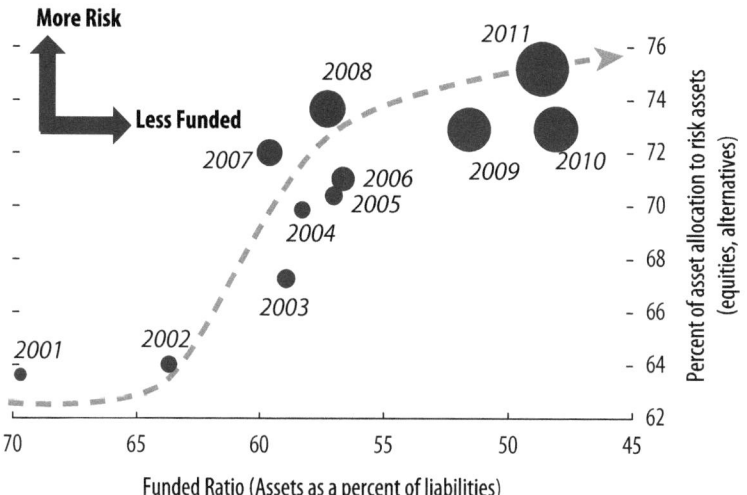

Abb. 7.1 Die Risikoleranz der schwächsten zehn Prozent der US öffentlichen Pensionsfonds. (Quelle: IMF 2013, S. 29; die Größe der Kreise repräsentiert die Anlage in alternativen Investitionen; 2011 entspricht 25,5 %.)

wiederum die privaten Haushalte zu niedrigeren Ausgaben zwingt, so dass eine zusätzliche Beeinträchtigung der Gesamtnachfrage in Gang kommt.[9]

Nach der Großen Rezession, soviel zur Lernfähigkeit unter strukturellen Zwängen, kam es jedenfalls zu einem verstärkten Engagement der Pensionsfonds in riskanteren „alternativen Investitionen" (Finanzderivaten, Private Equity-Instituten, Hedge Fonds), weil einerseits die Leitzinssätze gegen Null tendierten, andererseits die Unterfinanzierung[10] die Pensionsfonds-Manager zwang, mit höheren Risiken höhere Renditen anzustreben.

Wie die obige Abb. 7.1 zeigt, führte die Große Rezession in dieser Hinsicht *nicht* zu einem Trendbruch. Vielmehr verstärkte sich im Gefolge der Krise der Druck zur Suche nach höheren Renditen und damit zu riskanteren Anlagen.

---

[9] U. U. können die Haushalte zeitweise ihr Konsumniveau aufrechterhalten, indem sie Ersparnisse aufzehren oder sich höher verschulden, aber das sind keine nachhaltigen Stärkungen der Nachfrage. In Schweden wurden im Gefolge der Großen Rezession deshalb die Regeln zur automatischen Anpassung der Alterssicherungsleistungen suspendiert (Sunden 2009).

[10] Unterfinanzierung besteht, wenn der Wert der Verbindlichkeiten den der Forderungen übersteigt. Für die von Towers Watson untersuchten Länder gilt, dass diejenigen Pensionsfonds, die „defined benefits" (vorab vertraglich garantierte Rentenleistungen) garantieren, im Durchschnitt seit der DotCom-Krise 2001 unterfinanziert sind – mit einer drastischen Verschlechterung (Towers Watson 2014, S. 21) durch die Große Rezession.

Fassen wir zusammen: In den 1980er Jahren entwickelten sich neue, zusätzliche Spekulationsmöglichkeiten. Sie verbreiteten sich insbesondere nach der Dotcom-Krise und bildeten Entwicklungsbedingungen für die Große Rezession von 2007/2008. In den USA trugen die Pensionsfonds als ein aktiver Faktor diesen Trend mit.

7.3 Eigenheimbesitz als Substitut für wohlfahrtsstaatliche Programme?

Die Unterstützung des Eigenheimkaufs durch Subventionen für Hypothekenkredite mittels Steuervergünstigungen war ein Merkmal des „hidden welfare state" in den USA seit 1913 (Howard 1997). Für Haushalte mit niedrigen Einkommen war diese Unterstützung allerdings wenig bedeutsam, weil der Gesamteffekt der Entlastung von Zinszahlungen durch Steuerabzüge regressiv ist (Mettler 2011). Insofern haben sowohl demokratische als auch republikanische Regierungen (Clinton und Bush Jr.), die seit den 1990er Jahren eine Ausweitung des Eigenheimbesitzes anstrebten, nicht zuletzt versucht, die Bedingungen für die Zuteilung von Hypotheken an Familien mit niedrigen Einkommen zu entschärfen. U. a. setzte sich Bush Jr. für „zero-down-payment"-Hypotheken ein. Die sogenannten „government sponsored enterprises" Fannie Mae und Freddy Mac wurden ermutigt, ihre Garantien für Hypotheken auch auf Kredite niedriger Qualität auszuweiten. Aber der richtige Schub – der zugleich die US-Wirtschaft entscheidend in Richtung Große Rezession beschleunigte – kam für die Hauskäufer mit niedrigem Einkommen erst, als die privaten Banken begannen, „mortgage backed securities" (MBS) im großen Stil zu vermarkten, die aus Subprime-Hypotheken fabriziert wurden.[11] Die – nicht zuletzt globale – Nachfrage nach diesen Wunderderivaten (s. u.) war so stark, dass die Standards, nach denen Hypotheken gewährt wurden, in den Vorkrisenjahren kontinuierlich aufgeweicht wurden (Demyanyk und Hemert 2008).

Gemäß dem Argument, Eigenheimbesitz könne als Substitut für wohlfahrtsstaatliche Einkommenstransfers funktionieren, insbesondere für Renten im Alter (Kermeny 1992; Castles und Ferrara 1996; Eggert und Krieger 2009), lässt sich die politische Unterstützung des Eigenheimerwerbs von Familien mit niedrigen Einkommen in den USA einerseits verstehen als Kompensation für das „end of

---

[11] Gemessen an traditionellen Kriterien, nach denen eine Hypothek mit 30 Jahren Laufzeit bei einer 20-Prozent-Anzahlung des Preises für ein qualitativ angemessenes Eigenheim vergeben wurde, werden Hypotheken als „subprime" klassifiziert, wenn die Darlehen-Hauspreis-Relation höher, das Kreditrating oder das Einkommen des Hypothekennehmers niedrig oder die Qualität des Hauses zweifelhaft ist.

welfare as we knew it", andererseits als entscheidendes Element des „privatized Keynesianism" (Crouch 2008): Die gesamtwirtschaftliche Nachfrage wurde nicht mehr durch schuldenfinanzierte Ausgaben des Staats aufrechterhalten, an dessen Stelle traten vielmehr die sich mehr und mehr verschuldenden privaten Haushalte.

7.3.1 Wie funktionierte die Hypothekenfinanzierung?

Die Finanz-„Innovationen", die sowohl die Immobilienblase als auch die Verschuldung der privaten Haushalte in den USA aufblähten, waren die „Mortgage Backed Securities" (MBS) und die daraus fabrizierten „Collateralized Debt Obligations" (CDOs), mit deren Hilfe die Banken und Schattenbanken die vergebenen Kredite verbriefen und weiterverkaufen konnten. Hinter diesen Innovationen steckte das Interesse der Banken an der Ausweitung ihrer Kreditvergabe. Die traditionellen „Savings & Loan"-Banken in den USA hatten nach dem „3-6-3"-Geschäftsmodell operiert: Zahle 3 % für Depositen, verleihe dieses Geld zu 6 % und sei um 3 Uhr nachmittags am Abschlag auf dem Golfplatz. Die meisten dieser Banken überstanden jedoch die Periode der Hochinflation in den 1970er Jahren nicht, u. a. weil die Zinssätze, die sie zahlen konnten, gesetzlich gedeckt waren. In der Folgezeit entwickelte sich ein Geschäftsmodell, dem gemäß Hypothekenfinanzierer sich kurzfristig Geld auf den Finanzmärkten borgten, das sie langfristig ausliehen, mit einem hohen Risiko wegen Fälligkeitsinkongruenz und – anfangs – begrenzten Möglichkeiten, ihr Geschäft auszudehnen, weil Kapitaldeckungsvorschriften das später so beliebte und exzessiv betriebene „Leveraging" verhinderten.[12] Diese Begrenzungen konnten übersprungen werden, indem die Banken die Kredite, die sie vergaben, durch Verkauf und Verbriefung aus ihren Bilanzen entfernten. D. h. die Hypotheken- oder sonstigen Kreditverträge, die ein Anrecht auf einen Geldstrom für Zinsen und Tilgung gegenüber den Gläubigern darstellen, wurden gebündelt und verkauft,[13] zunächst an andere, manchmal eigens dafür gegründete, Finanzhäu-

---

[12] „Leveraging" findet statt, wenn Anleger zusätzlich zu ihren Eigenmitteln, die sie als „Hebel" benutzen, geborgtes Geld benutzen. Beispiel: Eine Investition mit einer Leverage-Rate von 5:1 (100 € mit 20 € Eigenmitteln und 80 € geliehenem Geld) soll einen Ertrag von fünf Euro bringen. Wenn die Kosten für das Darlehen drei Euro betragen, bleibt ein Ertrag von zwei Euro auf die Eigenmittel von 20 €, also ein Gewinn von 10 %. Der Ertrag auf die Eigenmittel wird umso höher, je höher die Leverage Rate. Aber im Fall eines Verlusts zeigt sich: Das Risiko ist asymmetrisch. Je höher die Leverage Rate, umso niedriger der Verlust, der ausreicht, um die Eigenmittel aufzusaugen (Adrian und Shin 2007).

[13] „Selling a loan", ein Darlehen verkaufen, ist ein für den Finanzjargon typischer Ausdruck, in dem das Bedürfnis nach kurzen Etiketten für komplizierte Transaktionen dazu führt, dass der Jargon für Außenseiter unverständlich und irreführend bleibt. In diesem Fall

ser („special investment vehicles" im Finanzjargon). Diese teilten die Hypotheken-
bündel in Tranchen, womit das Kreditausfallrisiko minimiert werden sollte. Diese
Tranchierung ermöglichte eine Konstruktion von MBSs und CDOs, bei denen der
versprochene Ertrag mit dem Risiko des Kreditausfalls eng korrelieren sollte, so
dass die Käufer dieser Papiere genau ihre gewünschte Risiko-Ertrags-Kombination
wählen konnten. Die „special investment vehicles" waren, in weniger irreführen-
der Ausdrucksweise, einfach Schattenbanken, die die offiziellen Banken benutzen
durften, um Regulierungen zu unterlaufen. Dabei war die Verbriefung von Hypotheken an sich nichts Neues. Um vergebene Anleihen aus der Bilanz zu entfernen,
hat man schon früher das Recht auf den erwarteten Einkommensstrom aus Verzinsung und Tilgung an „Investoren"[14] verkauft. Innovative Finanzchemie kam
ins Spiel, sobald die Hypotheken von immer schlechterer Qualität so tranchiert
und verpackt werden konnten, dass sie die für ihre Vermarktung unerlässlichen
hohen Kreditratings bekamen.[15] Dabei folgten die Konstrukteure und die Ratingagenturen der Theorie, dass Risiken durch Portfoliomischung diversifizierbar und
kalkulierbar werden, so dass die entsprechenden Papiere angeblich genau auf den
Risikoappetit der „Investoren" hin zugeschnitten waren. Die hohen Kreditratings
waren entscheidend für die weltweite zügige Vermarktung dieser Papiere. Zu den
Käufern gehörten auch Pensionsfonds.

Die „Investoren" verließen sich auf die Kreditratingagenturen, weil sie selbst
den Wert der Papiere, die sie kauften, nicht einschätzen konnten. Allerdings kauften sie selten die ganz niedrig eingestuften Tranchen. Das öffnete das Fenster für
eine Innovation, die eine Seite der Krise auf selbst-referentielle Art hochpäppelte:
Die Erfindung des Pseudo-„Investors".[16] Das war meist wiederum eine Schatten-
bank, die die niedrig bewerteten Tranchen aufkaufte und durch erneutes „Pooling"
und „Tranching" in „Collateralized Debt Obligations" (CDOs) verwandelte, unter
Umständen auch, durch erneute Wiederholung der Operation, in sog. CDO^2s. Wie-

---

ist gemeint, dass das Anrecht auf einen Einkommensstrom, der in einem Hypothekenvertrag
vereinbart wird, an einen Interessenten verkauft wird. Dieser zahlt den Preis in Höhe des
Gegenwartswerts des zukünftigen Einkommensstroms. Der Gegenwartswert wird berechnet
als die Summe der in der Laufzeit erwarteten Zahlungen des Schuldners, diskontiert mit dem
aktuellen Zinssatz.

[14] Das Wort „Investor" bezeichnet im Finanzjargon diverse Akteure in verschiedenen Rollen, aber sehr selten diejenigen, die sich mit *eigenem* Geld an einer Aktivität beteiligen, aus
der ein Zuwachs des Sozialprodukts resultiert.

[15] Die Mysterien des „Pooling" und „Tranching" und der dadurch bewirkten Verwandlung
von Krediten mit hohem Ausfallrisiko in Finanzpapiere oberster Qualität lassen sich recht
gut anhand der im Anhang wiedergegebenen Grafiken aus dem Bericht der Financial Crisis
Investigating Commission des US-Kongresses verstehen (FCIC 2011, S. 73, 128).

[16] Vgl. den Abschnitt: „We created the investor" (FCIC 2011, S. 29 f.).

derum erhielten diese „Securities"[17], obwohl sie aus Papieren gebastelt wurden, die in den ersten Runden niemand kaufen wollte, die hohen Ratings, die sie z. B. für Pensionsfonds oder Versicherungen als Anlage zuließen. Der spekulative Pyramidenbau ging sogar noch weiter, als dieselben Techniken benutzt wurden, um „synthetische" CDOs zu konstruieren, in denen „Credit Default Swaps"[18] das entscheidende Material abgaben, auf dessen Preisentwicklung man wetten konnte.[19]

Die Nachfrage nach diesen „Finanzprodukten" war so groß, dass das Rohmaterial, aus dem sie gefertigt wurden, nämlich Hypotheken, kaum schnell genug beschafft werden konnte. Aufgrund dieser Nachfrage wurden die Hypotheken immer sorgloser vergeben. Die Qualität der Darlehen, d. h. die Kreditwürdigkeit der Schuldner, nahm ab, aber solange die Wohnungs- bzw. Hauspreise stiegen und die Zahlungsausfälle seltene, lokale Ereignisse blieben, schien nichts schiefgehen zu können. Sobald jedoch die Wohnimmobilienpreise auch nur stagnierten und sich herausstellte, dass die Zahlungsausfälle bei Hypotheken regional breit verteilte, hoch korrelierte Ereignisse waren, blieb nur noch eines: Die Blase platzte.

7.3.2 Hypothekenfinanzierung als Grundlage des „Privatized Keynesianism"

Von Colin Crouch (2008) stammt die treffende Bezeichnung „privatized Keynesianism" für die Periode von den 1990er Jahren bis zur Großen Rezession, in der die privaten Haushalte ihre Konsumausgaben immer mehr über Kredite finanzierten. Die Nationalstaaten hatten ihre Rolle als Garanten einer hinreichenden Gesamtnachfrage seit der durch die Thatcher- und Reagan-Regierungen in den frühen 1980er eingeleiteten neoliberalen Wende aufgegeben. Sie wurden in dieser Rolle durch die Privathaushalte ersetzt, die über Verschuldung mehr konsumierten, als sie verdienten. Nachdem die hohen Inflationsraten der 1970er Jahre beseitigt waren und niedrige Zinsen wiederholt benutzt wurden, um Rezessionen zu überwinden oder zu vermeiden, konnten die privaten Haushalte auf Kreditangebote zugreifen, die scheinbar nur geringe künftige Belastungen darstellten. Für die Kre-

---

[17] Man beachte die feinsinnige Ironie in der Wortwahl der Finanzbranche.

[18] Credit Default Swaps (CDS) sind Derivate, die es dem Käufer erlauben, das Risiko eines Zahlungsausfalls für einen Kredit an den Verkäufer des Swaps zu transferieren. Der Verkäufer verspricht, den Käufer zu entschädigen, wenn der Zahlungsausfall eintritt und erhält dafür eine Prämie. Der Käufer braucht den Kredit nicht selbst vergeben zu haben (Dickinson 2008).

[19] Lewis (2011) erzählt die Geschichte der Spekulation gegen die subprimebasierten Papiere und die Rolle der CDS mit hohem Unterhaltungswert.

ditgeber schien das Risiko der Zahlungsunfähigkeit der Kreditnehmer keine Rolle zu spielen, weil es einfach weiter gereicht wurde, indem nicht nur Hypotheken-, sondern auch Kreditkarten-, Auto- und Studentendarlehen über Verbriefungen als CDOs verkauft werden konnten. Viele Konsumenten konnten dem Angebot von immer mehr Krediten zu scheinbar günstigen Konditionen bei stagnierenden oder sinkenden Reallöhnen nicht widerstehen. Sie benutzten in beträchtlichem Ausmaß Hypotheken nicht nur für den Kauf oder die Verbesserung von Häusern und Wohnungen, sondern belasteten ihr bestehendes Immobilieneigentum, um an mehr Geld für Konsum zu kommen.

„By 1999, three of every four subprime mortgages was a first mortgage, and of those 82 % were used for refinancing rather than a home purchase. Fifty-nine percent of those refinancings were cash-outs, helping to fuel consumer spending while whittling away homeowners' equity." (FCIC 2011, S. 80)

Cynamon und Fazzari (2013) haben die Einkommens- und Nachfrageentwicklung der privaten Haushalte in den USA analysiert, und dabei zwischen den reichsten fünf Prozent und den unteren fünfundneunzig Prozent unterschieden. Die Sparquote (der Anteil der Ersparnisse am verfügbaren Einkommen) der unteren 95 % sank in den frühen 1990er Jahren in den negativen Bereich. D. h. diese Haushalte haben im Aggregat mehr ausgegeben, als sie verdienten, so dass sie sich immer höher verschuldeten. Zugleich wuchs der Einkommensanteil der obersten fünf Prozent auf über 30 %, ein sprunghafter Anstieg der Einkommensungleichheit. Die Nachfrage relativ zum verfügbaren Einkommen entwickelte sich zwischen den beiden Haushaltsgruppen bis zur Krise drastisch auseinander (Abb. 7.2).

Die Verschuldung der gesamten Haushalte wuchs, bezogen auf das verfügbare Einkommen, auf über 100 % in den frühen 2000er Jahren und erreichte 2007 den Spitzenwert von 130 % (aber fast 150 % für die untere Haushaltsgruppe). Zu hohe Schulden münden irgendwann in den Zwang zum Schuldenabbau („deleveraging"), der 2006 einsetzte. Die Sparquote stieg wieder in den normalen Bereich, d. h. etwa fünf Prozent für die USA. Trotzdem ließen die Zahlungsausfälle der überschuldeten Haushalte insbesondere bei den Hypotheken dann 2007/2008 das ganze Kreditsystem einstürzen. Im Sog der Großen Rezession konnten jedenfalls die Konsumausgaben der privaten Haushalte die Gesamtnachfrage nicht hinreichend stützen, so dass das Wirtschaftswachstum einbrach und stagnierte.

Implizit stützen Cynamon und Fazzari (2013) die These von Crouch für die USA. „Privatized Keynesianism" bedeutete, dass die im Keynesianismus vorgesehene Rolle des Staates, der notfalls über Deficitspending die Nachfrage stützt und dadurch Wachstum ermöglicht, von den privaten Haushalten durch deren Verschuldung übernommen wurde. Sie stützten die Gesamtnachfrage, indem sie mehr als

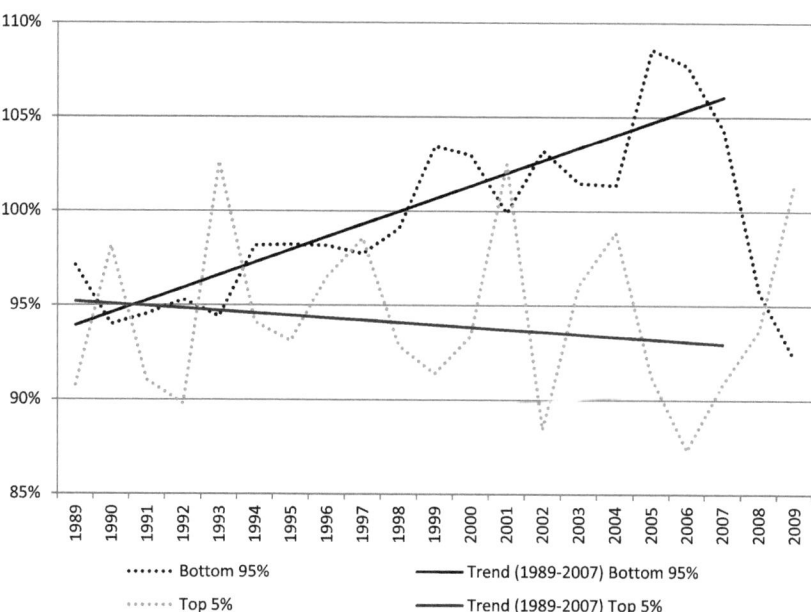

Abb. 7.2 Konsum und Sparen der privaten Haushalte im Verhältnis zum verfügbaren Einkommen in den USA. (Quelle: Cynamon und Fazzari 2013, S. 9.)

ihr Einkommen für ihren Konsum ausgaben – offensichtlich ein Handlungsmuster mit begrenzter Laufzeit.[20]

Eine ganze Pyramide von Wertpapieren beruhte jedoch auf diesen Darlehen an private Haushalte, wobei die Hypotheken die wichtigste Rolle spielten, weil sie den Boom bei den Wohnimmobilien durch eine positive Feedback-Schleife fütterten: Je mehr Hypotheken an potentielle Käufer vergehen wurden, umso größer die Nachfrage nach Wohneigentum, umso mehr stiegen die Preise und umso eher wurden nicht nur neue, sondern auch Zweithypotheken zur Umfinanzierung vergeben. Sobald aber auch nur ein, zunächst relativ kleiner Anteil der Haushalte nicht mehr in der Lage war, den Schuldendienst zu leisten, kam die Maschine der Vermarktung der Hypotheken durch CDOs ins Stottern. Als dann die Immobilienblase platzte, weil viele Verträge in der Erwartung geschlossen worden waren, dass der Schuldendienst bei gestiegenem Wert der Immobilien durch Umfinanzierung in

---

[20] Für unverzagte Schuldenbremser sollte man an dieser Stelle darauf hinweisen, dass selbst eine wachsende Verschuldung kein Problem darstellt, solange die Wachstumsrate des Einkommens höher ist als der Zinssatz auf die Schulden.

neue Hypotheken finanzierbar sein würde, konnte der Effekt nicht auf den Immobilienmarkt begrenzt bleiben. Die ganze Kreditpyramide war betroffen, weil auf Seiten der Darlehengeber zu viele Transaktionen mit kurzfristigen Krediten andauernd refinanziert werden mussten. Dazu wurde ein gewichtiger Teil der Wertpapiere als Sicherheit benötigt. Sobald deren Marktpreise fielen, wurden sie nicht mehr als solche akzeptiert, die immer wieder kurzfristig zu erneuernde Finanzierung gelang nicht mehr. Frisches Geld war nur noch über Notverkäufe zu erwirtschaften, die wiederum den Preisverfall und das Misstrauen der potentiellen Kreditgeber verstärkten. Das selbstreferentielle Netzwerk von Gläubigern und Schuldnern zerfiel, das durch Unternehmensschuldverschreibungen, Repo-Anleihen, MBSs, CDOs und Credit Default Swaps aufgespannt worden war. Die Abwärtsspirale auf den Kreditmärkten führte zu weitreichender allgemeiner Unsicherheit und einer Beeinträchtigung der gesamten wirtschaftlichen Aktivität. Arbeitsplätze, Wohnungen, Häuser, Vermögen gingen verloren. Da die amerikanischen Wertpapiere global von allen möglichen „Investoren" aufgekauft worden waren, breiteten sich Verluste und Panik schnell weltweit aus. Die Große Rezession war da. Mission accomplished.

7.3.3 Nach dem Krach

Vor der Großen Rezession galten Staatsschuldenpapiere als sicherer Hafen für die konservativen Anlagen, auf die sich nachhaltige kapitalbasierte Rentensysteme in schlechten Zeiten stützen müssen. In turbulenten Zeiten mit platzenden Blasen sind Anlagen in Aktien oder Immobilien ersichtlich extrem riskant, ganz zu schweigen von Anlagen in undurchsichtig konstruierten Derivaten. Stattdessen kaufte man Staatsanleihen. Dafür bekam man zwar geringere Zinsen, aber diese Zinsen galten als „risikolos". Die Große Rezession hatte jedoch den Folgeeffekt, dass die öffentlichen Schulden explodierten, nachdem ein Staat nach dem anderen die Kosten für die Rettung von Banken und Finanzunternehmen übernahm. Die Höhe dieser Schulden und die Aussichten auf eine längere Periode der wirtschaftlichen Stagnation (Palley 2012) ließen (und lassen) es fraglich erscheinen, ob die Staaten ihre Gläubiger auf ehrliche Weise bedienen. Bei Staatsanleihen als Anlageobjekten musste genauer hingesehen werden, zumal sich die Spekulation auf deren Kursverfall mit Hilfe von Credit Default Swaps ausbreitete. Ebenso problematisch war für die Pensionsfonds, dass die Zentralbanken die Zinssätze gegen Null drückten, um die Kreditströme, vermittelt über geschenktes Geld an die Banken, wieder in Fluss zu bringen. Zinssätze, die niedriger als die Inflationsraten sind, bedeuten, dass die Erträge aus Anlagen in Staatsschulden negativ werden. Je länger das der Fall ist, umso weniger eignen sich privatisierte, kapitalgestützte Rentensysteme für die Sicherung des Alterseinkommens. Entweder sind die Erträge zu niedrig, und der Wert der Ersparnisse schrumpft, oder die Suche nach höheren Erträgen führt zu erhöhten Risiken, wobei die effektiv resultierenden Erträge mit Glück tatsächlich erfreulich sein können, mit Pech aber Ersparnisse vernichten. Hinzu kommt, dass – angesichts des gigantischen Volumens der Pensionsfonds – deren riskantere Anlagestrategien dazu beitragen, die nächste spekulative Blase aufzupumpen.

Inzwischen gelten zwar Finanzkrisen selbst unter neoliberalen Ökonomen als periodisch wiederkehrende Normalität kapitalistischen Wirtschaftens. Insofern ist mit der Großen Rezession ein wenig Realismus in die Standardwirtschaftstheorie zurückgekehrt. Aber das scheint bis jetzt keine Relevanz für die erforderliche Gegenreformation der Rentensysteme zu haben. Eine kognitive Grundlage für eine solche Reform besteht in der Lehre, die aus der Großen Rezession zu ziehen ist: Die Implosion spekulativer Blasen und deren weit über den Finanzsektor hinausreichenden negativen Folgen in Form von Vermögens-, Einkommens- und Arbeitsplatzverlusten verdeutlichen die Risiken zweiter Ordnung, die daraus resultieren, dass man sich auf Marktmittel verlässt, um sich gegen die Risiken erster Ordnung zu sichern, die unvermeidlich zu einer kapitalistischen Ökonomie gehören.

Der Trend zur Umstellung kapitalbasierter Systeme von Defined Benefits zu Defined Contributions in den angloamerikanischen Ländern (Towers Watson 2014) zeigt, dass zumindest die Pensionsfondsanbieter diese Risiken verstanden haben und dabei sind, sie auf die Beitragszahler abzuwälzen, also genau auf diejenigen, die eigentlich mit einem Alterssicherungssystem vor diesen Risiken geschützt werden sollten. Defined-Benefit-Systeme bleiben unterfinanziert, während Defined-Contribution-Systeme keine adäquaten Renten versprechen (können). Für deren Klienten ist es im Alter eine Glücksfrage, ob sie selbst, ihre Gewerkschaft oder ihr Unternehmen den „richtigen" Pensionsfonds ausgewählt haben.

Es ist ebenfalls eine Glücksfrage, ob man in Krisenzeiten oder in den Zeiten der „Great Moderation" oder der „trente glorieuse" lebt. In Krisenzeiten sind sogar gut konstruierte und verwaltete öffentliche Umlagesysteme nicht immun gegen finanzielle Probleme, und die meisten sind noch nicht einmal gut konstruiert und verwaltet. Aber sie haben immer zwei wichtige Vorteile. Erstens sind Beitragszahler und -empfänger, wenn sie sich auf die öffentliche Hand stützen, Teil des größten zugänglichen Risikopools. Zweitens können traditionelle wohlfahrtsstaatliche Transfers nach wie vor antizyklisch als automatische Stabilisatoren der Nachfrage fungieren. Das zeigte sich einmal mehr in etlichen Ländern nach der Großen Rezession.

Unglücklicherweise war das aber nicht die ganze Geschichte. Die National-staaten, die sich eilig bemühten, das Finanzsystem mit viel Geld zu reparieren, wurden zu dessen Opfern, weil sie von den Finanzmärkten für die dafür erforder-liche exzessive Verschuldung abgestraft wurden. Besonders in der Peripherie der Eurozone konnten die Staaten neue Kredite nur noch mit untragbaren Zinslasten aufnehmen. Unterstützung durch die wirtschaftlich besser stehenden Euroländer (und den IWF) gab es auch nur in Form von Krediten, die das Schuldenniveau wei-ter hoch trieben. Zusätzlich wurde diese „Hilfe" abhängig gemacht von sogenann-ten „strukturellen Reformen", was vordringlich hieß: Die finanziell gefährdeten Staaten sollten sich mit Hilfe von Austeritätsprogrammen aus der Krise wursteln. Das hat schon nach der Weltwirtschaftskrise von 1929 nicht geklappt und klappt auch diesmal nicht. Aber wohlfahrtsstaatliche Programme und Ausgaben werden drastisch zurückgefahren, mit im Wortsinn elenden Ergebnissen: Andauernde hohe Arbeitslosigkeit, Armut, unzulängliche Gesundheitsversorgung und dennoch kein Entkommen aus der Postkrisenwirtschaft mit niedrigem Wachstum und Rückfällen in die Rezession. Die Rechtfertigungen der Austeritätspolitik sind angesichts der Misere lächerlich (z. B. wenn ein kleiner Exportüberschuss Spaniens als Erfolg verkauft werden soll, und dieser „Erfolg" darauf beruht, dass die Importe noch schneller zurückgegangen sind als die Exporte) und seltsam realitätsentrückt. Ob-wohl die relevanten Daten zeigen, dass eine Deflationstendenz eingesetzt hat, wird weiter Inflationsgefahr beschworen. Diese Art Wirtschaftspolitik ist nicht nur nicht erfolgreich – außer „in the long run", wenn wir alle tot sind – sondern auch nicht demokratieförderlich. Regierungen ergreifen Maßnahmen, die gegen die Mehr-heitsinteressen ihrer Bevölkerungen gerichtet sind, die wählen können, was sie wollen und am Ende immer nur Austerität bekommen.

7.4   Anhang: Pooling und Tranching

Residential Mortgage-Backed Securities

Financial institutions packaged subprime, Alt-A and other mortgages into securities. As long as the housing market continued to boom, these securities would perform. But when the economy faltered and the mortgages defaulted, lower-rated tranches were left worthless.

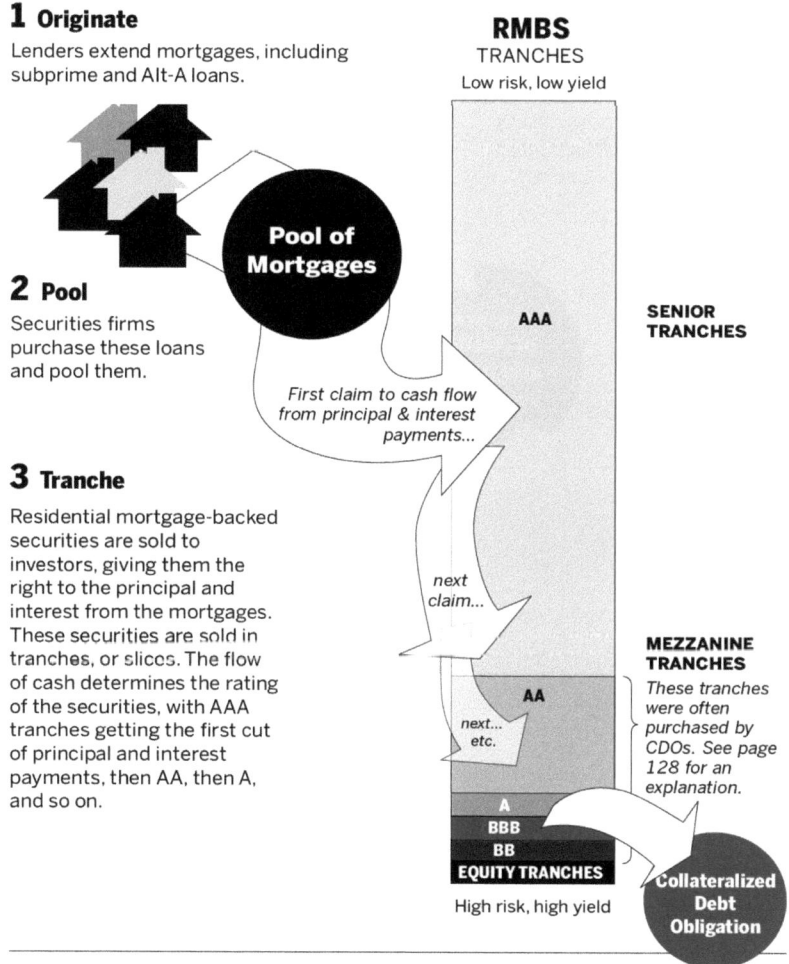

1 Originate
Lenders extend mortgages, including subprime and Alt-A loans.

2 Pool
Securities firms purchase these loans and pool them.

3 Tranche
Residential mortgage-backed securities are sold to investors, giving them the right to the principal and interest from the mortgages. These securities are sold in tranches, or slices. The flow of cash determines the rating of the securities, with AAA tranches getting the first cut of principal and interest payments, then AA, then A, and so on.

RMBS
TRANCHES
Low risk, low yield

Pool of Mortgages

AAA

SENIOR TRANCHES

First claim to cash flow from principal & interest payments...

next claim...

MEZZANINE TRANCHES
These tranches were often purchased by CDOs. See page 128 for an explanation.

AA

next... etc.

A
BBB
BB
EQUITY TRANCHES

High risk, high yield

Collateralized Debt Obligation

Collateralized Debt Obligations

Collateralized debt obligations (CDOs) are structured financial instruments that purchase and pool financial assets such as the riskier tranches of various mortgage-backed securities.

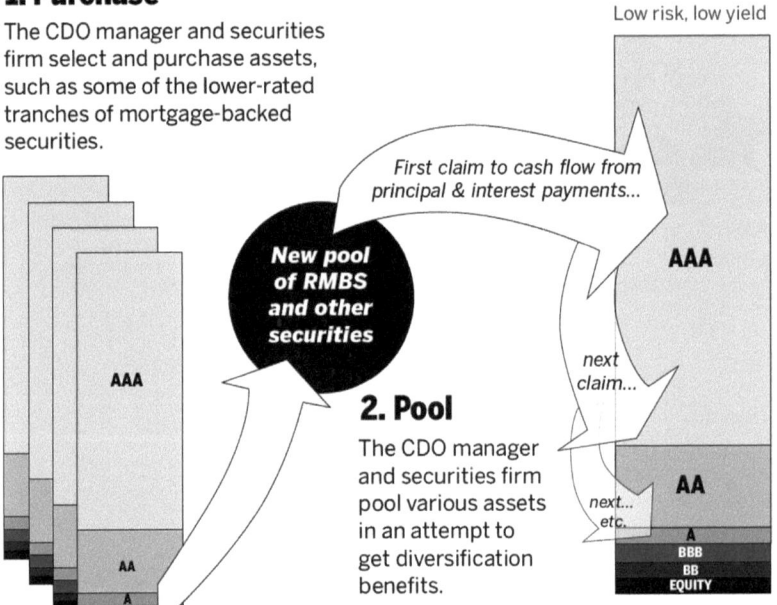

3. CDO tranches

Similar to mortgage-backed securities, the CDO issues securities in tranches that vary based on their place in the cash flow waterfall.

1. Purchase

The CDO manager and securities firm select and purchase assets, such as some of the lower-rated tranches of mortgage-backed securities.

Low risk, low yield

First claim to cash flow from principal & interest payments...

New pool of RMBS and other securities

AAA

AAA

next claim...

2. Pool

The CDO manager and securities firm pool various assets in an attempt to get diversification benefits.

AA

next... etc.

AA
A
BBB
BB
EQUITY

AA
A
BBB
BB

High risk, high yield

Quelle: FCIC 2011, S. 73, 128.

Literatur

Adrian, T., und H. S. Shin. 2007. Liquidity and leverage. http://www.princeton.edu/~hsshin/www/LiquidityLeverage.pdf. Zugegriffen: 20. Juni 2013.

Aglietta, M. 1997. *Régulation et crises du capitalisme, Postface (Nachwort zur Neuauflage)*, 409–477. Paris: Odile Jacob.

Barr, N., und P. Diamond. 2008. Reforming pensions: principles, analytical errors and policy directions. http://economics.mit.edu/files/4025/. Zugegriffen: 12. Aug. 2009.

Bräuninger, D. 2009. Rente nach der Krise – Kapitalgedeckte Vorsorge unverzichtbar. Deutsche Bank Research. https://www.dbresearch.com/PROD/DBR_INTERNET_EN-PROD/PROD0000000000252225/Rente+nach+der+Krise+-+kapitalgedeckte+Vorsorge+unverzichtbar.PDF. Zugegriffen: 8. Juni 2013.

Castles, F. C., und M. Ferrera. 1996. Home ownership and the welfare state: is southern Europe different? *South European Society and Politics* 1 (2): 163–185.

Crouch, C. 2008. What will follow the demise of privatized Keynesianism? *Political Quarterly* 79 (4): 467–487.

Cynamon, B. Z., und S. M. Fazzari. 2013. Inequality and household finance during the consumer age, levy institute, working paper No. 752. http://www.levyinstitute.org/publications/inequality-and-household-finance-during-the-consumer-age. Zugegriffen: 13. Juni 2012.

Dell, F. 2007. Top incomes in Germany throughout the twentieth century: 1891–1998. In *Top incomes over the twentieth century*, Hrsg. A. B. Atkinson und T. Piketty, 365–425. New York: Oxford University Press.

Demyanyk, Y., und O. v. Hemert. 2008. Understanding the subprime mortgage crisis, Federal Reserve Bank of St. Louis, Working Paper 2007-05. Zugegriffen: 6. März 2013.

Dickinson, E. 2008. Credit default swaps: So dear to us, so dangerous. http://ssrn.com/abstract=1315535 oder AMPPURLStarthttp://dx.doi.org/10.2139/ssrn.1315535/.AMPPURLEnd Zugegriffen: 12. Nov. 2011.

Eggert, W., und Krieger, T. 2009. Home Ownership als Substitut für Sozialpolitik: Zum Entstehen der Finanzkrise in den USA. *Wirtschaftsdienst* 89 (6): 390–396.

FCIC (Financial Crisis Inquiry Commission). 2011. Financial crisis inquiry report, government printing office, Washington, DC. http://fcic-static.law.stanford.edu/cdn media/fcic-reports/fcic_final_report_full.pdf/. Zugegriffen: 20. März 2013.

Howard, C. 1997. *The hidden welfare state: tax expenditures and social policy in the United States*. Princeton: Princeton University Press.

International Monetary Fund. 2013. *Global financial stability report*. http://www.imf.org/External/Pubs/FT/GFSR/2013/01/pdf/text.pdf. Zugegriffen: 10. Juni 2013.

IOPS. 2011. Pension fund use of alternative investments and derivatives: Regulation, industry practice and implementations issues, IOPS Working Papers on effective pension supervision, No. 13. http://www.iopsweb.org/principlesandguidelines/48773865.pdf/. Zugegriffen: 23. April 2013.

Kemeny, J. 1992. *Housing and social theory*. London: Routledge.

Lewis, M. 2011. *The big short*. New York: Norton.

Mackenroth, G. 1952. Die Reform der Sozialpolitik durch einen deutschen Sozialplan. In *Soziale Sicherheit*, Hrsg. B. Külp und W. Schreiber, 265–275. Köln: Kiepenheuer. (Neuauflage 1971).

Mettler, S. 2011. 20,000 leagues under the state. *Washington Monthly*. www.washingtonmonthly.com/magazine/julyaugust_2011/features/20000_leagues_under_the_state030498. php?/. Zugegriffen: 14. März 2013.

Minns, R., und S. Sexton. 2006. Too many Grannies, Briefing 35. The Cornerhouse. http:// www.thecornerhouse.org.uk/sites/thecornerhouse.org.uk/files/35grannies.pdf. Zugegriffen: 16. Okt. 2014.

Mirowski, P. 2013. *Never let a serious crisis go to waste*. London: Verso.

OECD. 2012. Pensions Outlook 2012. OECD Publishing. http://dx.doi.org/10.1787/ 9789264169401-en/. Zugegriffen: 8. Feb. 2013.

Palley, T. 2012. *From financial crisis to stagnation*. Cambridge: Cambridge University Press.

Piketty, T., und E. Saez. 2003. Income inequality in the United States, 1913–1998. *Quarterly Journal of Economics* 118 (1): 1–39.

Sunden, A. 2009. The Swedish pension system and the crisis, Centre for Retirement Research, Boston University, No. 9.

Towers Watson. 2014. Global pension assets study 2014. http://www.towerswatson.com/ en/Insights/IC-Types/Survey-Research-Results/2014/02/Global-Pensions-Asset-Study-2014/. Zugegriffen: 8. Sept. 2014.

Europäische Integration durch soziale Konflikte

8

Thilo Fehmel

8.1 Einleitung

Für viele Beobachter summieren sich die multiplen europäischen Krisen zu einer Krise der europäischen Integration; dabei werden zunehmend soziale Konflikte thematisiert. Nach einer langen Phase ihrer national organisierten Einhegung weiten sich soziale Konflikte in dem Maße aus, in dem Problemlagen entgrenzt, denationalisiert werden. Im Zuge der fortschreitenden Transnationalisierung sozialer Beziehungen werden soziale Konflikte vermehrt im postnationalen Raum ausgetragen; der Prozess der Europäischen Integration wird zunehmend politisiert (Lepsius 1999; Hooghe und Marks 2009). Politisierung ist ein Indikator konflikthafter Strukturen (Mouffe 2007, S. 35); sie macht Konflikte sichtbar und deren Ursachen zum Gegenstand politischer Auseinandersetzung.

Das Spektrum der (sozialwissenschaftlichen) Bewertungen dieser Entwicklungen ist breit. Einige Beobachter erwarten, dass die in der Krise der Europäischen Vergemeinschaftung offensichtlich werdenden sozialen Konflikte das ohnehin „dünne Reservoir an gefühlten Gemeinsamkeiten in der und für die EU" noch weiter minimieren. Daraus leiten sie die Empfehlung ab, die europäische Verflechtung „ein

---

Stark überarbeitete Fassung meines Aufsatzes „Konflikttheorie und Gesellschaftsbildung: Europäische Integration durch soziale Konflikte" (Fehmel 2014)

T. Fehmel (✉)
Institut für Soziologie, Universität Leipzig, Beethovenstr. 15, 04107 Leipzig, Deutschland
E-Mail: fehmel@sozio.uni-leipzig.de

© Springer Fachmedien Wiesbaden 2015
J. Preunkert, G. Vobruba (Hrsg.), *Krise und Integration,*
Europa – Politik – Gesellschaft, DOI 10.1007/978-3-658-09231-3_8

Stück weit zurück" zu nehmen und den Subsidiaritätsgedanken zu stärken (Immerfall 2013, S. 203 ff.), letztlich also Abgrenzungsbemühungen mit Renationalisie-
rungseffekten zu fördern. Andere Beobachter sehen gerade in den Krisen Europas,
der dadurch begünstigten Politisierung des Krisenmanagements und der darin zum
Ausdruck kommenden Transnationalisierung sozialer Konflikte einen möglichen Integrationsschub hin zu europäischer Demokratisierung (Zürn 2013) und zu europäischer Vergesellschaftung (Vobruba 2014). *Sozialer Konflikt statt soziale Integration*
oder aber *soziale Integration durch sozialen Konflikt* – das sind die gegensätzlichen
Auffassungen zu den Chancen europäischer transnationaler Vergesellschaftung.

So oder so: Eine Einschätzung in dieser Frage setzt die theoretische Auseinandersetzung mit sozialen Konflikten voraus. Im ersten Teil des Kapitels werden
daher zunächst grundlegende Bedingungen zusammengetragen, unter denen Konflikte sozialintegrative Wirkungen haben können. Von sozialintegrativen Wirkungen soll in Anlehnung an Galtung (1970) dann die Rede sein, wenn Konflikte zu
assoziativen Strukturen, zu dauerhaft konstruktiven gegenseitigen Beziehungen –
zu Simmels oft zitierten „positiven wechselseitigen Verhaltungsweisen" (1992a,
S. 58) – zwischen Akteuren führen oder diese, sofern sie bereits bestehen, nicht
zerstören. Sozialdesintegrativ wären demgemäß Konflikte dann, wenn sich in ihrer
Folge dissoziative Strukturen herausbildeten, also bestehende soziale Kontakte reduziert, wechselseitige soziale Beziehungen geschwächt und soziale Akteure voneinander isoliert würden. Derartige dissoziative Folgewirkungen sind nicht per se
schlecht – es gibt Konstellationen, in denen die Separierung und Isolierung von
Konfliktgegnern sinnvoll ist. Vergesellschaftung ist das jedoch nicht.

Ziel des zweiten Teils ist es dann, auf Basis der gewonnenen theoretischen Er-
kenntnisse zu sozialen Konflikten die angesprochenen, gegenwärtig als verschärft
wahrgenommenen Konfliktstrukturen in Europa daraufhin zu untersuchen, inwieweit diese wie auch die Krise Europas der europäischen Vergesellschaftung zu-
oder abträglich sind.

8.2   Konflikttheorie und soziale Integration

8.2.1   Der Konflikt als Form der Vergesellschaftung

Moderne Gesellschaften sind Konfliktgesellschaften. Folgt man Georg Simmel
(1992b), dann sind Konflikte sogar eine zentrale Form der Vergesellschaftung.
Durch Auseinandersetzungen treten Akteure in soziale Beziehungen und interagieren. Durch die Wahrnehmung von Meinungs- und Interessenunterschieden bilden
sich soziale Gruppen, und sie grenzen sich kommunikativ voneinander ab, indem
sie sich aufeinander beziehen. Was sich in dieser Wahrnehmung manifestiert,

sind zunächst einmal soziale Unterschiede. Derartige soziale Unterschiede gibt es unzählbar viele, aber nicht alle führen zu sozialen Konflikten. Das passiert erst, wenn aus diesen sozialen Unterschieden soziale Ungleichheiten werden, indem die Unterschiede problematisiert und politisiert werden. Soziale Ungleichheit ist gedeutete, problematisierte Unterschiedlichkeit (Endreß 2013), und diese Deutungsleistung geht in der Regel bei einigen der Beteiligten mit dem Bemühen einher, die Ungleichheit zu überwinden bzw. zu reduzieren. Das heißt, wenn mindestens eine der beteiligten Seiten in einer konkreten Ungleichheitssituation es nicht dabei belässt, unterschiedliche soziale Positionen zu reflektieren, sondern anstrebt, ihren relativen Status zu *verändern* (zum Beispiel hinsichtlich ihres Zugangs zu Ressourcen, zu Macht, zu sozialer Anerkennung), dann wird aus sozialer Ungleichheit ein (einer Lösung zustrebender) sozialer Konflikt. Konflikte sind aus dieser Perspektive Triebfedern sozialen Wandels. Sie stellen etablierte soziale Ordnungsgefüge infrage und lösen die damit verbundene Erwartungssicherheit auf.

Erst in der Moderne sind die Voraussetzungen dafür gegeben: Meinungsunterschiede gelten nicht als Ausdruck sozialer Pathologie; Auseinandersetzungen und offene Interessenverfolgung sind als Prinzip akzeptiert; Versuche von Akteuren, die jeweils eigenen Anschauungen als allgemeingültige Handlungsbegründungen durchzusetzen, sind als grundsätzlich legitim anerkannt, müssen sich aber Kritik, Infragestellung und die Konfrontation mit Gegenentwürfen gefallen lassen. Solche Auseinandersetzungen können heftig sein. Aber eine Gefahr für den Bestand einer Gesellschaft muss von derartigen modernen Praktiken nicht zwingend ausgehen.

8.2.2 Dimensionen der Gesellschaftsbildung durch Konflikt

Anders als strukturfunktionalistische Theorien der sozialen Integration gehen soziologische Theorien des sozialen Wandels davon aus, dass Konflikte in modernen, pluralistischen Gesellschaften produktiv und konstruktiv sind bzw. es sein können. Wenn soziale Konflikte grundsätzlich Integrationspotential haben, dann ist nach den Randbedingungen zu fragen, unter denen dieses Potential zur Entfaltung kommt. Die integrative Wirkung sozialer Konflikte lässt sich mit vier Theoremen erklären.

Erstens Mit dem Grad der funktionalen Differenzierung einer Gesellschaft steigt auch die Zahl von Zugehörigkeiten eines Individuums. Im Zuge dieser Pluralisierung von Zugehörigkeiten nimmt zugleich die Wahrscheinlichkeit von sozialen Konflikten zu. Dabei handelt es sich jedoch in der Regel um sich überschneidende Konflikte, die aus den Mehrfachzugehörigkeiten und Mehrfachrollen der Akteure resultieren (Coser 1965). Mehrfachzugehörigkeiten relativieren die Bedeutung – und verringern so die Intensität – sozialer Konflikte entlang einer einzigen, (vormals)

zentralen Achse (Hirschman 1994); sie verhindern Großpolarisierungen mit grö-
ßerem Destabilisierungs- und Desintegrationspotential. Je intensiver und vielfälti-
ger die Interdependenzen zwischen gesellschaftlichen Teilbereichen und sozialen
Gruppen sind, desto wahrscheinlicher sind relationale Positionen innerhalb eines
einzelnen von vielen möglichen Interessengegensätzen Konfliktgegenstand (Simmel 1992c, S. 846), und nicht grundsätzliche Fragen der Gesellschaftsorganisation.

Zweitens Die funktionale Differenzierung moderner Gesellschaften wie auch die
dadurch eröffnete Möglichkeit der Pluralisierung von Zugehörigkeiten ergibt sich
aus dem Umstand, dass ein zunehmender Anteil von sozialen Konflikten innerhalb einer Gesellschaft teilbare Materien zum Gegenstand hat (Hirschman 1994).
Solche Konflikte sind also Verteilungskonflikte, Konflikte um das Mehr-oder-Weniger eines teilbaren und verteilbaren Gutes. Spiegelbildlich dazu sinkt mit fortschreitender gesellschaftlicher Modernisierung der Anteil kategorischer Konflikte
des Entweder-Oder, deren Gegenstand unteilbare Materien und unvereinbare Werte
sind, etwa entlang rivalisierender ethnischer, linguistischer oder religiöser Gruppenzugehörigkeiten (Aubert 1972). Zwar werden diese Gruppenzugehörigkeiten
in der Moderne nicht bedeutungslos, aber sie gehen auf in den erwähnten Mehrfachzugehörigkeiten, werden dadurch relativiert und mit den Verteilungslösungen
von Verteilungskonflikten mehr oder weniger stark und mehr oder weniger dauerhaft deaktiviert. Verteilungskonflikte, also Konflikte um teilbare oder um verhand-
lungs-, ausgleichs- und ggf. substitutionsfähige Ressourcen oder politische Ziele
sind leichter beizulegen und daher deutlich weniger destabilisierend als Wertkonflikte, also Konflikte um unteilbare Materien. Verteilungskonflikte lassen sich per
Kompromiss lösen. Kaum etwas ist so sozialintegrativ wie ein Kompromiss, für
Simmel „eine der größten Erfindungen der Menschheit" (1995, S. 338).
     Eine unabdingbare Voraussetzung für die Lösung von Verteilungskonflikten ist
die Existenz eines anerkannten und dem hohen Differenzierungsgrad moderner
Gesellschaften angemessenen Verteilungs*mediums*. Als hervorragend dafür geeignet hat sich Geld erwiesen. Geld ermöglicht Modernisierung: Es ist „das Band, das
die maximale Ausdehnung der […] Gruppe mit der maximalen Differenzierung
ihrer Mitglieder, nach der Seite der Freiheit und Selbstverantwortlichkeit, wie nach
der qualitativ-arbeitsteiligen Differenzierung, in Beziehung setzt" (Simmel 1992c,
S. 832). Mit Geld lassen sich soziale Konflikte besonders leicht durch Teilung
lösen. Das wiederum treibt funktionale Differenzierung und Interessenheterogeni-
sierung voran, und reduziert das Risiko gesellschaftsgefährdender Konflikte.

Drittens Soziale Konflikte können integrativ wirken, wenn sie nach allseits anerkannten Regeln ausgetragen werden (Dahrendorf 1972, S. 41), und wenn es im Falle von
Verteilungskonflikten akzeptierte Verteilungsmechanismen gibt. Die Verfahrensre-

geln der Konfliktaustragung sorgen dafür, dass Konflikte und ihre Lösungen bis zu einem gewissen Grad vorhersehbar und berechenbar sind, also nicht gesellschaftsgefährdend. Dazu gehört auch die Existenz der „Figur des durchsetzenden Dritten" (Knight 1997, S. 60), einer Instanz, die die Austragung eines Konfliktes überwacht und deren Intervention und Sanktion von den Konfliktbeteiligten akzeptiert wird. Dieses Setting aus Verfahrensregeln, Verteilungsmechanismen und Überwachungsinstanz nenne ich Konfliktrahmen. Innerhalb geltender, faktisch durchgesetzter und anerkannter Konfliktrahmen können Konflikte mit hoher Intensität ausgetragen werden, ohne die soziale Ordnung in ihrer Gesamtheit zu gefährden. Konfliktrahmen können vielfältige Formen annehmen. Allgemein aber gilt: Mit dem Übergang von vormodernen zu modernen, von überschaubaren zu komplexen Gesellschaften geht die Funktion der Konfliktrahmung von Moral und Sitte auf Recht und Gesetz über.

Viertens Einerseits folgt die Ausdehnung des Rechts einem evolutionären Muster: Ohne dass es gesellschaftlichen Akteuren bewusst würde oder werden müsste, geht die fortschreitende Integration moderner Gesellschaften aus dem steten Erfahrungszuwachs im Umgang mit Konflikten hervor (Dubiel 1997). Andererseits spielen auch starke *Initiativ*impulse eine wichtige Rolle für die Etablierung von Konfliktrahmen: Konfliktrahmen entstehen in Tragödien, in Krisenzeiten. Oder mit den Worten Alfred North Whiteheads (2000): „Der erste Schritt zur soziologischen Weisheit besteht darin, anzuerkennen, dass die wichtigsten Fortschritte in der Zivilisation Prozesse sind, die die Gesellschaften, in denen sie stattfinden, beinahe zerstören." Nur selten (bzw. immer seltener) sind damit Gesellschaften in toto gemeint. In funktional differenzierten Gesellschaften heißt das aber zumindest für gesellschaftliche Teilsysteme: Krisen können die Konstruktuion und Verfeinerung von Konfliktrahmen begünstigen. Unabdingbare Voraussetzung von Konfliktrahmen mit Mitteln des Rechts ist im Übrigen die *Manifestation* der zugrunde liegenden Konflikte, also deren Wahrnehmung oder Antizipation durch involvierte Akteure (Dahrendorf 1958). Nur manifeste Konflikte sind der Konfliktregulierung, der Konfliktrahmung zugänglich.

In welchem Ausmaß soziale Konflikte sozial integrativ oder desintegrativ wirken, hängt also ab vom Grad gesellschaftlicher funktionaler Differenzierung und von der Zahl der sich überlagernden – und neutralisierenden – Zugehörigkeiten eines Akteurs (*strukturelle Dimension*), von Konfliktmanifestoren (Krisen, Katastrophen oder anderen Impulsen und critical junctures) und vom manifesten Charakter des Konfliktes (*kognitive Dimension*), davon, ob die am Konflikt Beteiligten den Gegenstand des Konfliktes als teilbar oder nicht teilbar wahrnehmen und ob diesen Interpretationen entsprechend Kompromiss-Lösungen des Konfliktes möglich sind oder nicht (*inhaltliche Dimension*), und davon, ob für diese manifesten Konflikte anerkannte Konfliktrahmen existieren bzw. ob die im

Konflikt miteinander interagierenden Akteure in der Lage sind, entsprechende Konfliktrahmen zu etablieren (*institutionelle Dimension*).

8.2.3 Konflikte um Konfliktrahmen

Das führt zu der Frage, wie eigentlich Konfliktrahmen genau entstehen – und wie sie sich wandeln. Geht man davon aus, dass Konflikte Verteilungskonsequenzen haben, dann liegt es nahe, dass Akteure nicht nur *in* derartigen Konflikten nach Distributionsgewinnen streben. Sie streben auch danach, schon bei der Gestaltung eines relevanten Konflikt*rahmens* für derartige Konflikte Regelungen durchzusetzen, die dauerhaft Verteilungsvorteile in Aussicht stellen, indem sie die Möglichkeiten potentieller Konfliktgegner einschränken – und zwar nicht nur situativ, sondern strukturell (Knight 1997, S. 70)! Daran zeigt sich: Auch Konflikt*rahmen* sind Gegenstand – und Ergebnis – von Konflikten. In diesen Konflikten geht es grundsätzlich einerseits darum, Regeln der zukünftigen Konfliktaustragung dauerhaft festzulegen; andererseits um die Frage, welchem Akteur eigentlich die Kompetenzen des „durchsetzenden Dritten" zugewiesen werden, also die Kompetenzen der Konfliktüberwachung und der Durchsetzung der Konfliktregeln.

Die Festlegung eines Konfliktrahmens dient dem Etablieren eines typischen Musters des Umgangs mit einer Vielzahl iterativer oder gleichartiger einzelner Konflikte. Insofern hat sie deutlich weiter reichende Folgen als die Festlegung einer einzelnen Konfliktlösung. Es ist daher zu erwarten, dass die Einigung auf einen Konflikt*rahmen* um Vieles schwieriger ist als die Lösung eines einzelnen konkreten Konfliktes. Damit drängt sich *erstens* die Frage auf, ob Konfliktrahmen eigentlich teilbare oder nichtteilbare Konfliktgegenstände sind. Da von einem teilbaren Konflikt dann die Rede sein soll, wenn für die Konfliktparteien ein anerkanntes und handhabbares Verteilungsmedium zur Kompromissfindung existiert, sind hier also Ressourcen gefragt, mit denen Konflikte um Konfliktrahmen beigelegt werden können. Nun ist zwar theoretisch nicht ausgeschlossen, dass es bei der Gestaltung von Regelsystemen zur Einhegung von Konflikten Kompromisse geben kann, und dass Konfliktrahmen selbst eine verhandlungsfähige, substitutionsfähige Ressource sind. Allerdings ist gerade aufgrund ihrer Funktion, Konflikte *wiederholt und dauerhaft* zu strukturieren, die Wahrscheinlichkeit vergleichsweise groß, dass Konfliktrahmen eher den Charakter unteilbarer Materien haben. Das heißt aber auch, dass es *sozialdes*integrative Wirkungen haben kann, wenn ihre Etablierung und Eingliederung in ein größeres, insgesamt ausgleichendes Institutionensystem nicht gelingt. Die Etablierung von Konfliktrahmen ist also immer ein neuralgischer Punkt.

Darüber hinaus ist davon auszugehen, dass die Wahrnehmung von Knappheit oder Verfügbarkeit von Ressourcen nicht nur die Schärfe einzelner Konflikte, sondern auch die Gestaltung und Weiterentwicklung von Konflikt*rahmen* maßgeblich beeinflusst. Daraus ergibt sich *zweitens* die Frage, ob unter Bedingungen knapper werdender Ressourcen anders über Konfliktrahmen gestritten wird als unter Bedingungen großzügig verteilbaren Wohlstandes. Genauer gefragt: Liegt in knapper werdenden Ressourcen das Potential einer Demodernisierung dergestalt, dass aus Verteilungskonflikten Wertkonflikte werden und dass im Zuge dieser Entwicklung auch Konfliktrahmen zunehmend infrage gestellt werden? Plausibel ist das durchaus; und es liegt nahe, dass in einer Zeit, in der wohl die Wahrnehmung von Wohlstands*verlusten* überwiegt, diese Frage an Bedeutung gewinnt. Mit zunehmender Knappheit einer Ressource steigt zunächst die Schärfe des Verteilungskonfliktes, ab einem bestimmten Punkt dann aber auch die Wahrscheinlichkeit, dass bestimmte soziale Gruppen von der Verteilung dieser Ressource gänzlich ausgeschlossen werden. Die Erfahrung zeigt, dass die Gruppen, die über die Macht verfügen, andere von der Verteilung der knappen Ressource auszuschließen, diesen Ausschluss nicht mit Argumenten des relativen Bedarfs (Mehr-oder-Weniger bzw. Minder*bedürftigkeit*), sondern mit Argumenten der kategorialen Zugehörigkeit (Entweder-Oder bzw. Minder*wertigkeit*) rechtfertigen. Zugehörigkeitsdeutungen und -entscheidungen orientieren sich an gemeinsam geteilten kulturellen Werten, zugleich werden diese zugehörigkeitsdefinierenden Werte zum handlungsleitenden Ausschlusskriterium (Walzer 1992). Der Ausschluss von der Verteilung eines Gutes wird also mit einem Wertargument begründet – und in diesem Sinne ist unter den Bedingungen knapper werdender Ressourcen und sehr ungleich verteilter Allokationschancen die Umwandlung von sozialintegrativen Verteilungskonflikten in (unter Umständen sozialdesintegrative) Wertkonflikte vorstellbar. Damit geraten dann zwangsläufig auch die Konfliktrahmen unter Druck, innerhalb derer die Verteilungskonflikte ausgetragen wurden.[1]

---

[1] Eine These, die sich daraus ergibt, hier aber nicht weiter verfolgt werden kann, lautet. Letzten Endes sind alle sozialen Konflikte Verteilungskonflikte, aber einige davon haben sich in schwer zu bearbeitende Wertkonflikte umgewandelt. Oder übersetzt in Cosers (1965) Begrifflichkeiten: Aus einem realistischen Konflikt, der auf unterschiedlichen Interessen bezüglich eines konkreten Konfliktgegenstandes beruht, hat sich ein unrealistischer Konflikt entwickelt, der von allgemeiner, nicht zwingend gegenstandsbezogener Feindseligkeit getragen ist und unter bestimmten Bedingungen zum Ausagieren drängt. Die Geschichte europäischer Nationenbeziehungen ist – bis in die Gegenwart hinein – voll von solchen gegenstandslosen Pauschalabgrenzungen. Die Funktion solch unrealistischer Konflikte liegt dann nicht im Aushandeln und Durchsetzen von Interessen, sondern in sozialer Selbstvergewisserung, in der Konstruktion und Stabilisierung einer Gruppenidentität durch Abgrenzung. Zugleich impliziert dieser Befund aber, dass unter bestimmten Bedingungen auch eine Zurückverwandlung von Wert- bzw. unrealistischen Konflikten in Verteilungs- bzw. realistische Konflikte möglich sein kann. Diese Bedingungen sind im Einzelfall zu ermitteln. Grundsätzlich aber lässt sich sagen, dass die Verfügbarkeit von Ressourcen oder von Kompensationsmöglichkeiten hierbei eine wesentliche Rolle spielen dürfte.

Das führt *drittens* zur Frage: Gibt es eine Figur des durchsetzenden Dritten für Konflikte um Konfliktrahmen? Über welche Befugnisse müsste dieser verfügen, damit Konflikte um Konfliktrahmen geordnet ablaufen und – nicht zuletzt – konsensuell einen durchsetzenden Dritten für den fraglichen Konfliktrahmen selbst festlegen? Diese Fragen deuten einen infiniten Regress an. Ich vermute, dass es diese Feststellung war, die Whitehead und andere zur Betonung der initiierenden Katastrophe veranlasst hat. Zweifellos begünstigen schwerwiegende politische und gesellschaftliche Krisen den Einfluss externer Akteure. Diese können dann im Stile des durchsetzenden Dritten und mit entsprechender Macht ausgestattet Institutionensysteme radikal umbauen, also auch Konfliktrahmen etablieren oder vollkommen neu ausrichten, ohne dabei allzu viel Rücksicht auf frühere institutionelle Strukturen und Erfahrungshaushalte nehmen zu müssen. Die unterschiedlichen Nachkriegs-Entwicklungen in West- und Ostdeutschland infolge ihrer Aufteilung auf getrennte Machtsphären externer Akteure zeigen dies beispielhaft. Und in historischen Abhandlungen zum Entstehungskontext des deutschen Grundgesetzes, eines *zentralen* Konfliktrahmens, wird nie der Hinweis vergessen, unter welch prägendem Eindruck die Mitglieder der verfassungsgebenden Versammlung angesichts der Erfahrungen mit der kurz zuvor überwundenen Diktatur standen.

8.2.4 Mechanismen fortgesetzter Konfliktrahmung

Keineswegs immer aber muss der Etablierung eines Konfliktrahmens eine tiefgreifende Katastrophe vorausgehen. Verbreiteter dürfte der Fall sein, dass die Schaffung formaler Konfliktrahmen – zumindest partiell – ein Prozess der Kodifizierung informeller Regeln ist. Auch dieser Übergang verläuft alles andere als reibungslos: Taylor (1996, Kap. 25) zufolge sind moderne Gesellschaften gerade deshalb Konfliktgesellschaften, weil sie geprägt sind vom Widerstreit zwischen vormodernen, theistischen Moralquellen und neuzeitlichen (Rechts-)Normen, die vermeintlich rationalen Charakters sind, vielfach aber Restbestände vormodernen Denkens mitführen. Formale Konfliktrahmen basieren auf ihnen zugrunde liegenden informellen Werten, Überzeugungen, Regeln. Die Chance, dass *de jure* existierende, kodifizierte Konfliktregeln auch *faktisch* durchgesetzt sind und dass sie das (Konflikt-)Verhalten gesellschaftlicher Akteure strukturieren, steigt in dem Maße, in dem sie mit bestehenden informellen, tradierten, internalisierten gesellschaftlichen Regeln korrespondieren (Voigt 2013).

Die Pluralisierung von Zugehörigkeiten individueller oder kollektiver Akteure wirkt zwar gesellschaftsbildend, weil in ihrem Zuge die Zahl sozialer Konflikte zu-, die Bedeutung des einzelnen Konflikts jedoch abnimmt. Das setzt allerdings voraus, dass sich aus dieser Zugehörigkeitspluralisierung manifeste, also den

Akteuren bewusste Konflikte ergeben. Denn nur dann ergibt sich auch ein politischer Druck zur Konfliktregulierung und zur Etablierung von Konfliktrahmen. Dies führt zu der Einsicht, dass längst nicht jede weitere Ausdifferenzierung und Pluralisierung von Zugehörigkeiten zu neuen, gar manifesten Konflikten führen muss. Das gilt insbesondere dann, wenn bereits Konfliktregeln und Verteilungsmechanismen existieren, mit denen prinzipiell auch neue oder veränderte Konfliktkonstellationen bearbeitet werden können. Dass sich im Zuge gesellschaftlicher Modernisierung individuelle Rollen vervielfältigen, erzwingt also nicht *unbedingt* neue Konfliktrahmen, denn die Rahmen für die möglichen Konflikte, in die das Individuum aufgrund seiner – zunehmenden – Zugehörigkeiten gerät oder geraten kann, existieren ja oft bereits.

Daraus folgt (gleichsam als Entgegnung auf und in Ergänzung zu Simmel): Nicht neue Konflikte *per se*, sondern die Wahrnehmung bestehender Konflikt*rahmen* als unangemessen und ungeeignet für die Regulierung der neuen Konflikte erhöht den Druck zur Anpassung existierender oder zur Schaffung neuer Konfliktrahmen. Auslöser dieser Wahrnehmung kann einerseits exogenes Geschehen sein, das unerwartet die Konfliktbedingungen massiv modifiziert und damit einen etablierten Konfliktrahmen in Frage stellt. Interessanter ist jedoch der endogene Fall, dass Konfliktrahmung *selbst* soziale Konflikte erzeugt oder restrukturiert, was weitere Konfliktrahmung erforderlich macht – Regulierungs*wirkungen* werden Anlass zu neuen Regulierungs*motiven*. Der zunehmende Bedarf an Konfliktregulierung ist also Folge vorheriger, über kurz oder lang *unzureichender* Konfliktregulierung. Dieser Mechanismus ergänzender Institutionalisierung (Vobruba 2012) folgt keiner funktionalistischen Gesetzmäßigkeit im Sinne von spill over. Denn ob und wie der Bedarf an endogen veranlasster Konfliktregulierung befriedigt wird, ist eine empirische Frage. Zu deren Beantwortung sind subjektiv interpretierte situative Interessenkonstellationen und Machtverhältnisse in den Blick zu nehmen: Institutionenwandel ist die Folge der Verschiebung von Verhandlungsmacht (Knight 1997, S. 188). Die Revision eines Konfliktrahmens ist eine Reaktion auf seine wahrgenommene Ineffizienz. Das Ergebnis der Revision ist eine Restrukturierung der Konflikt*beziehung*, nicht aber zwangsläufig auch eine aus Sicht aller Beteiligten effizientere Konflikt*regulierung*.

8.2.5   Konflikte erster und zweiter Ordnung

Unabhängig davon, wie man die gestellten Fragen beantwortet und die angesprochenen Punkte weiterverfolgt: In ihrer Gesamtheit machen sie aufmerksam auf einige kategoriale Unterschiede zwischen einfachen Konflikten einerseits und Konflikten um Konfliktrahmen andererseits. Es ist daher sinnvoll, zwischen

Konflikten erster und zweiter Ordnung zu unterscheiden. Aus dem Umstand, dass auch Konfliktrahmen Gegenstand und Ergebnis von Konflikten sind, ergibt sich ein dynamisches Modell eines Konfliktzyklus, das sich in die folgenden Phasen unterteilen lässt:

Wir haben es in Phase 1 zu tun mit der Manifestation eines Konfliktes, also mit der Entstehung eines Konfliktes erster Ordnung. Im Zuge der Konfliktlösung kommt es in Phase 2 zur Wahrnehmung des Bedarfs an dauerhafter Einhegung des Konfliktes, also an der Etablierung eines Konflikt*rahmens*. Beim Versuch der Einhegung zeigen sich in Phase 3 unterschiedliche Positionen, es manifestiert sich also ein Konflikt um den Konfliktrahmen bzw. ein Konflikt zweiter Ordnung. Phase 4 umfasst die Lösung dieses Konfliktes zweiter Ordnung und die Etablierung eines Konfliktrahmens, dies ist also die Phase der Institutionalisierung. Im Laufe der Zeit verändern sich in Phase 5 die Verteilungseffekte des Konfliktrahmens, vielleicht verändert sich auch nur die Bewertung der Verteilungseffekte durch einzelne Akteure. Ursache dieser Veränderungen können die Verknappung teilbarer Ressourcen sein, die Veränderung von Interessen, die Verschiebung von Machtverhältnissen oder auch der Wandel von Zugehörigkeiten. Als Folge dieser Veränderungen kommt es in Phase 6 zur Entwicklung neuer Konflikte oder zur Re-Manifestation eines bislang befriedeten Konfliktes, also zu einem Konflikt erster Ordnung. Im Zuge dieser Entwicklung erweist sich in Phase 7 der bestehende Konflikt*rahmen* als defizitär; betroffene Akteure nehmen ihn als immer weniger angemessen wahr, sie stellen ihn zunehmend in Frage; das führt zu Konflikten um den Konfliktrahmen, also zu Konflikten zweiter Ordnung. Sofern es gelingt, diesen Konflikt um den Konfliktrahmen zu lösen, kommt es in Phase 8 zur Anpassung des Konfliktrahmens (also zu ergänzender Institutionalisierung) – und der gleichsam spiralförmige Zyklus beginnt über kurz oder lang mit Phase 5 von vorn.

Insgesamt erweist sich damit: Konflikte erster und zweiter Ordnung gehen der Institutionenbildung voraus – und früher oder später auch aus ihr hervor! Um auf Simmels These der Vergesellschaftung durch Konflikt zurückzukommen: *Konflikte wirken dann vergesellschaftend, wenn sie zur Herausbildung, Institutionalisierung und Weiterentwicklung von Konfliktrahmen führen.*

8.3   Europäische Integration durch soziale Konflikte

8.3.1   Europa als Konfliktraum

Vor dem Hintergrund der bisherigen grundsätzlichen Überlegungen wende ich mich nun dem eingangs aufgeworfenen Problem europäischer Vergesellschaftung zu. Sind wir auf dem Weg zu einer europäischen Gesellschaft? Welche Bedeutung haben soziale Konflikte in diesem Zusammenhang? Und welche Rolle spielt dabei die Krise Europas?

Das Projekt der europäischen Integration war über Jahrzehnte hinweg nahezu ausschließlich ein politisches Projekt der Institutionenbildung zum Zwecke der Marktschaffung (Riedeberger in diesem Band). Mit fortschreitender politischer und ökonomischer Integration Europas entwickeln und verstärken sich, spätestens seit dem Vertrag von Maastricht, zwangsläufig auch grenzüberschreitende Beziehungen zwischen sozialen Akteuren. Exakt das war und ist die übergreifende Intention des Projektes Europa und all seiner einzelnen Integrationsprojekte. Die Schaffung des Schengen-Raumes oder der Euro-Zone (Hilpert und Vobruba in diesem Band), die Initiierung des Bologna-Prozesses, die Durchsetzung der Unionsbürgerschaft, der Arbeitnehmerfreizügigkeit oder der Niederlassungsfreiheit sind prägnante Beispiele. Ihnen ist das Potential gemeinsam, die nationale Schließung von Teilsystemen und Protektionsräumen (Arbeitsmärkten, Sozialsystemen, Währungsräumen, Gütermärkten, politischen Institutionensystemen etc.) aufzuheben oder zu relativieren. Sie erhöhen auf je spezifische Weise die Chancen auf grenzüberschreitende soziale Beziehungen, Relationierungen und Interdependenzen (Wobbe 2009). Sie errichten so potentielle europäische Sozialräume (Abb. 8.1). Eine Vielzahl von Bewegungen und Handlungen sozialer Akteure in diesen Sozialräumen – als grenzüberschreitend mobile Arbeitskräfte, Konsumenten oder Studierende,

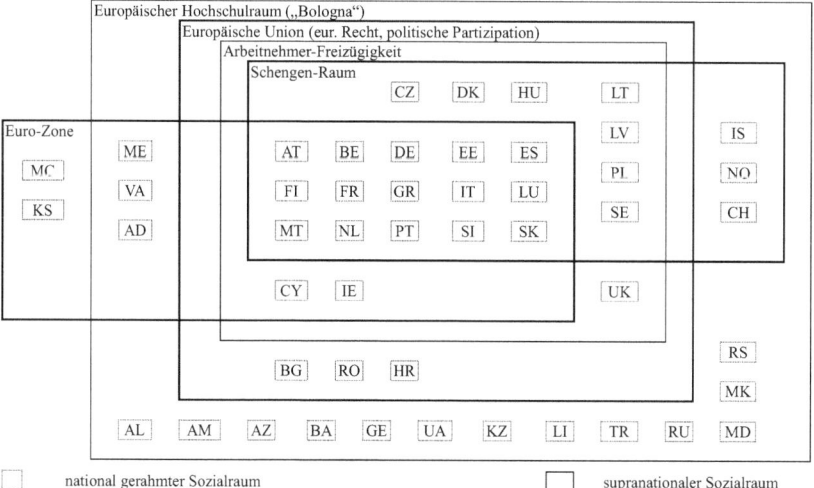

Abb. 8.1 Beispiele für inkongruente, einander partiell überschneidende Sozialräume in Europa, Stand Herbst 2014

als europaweit agierende Unternehmen, als europaweit asylsuchende Drittstaatsangehörige, als Wähler eines gemeinsamen europäischen Parlaments oder als Nutzer einer gemeinsamen Währung – hat grenzüberschreitende Handlungsfolgen. Damit werden zugleich Kollisionen von Interessen, Zielen, Mitteln, Verhaltensweisen oder Einstellungen sozialer Akteure wahrscheinlicher, die in ihrer Ausdehnung bzw. Reichweite die etablierten nationalen Konfliktrahmen überschreiten. Das heißt: Aus *potentiellen* wechselseitigen transnationalen sozialen Beziehungen werden *faktische* in dem Maße, wie sie manifeste soziale Konflikte – und damit: neue Regelungsbedürfnisse – hervorrufen. Mehr noch als die bloßen Verdichtungen sozialer Beziehungen können die damit einhergehenden Konflikte zu europäischen Integrationsschüben werden.

Wenn wir Konflikte und deren Einhegung als Antriebe von Vergesellschaftung betrachten wollen, dann heißt das angesichts unterschiedlicher potentieller Sozialräume in Europa: die Rede von europäischer Vergesellschaftung im Singular ist nur unter der Voraussetzung angemessen, dass man sie als Summe vieler einzelner subsystemischer transnationaler konflikthafter Prozesse betrachtet. Die europäische Vergesellschaftung wird damit für die Analyse nicht unzugänglich, aber sie sollte für Analysezwecke präzisiert und auf den materialen Gehalt eines konkreten Sozialraums – und das heißt: Konfliktraums – bezogen werden. Fortschreitende europäische Vergesellschaftung ließe sich unter dieser Prämisse verstehen als die quantitative Zunahme und qualitative Ausweitung und Vertiefung transnationaler Konflikträume.

Das Konfliktpotential ist nicht in allen europäischen Sozialräumen gleich stark ausgeprägt. Es ist in jenen Sozialräumen relativ gering, in denen entweder nur vergleichsweise wenige Akteure agieren (Beispiel: europäischer Hochschulraum) oder in denen das Handeln der Akteure von nur minderer Bedeutung für die Lebenswelt dieser Akteure ist (Beispiel: europäischer Raum der politischen Partizipation). Groß ist das Konfliktpotential hingegen, wenn viele Akteure betroffen sind, und wenn es um viel geht (zum Beispiel in der Euro-Zone oder in und zwischen den Protektionsräumen für Produktmärkte, Arbeitsmärkte und Sozialsysteme). Diese ‚neuen‘, grenzüberschreitenden Konflikte sind – in der oben eingeführten Terminologie – Konflikte erster Ordnung. Sie entstehen als Folge vorheriger Institutionenbildung auf europäischer Ebene (Schengen-Raum, Euro-Zone, Europäischer Binnenmarkt etc.), die sich im Laufe der Zeit bzw. unter bestimmbaren Bedingungen als unzureichend für die transnationale Verteilung der Institutionalisierungsfolgen erwiesen hat. Aus diesen Wahrnehmungen entwickeln sich unterschiedliche Bedürfnisse nach ergänzender Institutionalisierung, und im Rahmen von Konflikten zweiter Ordnung wird verhandelt, inwieweit diesen unterschiedlichen Bedürfnissen supranational regulativ entsprochen wird (Zürn 2013).

8.3.2 Dimensionen der Europäisierung durch Konflikt

Die Einwände gegen diese Einschätzung der Möglichkeiten supranationaler ergänzender Institutionalisierung sind ebenso bekannt wie gewichtig: Es gibt kein den nationalen Systemen vergleichbares europäisches Parteiensystem, kein europäisches Wahlsystem und keine politische Öffentlichkeit mit europäischer Reichweite. Es gibt kein europäisches System zur Strukturierung der Arbeitsbeziehungen, kein gemeinsames Staatsverständnis und keine Einigkeit über Politikstile. Stattdessen gibt es all dies in je national unterschiedlichen Varianten (vgl. für viele Bach 2009). Diese Befunde sind für die europäische Vergesellschaftung in der Tat ein neuralgischer Punkt. Denn es ist keineswegs ausgemacht, dass die Manifestation und Intensivierung grenzüberschreitender sozialer Konflikte automatisch auch zu grenzüberschreitend organisierten Konfliktlösungsstrategien und gar zu grenzüberschreitend geltenden Konfliktaustragungsregularien führt. Europäische Integration durch europäisches Recht (Münch 2008a) ist nur eine Möglichkeit. Eine andere besteht im Versuch, die sozialen Folgen der zunehmenden Konflikte als Nebenprodukt der europäischen Integration – fast möchte man sagen: wie gewohnt – innerhalb nationaler Rahmen zu bearbeiten. In diesem Falle adressieren soziale Akteure ihre Konfliktregelungserwartungen gerade nicht an politische Akteure auf der europäischen Ebene, sondern richten ihre Forderungen nach Integrationsfolgenkompensation an die nationale Ebene (Jessop 2010). Grenzüberschreitende soziale Konflikte werden also entschärft, indem sie in nationale Sozial- und Umverteilungssysteme umgeleitet werden. Leistungsfähige nationale Sozial- und Umverteilungssysteme sind aus dieser Sicht Interdependenzunterbrecher; sie *trennen* die sozialen Relationen, die sich im Zuge der politischen Integration Europas gebildet haben. Europäische Vergesellschaftung ergibt sich daraus nicht.[2]

Dessen ungeachtet ist die Chance vergleichsweise groß, dass jeder weitere Schritt innerhalb des beschriebenen Wechselspiels von transnationalen Konflikten erster und zweiter Ordnung die wechselseitigen grenzüberschreitenden Beziehungen zwischen Akteuren verdichtet. Das ist deshalb so, weil im Zusammenspiel der oben eingeführten vier Konfliktdimensionen im europäischen Kontext grundsätzlich recht günstige Bedingungen vorliegen. Mit Blick auf die *strukturelle Dimension* der Gesellschaftsbildung durch Konflikt ist ein Zusammenhang von Belang, auf den bereits Simmel (1992c) aufmerksam gemacht hat: Die aus funktionaler Differenzierung erwachsende Heterogenisierung *innerhalb* von Gruppen

---

[2] Inwieweit dieses Trennverfahren zur Zufriedenheit aller Erwartungsträger gelingt, ist freilich eine empirische Frage; im Kontext der gegenwärtigen Krisen wird auf diese Frage der Leistungs- und Kompensationsfähigkeit der nationalen Umverteilungssysteme zurückzukommen sein.

oder Gesellschaften führt zu zunehmender Homogenität *zwischen* solchen Gruppen oder Gesellschaften. Dadurch verwischen Gruppengrenzen, es „entstehen neue soziale Verbände, die vielfach über die Gruppengrenzen hinausreichen" und es vollzieht sich ein „Prozeß der Skalenvergrößerung" (van der Loo und van Reijen 1992, S. 116). Europa ist dafür das Paradebeispiel: Im Zuge der Europäischen Integration vervielfältigen sich nicht nur individuelle Zugehörigkeiten zu transnationalen Sozialräumen, sondern es differenzieren sich generell die europäischen nationalen Gesellschaften im Zuge ihrer Modernisierung immer weiter aus – und werden einander damit strukturell immer ähnlicher (Münch 2008b; Fehmel 2013). Die Konsequenz: „Die Differenzierung und Individualisierung lockert das Band mit den Nächsten, um dafür ein neues – reales und ideales – zu den Entfernteren zu spinnen" (Simmel 1992c, S. 795).

Dass das vollkommen konfliktfrei geschieht, ist unwahrscheinlich. Aber gemäß der oben eingeführten *inhaltlichen Dimension* der Gesellschaftsbildung durch Konflikt ist das der Bildung einer europäischen Gesellschaft keineswegs abträglich. Mit der Pluralisierung von Zugehörigkeiten in und durch Europa nehmen soziale Konflikte zu, zugleich aber überlagern und überschneiden sie sich auch zunehmend und verlieren allein schon dadurch an grundlegendem Dissoziierungspotential. Hinzu kommt, dass es sich bei den erwähnten transnationalen sozialen Konflikten primär um Verteilungskonflikte handelt. Im grenzüberschreitenden Streit um Arbeits-, Absatz-, Konsum- oder Studienmöglichkeiten und -bedingungen geht es nicht um miteinander unvereinbare Werte, sondern um das Mehr-oder-Weniger (ver)teilbarer – und damit: für Kompromisse zugängliche – Güter. Nochmals begünstigt wird diese Kompromissfähigkeit der Mehrzahl grenzüberschreitender Konflikte durch den Euro als gemeinsame, sozialraumstrukturierende Währung, also durch die Existenz eines Verteilungsmediums, das den Wechselkursmechanismus als Interdependenzunterbrecher abgelöst hat und soziale Akteure in zuvor nicht gekannter Weise zwingt, sich grenzüberschreitend miteinander auseinanderzusetzen (Vobruba 2012).

Noch am ehesten *werte*basiert ist das grenzüberschreitend interdependente politische Handeln der Unionsbürger als Wähler eines gemeinsamen europäischen Parlaments wie auch als Wähler nationaler Regierungen. Aber auch hier überwiegen die Chancen der Sozialintegration die Gefahren der Dissoziierung. Kompromisslösungen zwischen politischen Orientierungen sind nicht zuletzt aufgrund der Einübung des Umgangs mit dieser Konfliktlinie in nationalen Rahmen die Regel. Divergente kulturelle Orientierungen äußern sich darüber hinaus in bestimmten, soziostrukturell erklärbaren Einstellungsverteilungen gegenüber Europäern anderer Nationalität. Inwieweit ablehnende bis xenophobe Einstellungen Ausdruck kulturell überformter Verteilungskonflikte oder Ausdruck originärer, verteilungsunabhängiger Wertkonflikte sind, lässt sich nur selten klar bestimmen.

Unbestreitbar aber gewinnt die Frage sozialer Diskriminierung angesichts zunehmender europäischer Binnenwanderung für die Erörterung der Chancen europäischer Vergesellschaftung an Relevanz – und ihr wird supranational mit einem institutionalisierten und regelmäßig zumindest nominell durchgesetzten Gleichheitsgrundsatz begegnet.

Damit rückt die *institutionelle Dimension* der Gesellschaftsbildung durch Konflikt ins Blickfeld. In dem Maße, wie diverse Schließungsmechanismen nationaler Teilsysteme und Protektionsräume aufgebrochen und ihrer Funktion als Interdependenzunterbrecher enthoben werden, steigt der Bedarf an transnationaler Konfliktrahmung. In und für die Europäische Union existiert ein ausgebautes Institutionensystem, dem diese Funktion der Regulierung und Rahmung transnationaler Konflikte zukommt, und es gibt mit der Europäischen Kommission und mehr noch mit dem Europäischem Gerichtshof Akteure, die die Rolle des durchsetzenden Dritten inne haben. Stärker als in national geformten Konfliktkulturen ist der zentrale Durchsetzungsmechanismus auf europäischer Ebene das Recht. Es basiert auf den europäischen Verträgen und ist damit „eine rationale, von Traditionen unabhängige, allein auf die Funktion der Gewährleistung des geordneten Zusammenlebens freier Individuen bezogene Konstruktion" (Münch 2008b, S. 21).

Das ist oft problematisch, und die regelmäßigen Kollisionen zwischen europäischer Rechtsetzung und nationalen Rechtstraditionen sollen hier gar nicht beschönigt werden: Anders als üblicherweise nationale Rechtskulturen ist formales europäisches Recht eben nicht das Resultat der Kodifizierung informeller Regeln. Man kann, soweit die Rechtsetzung eingespielte nationale Verteilungsmuster betrifft, daraus die Forderung ableiten, nationale Protektionsräume zu schützen, um transnationale Verteilungskonflikte zu vermeiden (vgl. Lamping 2010; Immerfall 2013), muss sich aber darüber im Klaren sein, dass diese Schließungsneigung renationalisierende, mithin dissoziative Konsequenzen hat, die der europäischen Idee diametral entgegenstehen. Hält man hingegen an der Grundintention des Projektes Europa, der Vertiefung grenzüberschreitender Beziehungen zwischen sozialen Akteuren, fest, dann sind kodifizierte Konfliktregeln erforderlich, die gerade das transnationale (Konflikt-)Verhalten gesellschaftlicher Akteure strukturieren. Solange aber auf europäischer Ebene der Zustand rudimentärer Parlamentarisierung und Politisierung (Bach 2009) anhält, kommt die Erarbeitung dieser Konfliktregeln primär dem Europäischen Gerichtshof zu. Und gerade weil – bzw. solange – es kein den nationalen Systemen vergleichbares europäisches politisches System der Konfliktregulierung gibt, ist die oft beklagte politische Macht des Europäischen Gerichtshofes so groß: Es fehlt die glaubwürdige Drohung, dass seine Entscheidungen durch Politik revidiert werden könnten (Höreth 2013). Soll dem abgeholfen werden, wäre also nicht nationale Schließung, sondern transnationale Politisierung zu fordern. Ich komme darauf zurück.

Die Überlegungen zu den strukturellen, inhaltlichen und institutionellen Voraussetzungen einer europäischen Gesellschaftsbildung durch Konflikte zusammenfassend zeigt sich: Als unvermeidbare Nebenfolge der europäischen Integrationsprojekte nehmen transnationale soziale Konflikte zu, sie haben ganz überwiegend den Charakter von Verteilungskonflikten, und es bestehen günstige institutionelle Bedingungen für das Wechselspiel aus Konflikten erster und zweiter Ordnung. In dem Maße, wie die politisch-ökonomische Integration Europas zu sozialen Konflikten führt, die einen über den Nationalstaat hinausgehenden Konfliktrahmen erforderlich machen, vollzieht sich europäische Vergesellschaftung. Europa wird zum Konfliktraum.

8.3.3   Krise – Konflikt – Integration

Eine Konfliktdimension blieb im Kontext europäischer Vergesellschaftung bislang undiskutiert. Voraussetzung der sozialintegrativen Konfliktrahmung und -regulierung ist die Manifestation der zugrunde liegenden Konflikte. Konflikte sind manifest, wenn sie von involvierten Akteuren selbst als solche wahrgenommen oder antizipiert werden, wenn die Konfliktinvolvierten im Wesentlichen bekannt sind und wenn mindestens ein Konfliktbeteiligter seinen Bedarf an einer Konfliktlösung artikuliert und gegebenenfalls eine entsprechende Forderung der Konfliktregulierung an einen durchsetzenden Dritten adressiert. Das ist Gegenstand der *kognitiven Dimension* der Gesellschaftsbildung durch Konflikt.

Besonders deutlich wahrnehmbar sind Konfliktkonstellationen in bedrohlichen sozialen Situationen, in denen bei gegebenen situativen Anforderungen die zur Verfügung stehenden Bewältigungsstrategien als unzureichend empfunden werden und sich unter dem Eindruck zu knapper Ressourcen subjektive Erfahrungen des individuellen und kollektiven Kontrollmangels ausbreiten. Die multiplen Krisen der europäischen Integration entsprechen diesem Muster. Eine Krise ist mit Friedrichs (2007, S. 14) die wahrgenommene Gefährdung eines institutionalisierten Handlungsmusters. Institutionelle Ineffizienzen sind, wie gezeigt, nicht ungewöhnlich, sie rufen im Normalfall inkrementelle Anpassungsversuche hervor. Zu Krisen werden institutionelle Ineffizienzen, wenn sie unter den Bedingungen besonders abrupter und/oder besonders massiver Veränderungen (der Wahrnehmung) von Verteilungseffekten eines Konfliktrahmens zu Reaktionen und Gestaltungsversuchen führen, die von relevanten betroffenen Akteuren aus dem einen oder anderen Grund als inkonsistent wahrgenommen werden. Grundsätzlich gilt: Inkonsistenzen stoßen Deutungswandel an, ermöglichen über neue Interpretationsmuster institutionelle Innovation und schaffen auf diese Weise neue Gelegenheitsstrukturen zur Verfolgung von Interessen. In diesem Sinn sind Krisen Umbruchphasen, in ihnen aktualisieren sich gesellschaftliche Verhältnisse. Ebenso grundsätzlich gilt aber auch: In solchen

Konstellationen herrscht ein Überschuss an Situationsdiagnosen und interessengeleiteten Handlungsempfehlungen; zugleich besteht gesteigerter Rechtfertigungsbedarf für *jede* dieser Krisendiagnosen und *jede* dieser Handlungsempfehlungen. Krisen zeichnen sich also aus durch institutionell unterbestimmte Handlungsbedingungen einerseits, durch konkurrierende Interpretationen bezüglich der angemessenen institutionellen Regulierung, zuweilen auch bezüglich der Legitimität der sie tragenden Akteure andererseits (Vobruba 2014). In den Begrifflichkeiten der vorangegangen Darlegungen sind Krisen Phasen, in denen Konfliktrahmen besonders nachdrücklich zur Disposition stehen. Aus konflikttheoretischer Perspektive ergeben sich Krisen aus der Häufung und Intensivierung von Konflikten zweiter Ordnung.

Für die Europäische Union scheinen so definierte Krisen der bevorzugte Integrationsmodus zu sein (Kühnhardt 2009). Und genau das lässt sich in Europa auch zurzeit beobachten. Die gegenwärtige komplexe Konstellation der europäischen Staatsschulden- und Währungskrise nahm ihren Anfang nicht allein in den Schockwellen, die die Immobilienkrise in den USA aussandte, sondern erst im Zusammenspiel mit der defizitären Institutionalisierung der europäischen Wirtschafts- und Währungsunion selbst. In ihren institutionellen und sozialen Folgen geht die Eurokrise aber inzwischen über Fragen der Währungs- und Fiskalpolitik weit hinaus und macht konflikthafte soziale Relationen manifest, die in der WWU von Beginn an strukturell angelegt waren. Darum soll es in den abschließenden Überlegungen gehen.

Die Geschichte der Schulden- und Währungskrise lässt sich zerlegen in viele einzelne Sequenzen von Konflikten um Konfliktrahmen, bei denen unterschiedliche grundlegende Ideen und Ideologien miteinander um politische Dominanz konkurrieren – und darum, die Verteilungswirkungen konkreter Konflikte *dauerhaft* zu strukturieren (Preunkert und Vobruba 2012). Verhandelte Fragen waren bzw. sind etwa: Welches Ausmaß soll die politische Unabhängigkeit der Europäischen Zentralbank haben? Sollen sich die Staaten der Eurozone gemeinsam (mit Eurobonds) oder je separat (zu dann sehr unterschiedlichen Bedingungen) am Kapitalmarkt refinanzieren? Erfordert die einheitliche Währung eine einheitliche Fiskalpolitik oder nicht? Und wer ist eigentlich befugt zur Bewertung der Zahlungsfähigkeit von Staaten?

Nicht alle diese Fragen sind neu, aber sie überschreiten in ihrer verschärften Umstrittenheit im Zuge der Finanzkrise die Wahrnehmungsschwelle der Öffentlichkeit. Sie markieren innerhalb des oben eingeführten Zyklus-Modells die Phase der Infragestellung etablierter Konfliktrahmen. Gleichwohl kann man mit einigem Recht davon ausgehen, dass der Großteil *sozialer* Akteure in der Eurozone solchen technischen Fragen eher indifferent gegenübersteht. Was ihnen aber weniger gleichgültig ist, sind die Anschlussfragen, die sich aus den gefundenen Antworten und politischen Reaktionen auf die genannten Entscheidungsprobleme ergeben. Das sind Fragen wie: Soll die Rettung maroder Banken zu Lasten ihrer Gläubiger oder zu Lasten der Steuerzahler gehen? In welchem Kompetenzverhältnis stehen europäische Finanzstabilisierungsinstrumente und nationale Budgethoheiten? Ist den Staatsschuldenproblemen einiger Euroländer wirksam mit Austeritätspolitik oder sinnvoller mit Investitionspolitik zu begegnen? Und wenn die Entscheidung zugunsten austeritätspolitischer Maßnahmen fällt: Was heißt das für wen konkret?

Jede einzelne dieser Entscheidungen ist nicht nur Ausdruck und Impuls institutionellen Wandels (Hofmann und Wessels 2013), sondern hat auch erhebliche Verteilungseffekte, die sich unter den Bedingungen knapper oder für knapp gehaltener Ressourcen in Verteilungskonflikten manifestieren. Der Zwang zum Schuldenabbau treibt in den stark krisenbetroffenen Euroländern nicht nur aggressive arbeitsmarkt- und sozialpolitische Abbauszenarien voran. Er führt auch zum rezessionsfördernden Rückzug der betroffenen Staaten als wirtschaftliche Akteure, und die dadurch massiv zunehmende Arbeitslosigkeit wird durch den (faktisch erzwungenen oder vorauseilend gehorsamen) Abbau öffentlicher Beschäftigung nochmals verschärft. Die Unsicherheiten auf den Finanzmärkten erschweren in der gesamten Eurozone die Kreditaufnahme der Unternehmen – mit negativen volkswirtschaftlichen Konsequenzen. Und in den besonders krisenbetroffenen Staaten verschlechtern die Finanzmarktbedingungen und die rigiden Problemlösungsstrategien der Banken – einhergehend mit zunehmender Arbeitslosigkeit und Einkommensverlusten – auch die Chancen privater Haushalte, eingegangene Schulden zu bedienen; Privatinsolvenzen oder auch Wohneigentumsverluste in großem Umfang sind die Folge. Die Niedrigstzins-Politik der EZB wiederum, mit der auf die wirtschaftlichen Schwierigkeiten in den krisenbetroffenen Euro-Volkswirtschaften reagiert wird, entfaltet ihre Wirkung unterschiedslos in der gesamten Eurozone mit der Folge, dass es (neben privaten) vor allem institutionellen Anlegern wie etwa Rentenfonds oder Lebensversicherungsgesellschaften nahezu unmöglich ist, das ihnen anvertraute Kapital rentabel, sicher und zugleich gesetzeskonform zu investieren.

8.3.4 Integration durch Politisierung transnationaler Konflikte

Die sozialen Folgen der politischen Entscheidungen im Zuge der Staatsschuldenkrise sind also dramatisch. Darin stecken Gefahren und Chancen. Die Gefahren ergeben sich aus dem regelmäßig bestätigten Befund, dass in krisenhaften, bedrohlichen Situationen und in Phasen drastisch verschärfter wirtschaftlicher Unsicherheiten dem Bedürfnis nach Kontrollgewinn nicht zuletzt durch Intensivierung ethnozentrischer Einstellungen und Handlungsneigungen Rechnung getragen wird (Fritsche et al. 2011). Im hier erörterten Kontext kann sich dieser Effekt besonders stark unter der Bedingung entwickeln, dass die bedrohliche Situation als Nullsummenspiel zwischen verschiedenen *Nationen* wahrgenommen wird, dass also in Verteilungskonflikten die Gewinne der einen zu Lasten der anderen (Gruppe von) Nation(en) gehen (Campbell 1965). Das kann dann, oft medial unterstützt, zur Betonung nationaler Eigenarten und Identitäten, zu Rechtfertigungsversuchen von problematischen Verteilungsverhältnissen und zugleich zum (Wieder-)Erstarken von Vorurteilen und Diskriminierungen gegenüber Angehörigen anderer Nationen führen, denen unangemessenes Verhalten zu Lasten anderer unterstellt wird. Eine solche Verschärfung von transnationalen Verteilungskonflikten kann aber, wie oben gesehen, auch die Infragestellung gemeinsamer Konfliktrahmen nach sich ziehen. Konflikttheoretisch ausgedrückt: In solchen Situationen krisenhaft verschärfter Verteilungskonflikte steigt die Wahrscheinlichkeit *werte*geladen begründeter sozialer Abgrenzung und Dissoziation. Vor diesem Hintergrund sind Aufforderungen wie jene von Giorgio Agamben (2013) zur (Re-)Separierung und Besinnung auf kulturelle Eigenheiten zumindest grob fahrlässig. Denn diese Form der Ideologisierung von Verteilungs- bzw. realistischen Konflikten – darauf hat bereits Coser (1965) aufmerksam gemacht – wirkt intensitätssteigernd und erschwert, da sie Kompromisse tendenziell verunmöglicht, die Einigung auf gemeinsame trans- und supranationale Konfliktrahmen. Stattdessen sollten Verteilungskonflikte als Verteilungskonflikte benannt und nicht zu – ungleich schwerer handhabbaren und tendenziell sozialdesintegrativen – Wertkonflikten stilisiert werden.

Damit zu den Chancen, die sich aus den dramatischen sozialen Folgen des Krisenmanagements ergeben: Diese Dramatik begünstigt zugleich ihre Politisierung. Nationale Regulierung wird deutlich stärker als vor der Krise zum Gegenstand nachdrücklicher politischer Interessenbekundung sozialer Akteure; der Legitimationsbedarf des Krisenmanagements steigt stetig und in dem Maße, in dem seine Verteilungseffekte offensichtlich werden. Zugleich wird augenfällig, dass im Kontext der gegenwärtigen Krise und infolge der darauf reagierenden Austeritätspolitiken die Leistungs- und Kompensationsfähigkeiten der Umverteilungsarrangements der am stärksten krisenbetroffenen Staaten drastisch abgenommen haben. Nationale Sicherungssysteme können nicht mehr als Interdependenzunterbrecher fungieren. Stattdessen suchen nun soziale Akteure verstärkt grenzüberschreitend und supranational nach Adressaten für ihre Sicherungserwartungen und Regulierungsbedürfnisse. Das heißt: Auch supranationale Regulierung wird deutlich stärker als vor der Krise zum Gegenstand politischer Interessenverfolgung sozialer Akteure (Zürn 2013). Dieser Nachdruck kann verschiedene Formen annehmen, aber er zeigt Wirkung. Erste Anzeichen einer institutionalisierten Sozial- und Transferunion, die über Regionalförderungen und dergleichen hinausgeht, sind unübersehbar –zum Beispiel das geplante Projekt einer gemeinsamen europäischen Arbeitslosenversicherung oder grenzüberschreitende Ausbildungssysteme zum Kampf gegen die Jugendarbeitslosigkeit in Südeuropa. Anstatt über zukünftige Erfolge derartiger Bemühungen zu spekulieren, sei hier auf zahlreiche verallgemeinerbare sozialpsychologische Befunde für sogenannte Deprovinzialisierungseffekte (Pettigrew 1998, S. 72) hingewiesen, die in diesem Zusammenhang relevant sind. Unter der Bedingung, dass sich die Angehörigen unterschiedlicher Gruppen (hier: Nationen) als statusgleich und gleichrangig verstehen, ermöglichen gemeinsame übergeordnete Ziele, die von mehreren Gruppen angestrebt, aber nur durch gemeinsame Anstrengungen erreicht werden können, gruppenübergreifende Neuorientierung und Kooperation. Das vermindert gegenseitige Vorbehalte ethnischer oder nationaler Gruppen. Dieser Mechanismus wirkt besonders stark, wenn die gemeinsam angestrebten Ziele auch tatsächlich gemeinsam erreicht werden (Worchel et al. 1977). Institutionell verstärkt werden kann dieser kognitive Deprovinzialisierungsmechanismus durch Autoritäten im Sinne der Figur des durchsetzenden Dritten und durch konfliktrahmende Gesetzgebungen, die einen gleichberechtigten, *de jure* und *de facto* diskriminierungsfreien Umgang zwischen Angehörigen unterschiedlicher Gruppen fördern (Morrison und Herlihy 1992). Und gerade sozialpolitische Maßnahmen als Konfliktrahmen, als eine spezifische Form des Umgangs mit – und der Regulierung von – Verteilungskonflikten können gesellschaftsbildende Effekte haben, sie können „die Triebkraft eines Vergesellschaftungsprozesses [sein], der sich als beständig fortschreitendes Wechselspiel der Institutionalisierung und Deinstitutionalisierung sozialer Beziehungen und Beziehungsmuster darstellt" (Lessenich 2008, S. 36; auch Gaertner und Divodios 2013).

Indem die Krise der Europäischen Integration zu einer Politisierung der politischen und ökonomischen europäischen Integration führt, erzwingt sie die Austragung transnationaler sozialer Konflikte und damit über kurz oder lang die Schaffung und Verfeinerung supranationaler Konfliktrahmen mit assoziativen, gesellschaftsbildenden Effekten. Sie macht Europa als Konfliktraum erfahrbar. Vor diesem Hintergrund spricht einiges dafür, dass die gegenwärtige Krise in Europa ein Vergesellschaftungsschub hin zu einer klarer erkennbaren europäischen Gesellschaft sein kann. In einer Entwicklung, die geprägt ist vom Wechselspiel zwischen Konflikten erster und zweiter Ordnung, kann sie als Trendbeschleuniger fungieren – und so die soziale Integration Europas vorantreiben.

Literatur

Agamben, G. 2013. Que l'Empire latin contre-attaque! *Libération*, 24.03.2013. http://www. liberation.fr/monde/2013/03/24/que-l-empire-latin-contre-attaque_890916. Zugegriffen: 2. Dez. 2014.
Aubert, V. 1972. Interessenkonflikt und Wertkonflikt: Zwei Typen des Konflikts und der Konfliktlösung. In *Konflikt und Konfliktstrategie. Ansätze zu einer soziologischen Konflikttheorie*, Hrsg. W. L. Bühl, 178–204. München: Nymphenburger Verlagshandlung.
Bach, M. 2009. „Europäische Gesellschaft". Politische Integration und gesellschaftliche Desintegration in Europa. *Mittelweg 36* 18 (3): 17–29.

Campbell, D. T. 1965. Ethnocentric and other altruistic motives. In *Nebraska Symposium on Motivation. vol. 13*, Hrsg. D. Levine, 283–311. Lincoln: University of Nebraska Press.

Coser, L. A. 1965. *Theorie sozialer Konflikte*. Neuwied: Luchterhand.

Dahrendorf, R. 1958. Zu einer Theorie des sozialen Konflikts. *Hamburger Jahrbuch für Wirtschafts- und Gesellschaftspolitik* 3:76–92.

Dahrendorf, R. 1972. *Konflikt und Freiheit. Auf dem Weg zur Dienstklassengesellschaft*. München: Piper.

Dubiel, H. 1997. Unversöhnlichkeit und Demokratie. In *Was hält die Gesellschaft zusammen?* Hrsg. W. Heitmeyer, 425–444. Frankfurt a. M.: Suhrkamp.

Endreß, M. 2013. Zur Theorie der Deutung sozialer Ungleichheit. In *Wissen und soziale Ungleichheit*, Hrsg. O. Berli, und M. Endreß, 23–53. Weinheim: Beltz Juventa.

Fehmel, T. 2013. *Sicherungsbewahrung. Europas sozialpolitische Zukunft*. Weinheim: Beltz Juventa.

Fehmel, T. 2014. Konflikttheorie und Gesellschaftsbildung: Europäische Integration durch soziale Konflikte. In *Systemzwang und Akteurswissen. Theorie und Empirie von Autonomiegewinnen*, Hrsg. T. Fehmel, S. Lessenich, und J. Preunkert, 133–157. Frankfurt a. M.: Campus.

Friedrichs, J. 2007. Gesellschaftliche Krisen. Eine soziologische Analyse. In *Die Wahrnehmung von Krisenphänomenen*, Hrsg. H. Scholten, 13–26. Köln: Böhlau.

Fritsche, I., E. Jonas, und T. Kessler. 2011. Collective reactions to threat: Implications for intergroup conflict and for solving societal crises. *Social Issues and Policy Review* 5 (1): 101–136.

Gaertner, S. L., und J. F. Dovidio. 2013. *Reducing intergroup bias. The common ingroup identity model*. Hove: Psychology.

Galtung, J. 1970. Theorien des Friedens. In *Krieg oder Frieden. Wie lösen wir in Zukunft die politischen Konflikte?* Hrsg. J. Schlemmer, 133–148. München: Piper.

Hirschman, A. O. 1994. Wieviel Gemeinsinn braucht die liberale Gesellschaft? *Leviathan* 22 (2): 293–304.

Hofmann, A., und W. Wessels. 2013. Tektonische Machtverschiebungen – die Krise als Auslöser und Verstärker des institutionellen Wandels. *Zeitschrift für Politik* 60 (2): 220–241.

Hooghe, L., und G. Marks. 2009. A postfunctionalist theory of European integration: From permissive consensus to constraining dissensus. *British Journal of Political Science* 39 (1): 1–23.

Höreth, M. 2013. Hemmungslos, aber ungefährlich? Der Gerichtshof der Europäischen Union als Verfassungsgericht im System der EU-Gewaltenteilung. *Zeitschrift für Politik* 60 (1): 48–71.

Immerfall, S. 2013. Über die Euro-Krise zur Fiskalunion? Mögliche Lehren für europäische Integration. *Zeitschrift für Politik* 60 (2): 195–206.

Jessop, B. 2010. The 'return' of the national state in the current crisis of the world market. *Capital & Class* 34 (1): 38–43.

Knight, J. 1997. *Institutionen und gesellschaftlicher Konflikt*. Tübingen: Mohr Siebeck.

Kühnhardt, L., Hrsg. 2009. *Crises in European integration. Challenge and response, 1945–2005*. New York: Berghahn.

Lamping, W. 2010. Umkämpfte Grenzen. Über das Verhältnis von Sozial- und Wirtschaftspolitik auf EU-Ebene. *Sozialer Fortschritt* 59 (5): 151–158.

Lepsius, M. R. 1999. Die Europäische Union. Ökonomisch-politische Integration und kulturelle Pluralität. In *Kultur, Identität, Europa. Über die Schwierigkeiten und Möglichkeiten einer Konstruktion*, Hrsg. R. Viehoff und R. T. Segers, 201–222. Frankfurt a. M.: Suhrkamp.

Lessenich, S. 2008. *Die Neuerfindung des Sozialen. Der Sozialstaat im flexiblen Kapitalismus.* Bielefeld: Transcript.

van der Loo, H., und W. van Reijen. 1992. *Modernisierung. Projekt und Paradox.* München: dtv.

Morrison, E. W., und J. M. Herlihy. 1992. Becoming the best place to work. Managing diversity at American Express travel related services. In *Diversity in the workplace,* Hrsg. S. E. Jackson, 203–226. New York: Guilford Press.

Mouffe, C. 2007. *Über das Politische. Wider die kosmopolitische Illusion.* Frankfurt a. M.: Suhrkamp.

Münch, R. 2008a. Constructing a European Society by Jurisdiction. *European Law Journal* 14 (5): 519–541.

Münch, R. 2008b. *Die Konstruktion der europäischen Gesellschaft. Zur Dialektik von transnationaler Integration und nationaler Desintegration.* Frankfurt a. M.: Campus.

Pettigrew, T. F. 1998. Intergroup contact theory. *Annual Review of Psychology* 49 (1): 65–85.

Preunkert, J., und G. Vobruba. 2012. Die Eurokrise – Konsequenzen der defizitären Institutionalisierung der gemeinsamen Währung. In *Entfesselte Finanzmärkte. Soziologische Analysen des modernen Kapitalismus,* Hrsg. K. Kraemer, und S. Nessel, 201–224. Frankfurt a. M.: Campus.

Simmel, G. 1992a [1894]. Das Problem der Sociologie. In *Aufsätze und Abhandlungen 1894 bis 1900,* Hrsg. G. Simmel, 52–61. Frankfurt a. M.: Suhrkamp.

Simmel, G. 1992b [1908]. Der Streit. In *Soziologie. Untersuchungen über die Formen der Vergesellschaftung,* Hrsg. G. Simmel, 284–382. Frankfurt a. M.: Suhrkamp.

Simmel, G. 1992c [1908]. Die Erweiterung der Gruppe und die Ausbildung der Individualität. In *Soziologie. Untersuchungen über die Formen der Vergesellschaftung,* Hrsg. G. Simmel, 791–863. Frankfurt a. M.: Suhrkamp.

Simmel, G. 1995 [1905]. Das Ende des Streits. In *Aufsätze und Abhandlungen 1901–1908, Band I,* Hrsg. G. Simmel, 333–344. Frankfurt a. M.: Suhrkamp.

Taylor, C. 1996. *Quellen des Selbst. Die Entstehung der neuzeitlichen Identität.* Frankfurt a. M.: Suhrkamp.

Vobruba, G. 2012. *Der postnationale Raum. Transformation von Souveränität und Grenzen in Europa.* Weinheim: Beltz Juventa.

Vobruba, G. 2014. Gesellschaftsbildung durch die Eurokrise. In *Krise der europäischen Vergesellschaftung? Soziologische Perspektiven,* Hrsg. M. Heidenreich, 185–199. Wiesbaden: Springer.

Voigt, S. 2013. How (not) to measure institutions. *Journal of Institutional Economics* 9 (1): 1–26.

Walzer, M. 1992. *Sphären der Gerechtigkeit. Ein Plädoyer für Pluralität und Gleichheit.* Frankfurt a. M.: Campus.

Whitehead, A. N. 2000 [1927]. *Kulturelle Symbolisierung.* Frankfurt a. M.: Suhrkamp.

Wobbe, T. 2009. Vom nation-building zum market-building. Der Wandel von Vergesellschaftungsformen im europäischen Integrationsprozess. *Mittelweg 36* 18 (3): 3–16.

Worchel, S., V. A. Andreoli, und R. Folger. 1977. Intergroup cooperation and intergroup attraction: The effect of previous interaction and outcome of combined effort. *Journal of Experimental Social Psychology* 13 (2): 131–140.

Zürn, M. 2013. Nachwort: Die Finanz- und Schuldenkrise. In *Die Politisierung der Weltpolitik. Umkämpfte internationale Institutionen,* Hrsg. M. Zürn und M. Ecker-Ehrhardt, 413–425. Berlin: Suhrkamp.

Negative Europäisierung. Die Eurokrise und die Paradoxien der institutionellen Überintegration

Maurizio Bach

Keine Wirtschaftskrise gleicht der anderen, bemerkt Joseph Schumpeter in seinem magistralen Werk über Konjunkturzyklen: „Denn jede einzelne ist ein historisches Individuum und ist weder nach Art ihrer Entstehung noch in ihrem Erscheinungsbild einer anderen gleich" (Schumpeter 1961, S. 40). Und die Krise Europas? Was unterscheidet sie von früheren ökonomischen Konjunktureinbrüchen? Der Wirtschaftshistoriker Ivan Berend identifiziert zwei grundlegende Differenzen. Zum einen: „The main peculiarities of the 2008 European crisis are the consequences of the transformed contemporary market capitalist system. From the 1970s–1980s on, a new chapter was opened in the history of capitalism and Europe. Industrial capitalism turned to be highly financialized, drastically deregulated, speculative market system work in a closely interrelated, globalized world economy." Eine herausragende Rolle spiele zum anderen der Umstand, dass "[a]ll these factors worked in a partially integrated Europe where a non-federalized, but economically integrated group of independent countries established a monetary union without fiscal unification" (Berend 2013, S. 62). Damit tritt Berend der verbreiteten, aber irreführenden Annahme entgegen, wonach die gegenwärtigen Schwierigkeiten Europas in erster Linie durch den 2007/2008 erfolgten *crash* der Finanzmärkte in den USA verursacht worden seien. Darüber hinaus wird darin die Rolle der Europäischen Union als Mitverursacherin der Krise hervorgehoben. Tatsächlich

M. Bach (✉)
Ordinarius für Soziologie, Universität Passau, Dr.-Hans-Kapfinger-Str. 14, 94032 Passau, Deutschland
E-Mail: maurizio.bach@uni-passau.de

© Springer Fachmedien Wiesbaden 2015
J. Preunkert, G. Vobruba (Hrsg.), *Krise und Integration,*
Europa – Politik – Gesellschaft, DOI 10.1007/978-3-658-09231-3_9

erwies sich die Europäische Union nicht lediglich als der Resonanzkörper eines externen ökonomischen Schocks. Vielmehr wurde der weitere Krisenverlauf durch die europäischen Institutionen wesentlich mit bestimmt. Die Europäische Union wirkte dabei nicht nur als eigenständiger Katalysator der Krisendynamik. Es zeigte sich auch, dass die krisenbedingten Wirkungsverkettungen größtenteils der Europäischen Union selbst zuzuschreiben sind. Die These, die diesem Beitrag zugrunde liegt, lautet deshalb: Die gegenwärtige Krise der Europäischen Union kann als Konsequenz der institutionellen Überintegration[1] des europäischen Markt- und Währungsraumes verstanden werden, der gleichzeitig eine „defizitäre Institutionalisierung" (Preunkert und Vobruba 2012, S. 203) auf dem Feld der Wirtschafts- und Sozialpolitik gegenübersteht. Das Spannungsverhältnis dieser asymmetrischen Institutionalisierung bringt Paradoxien hervor, die durch die *modi operandi* des Systems selbst nicht mehr aufgelöst werden können. Diese kumulieren in einer Dynamik negativer Europäisierung, die sich einerseits in der Selbstblockierung des Handlungssystems, andererseits in der Gleichzeitigkeit von fortschreitender Institutionalisierung und gesellschaftlicher bzw. politischer Desintegration manifestiert. Dadurch bildet die Europäische Union als transnational agierendes Institutionengebilde, wie in diesem Beitrag gezeigt werden soll, den Rahmen einer beispiellosen rekursiven und dadurch selbstverstärkenden Krisendynamik.

9.1   Asymmetrische Institutionalisierung

In der Zeit vor der Eurokrise blieben Wirtschaftskrisen meist auf nationale Räume beschränkt, so die Inflationskrise in Deutschland 1914–1930 oder die Japankrise von 1991. Aber selbst Rezessionen mit weltweiten Auswirkungen wie beispielsweise die *Great Depression* von 1929–1930 oder die Ölkrisen von 1973 und 1979 können nicht ohne weiteres als Vergleichsfolie herangezogen werden. Internationale Organisationen und Staatenbünde, darunter auch die in der zweiten Hälfte des zwanzigsten Jahrhunderts bereits bestehenden Europäischen Gemeinschaften, erwiesen sich für den Krisenverlauf als letztlich bedeutungslos (Kindleberger und Aliber 2011; Blumann und Picod 2010; Berend 2013). Anders verhält es sich mit der gegenwärtigen Krise Europas: Eine entscheidende Voraussetzung für die krisenbedingte negative Europäisierung ist paradoxerweise die fortgeschrittene Institutionalisierung des europäischen Einigungsprojektes. Die politische und wirtschaftliche Integration Europas hat zu einer unvergleichlich hohen, durch

---

[1] In Anlehnung an den von Scharpf (2011) und Lepsius (2013) verwendeten Begriff der „ökonomischen Überintegration", aber weiter gefasst, im Sinne von und synonym mit: institutioneller *Überdetermination* der europäischen Integration.

rechtliche und politische Institutionenbildung vermittelten Interdependenz und wechselseitigen Abhängigkeit der beteiligten Staaten geführt (siehe auch Fehmel in diesem Band). Hinzu kommt eine durch die Politik der Deregulierung seit dem letzten Drittel des 20. Jahrhunderts geförderte, starke Verflechtung zwischen den Staaten und den internationalen Finanzmärkten (Illing 2013, S. 7 ff.). Im neuen „Pumpkapitalismus" (Dahrendorf 2009) verwandelte sich der frühere „Steuerstaat" in einen „Schuldenstaat" (Streeck 2013). Die Staaten gerieten dadurch in eine existenzielle Abhängigkeit vom internationalen Bankensystem. Das rasche Überspringen der Krisenerscheinungen vom Finanzmarkt auf die Staaten und dann auf die Europäische Union wäre ohne die „interaktiven Interdependenzen" (R. Mayntz) aller Wahrscheinlichkeit nach nicht auf diese Weise vonstattengegangen. Die amerikanische Immobilienkrise von 2008 erweitert sich erst zur europäischen Staatsschuldenkrise, dann zur Eurokrise, um schließlich in eine nachhaltige Systemkrise der europäischen Integration zu münden. Während aber die Finanzmärkte rasch wieder ein Gleichgewicht erreichten und die Bankenkrise damit überwunden werden konnte,[2] eskalierten die Probleme in Europa und erzeugten mehrere, einander wechselseitig überlagernde und verstärkende Krisen: die Eurokrise, die Staatsschuldenkrise sowie die Legitimationskrise der Europäischen Union (Lepsius 2013). Die europäischen Institutionen gerieten dabei an die Grenzen ihrer Problemlösungsfähigkeit, und die Krise Europas entwickelte sich zu einem Dauerproblem. Immer mehr Bereiche der Gesellschaften Europas gerieten in ihren Sog, wurden von den negativen Effekten erfasst und destabilisiert (Touraine 2010). Der Währungsunion kommt dabei als Kristallisationspunkt der institutionellen Überintegration in der Europäischen Union eine Schlüsselrolle zu.

9.2 Desintegration durch Überintegration: die Währungsunion

Die in Maastricht 1991 beschlossene Währungsunion und die Einführung des Euro als Zahlungsmittel im Jahre 2002 galten als historische Gipfelpunkte der wirtschaftlichen und politischen Einigung des Kontinents. Viele sahen darin den Königsweg zur politischen Union. Allerdings gab es auch damals bereits zahlreiche Experten, die nachdrücklich vor einer übereilten Verwirklichung eines einheitlichen

---

[2] Dessen ungeachtet durchleben die größten und reichsten Volkswirtschaften der Welt nach wie vor schwierige Zeiten mit niedrigen Wachstumsraten, hohen Arbeitslosenquoten und wachsender Staatsverschuldung. „[T]he aftermath of the crash", beschreibt Zanny Minton Baddoes die Lage, „continues to cast a pall over the global economy. Growth returned. But the recovery has been strikingly lachustre, particulary given the scale of recession" (Baddoes 2014, S. 3).

Währungsraumes ohne Fiskalunion und ohne europäische Wirtschaftsregierung
warnten (siehe auch Vobruba in diesem Band). Die Misere, die seit 2010 offenkundig ist und Länder insbesondere des südlichen Europas in den Abgrund zu ziehen
droht, war voraussehbar, und sie wurde auch vorausgesehen. Bereits unmittelbar
nach der Errichtung der Währungsunion prognostizierte etwa Rainer Weinert eine
dramatische Zunahme der politischen und sozialen Konflikte in Europa, wie sie
sich infolge der Staatsschuldenkrise ein Jahrzehnt später auch tatsächlich einstellen sollte: „Da Geldpolitik ohnehin hoch politisiert ist, wird die Verpflanzung der
Zentralbank auf die EU-Ebene ebenfalls von einer Politisierung erfasst werden und
damit die Konflikthäufigkeit der weiteren europäischen Integration insgesamt erhöhen. Der Grad bislang (vor allem in den Kernländern) gewährter unhinterfragter
politisch-moralischer Dignität des europäischen Einigungsprojekts nimmt ab, die
Konflikthaftigkeit über Ausrichtung, Dynamik und ‚Sinn‘ weiterer Integrationsschritte zu." (Weinert 2000, S. 86 f.) Weinert begründete seine These wie folgt:
„Ein zentraler Grund für diese Annahme ist die strukturelle Asymmetrie zwischen
Geldwertstabilität und Beschäftigungssicherung, die durch den hohen Autonomie-
grad der EZB eintritt. Die Frage wird sich spätestens bei einer Rezession stellen, wenn Wohlfahrtsverluste eintreten und sich europaweit die Frage der ‚Ver-
teilungsgerechtigkeit‘ stellt. In einem solchen Fall dürften massive Versuche, die
Institutionalisierung von Beschäftigungssicherung durchzusetzen zunehmen. Da
diese unwahrscheinlich ist, erhöhen sich die strukturellen Verzerrungen zu Gunsten marktförmiger Interessen. *Absehbar ist daher eine Konfliktverschärfung über
die Ausrichtung europäischer Institutionalisierungsprozesse insgesamt*" (ebd.,
Hervorhebung hinzugefügt). Weinert steht aber mit seiner Weitsicht keineswegs
allein. Auch Giandomenico Majone, einer der scharfsinnigsten und unvoreinge-
nommensten Beobachter des europäischen Einigungsprozesses, gelangte wenig
später zu ähnlichen Schlussfolgerungen, wenn er bemerkte: „In sum, EMU is a
high-risk strategy, but all these uncertainties and ambiguities have been carefully
concealed from the general public. The chosen strategy simply assumes an irrevo-
cable commitment to the single currency, and accords no place to failure" (Majone
2005, S. 109).

   Die Staatsschulden- und Eurokrise kam also nicht wie ein Blitz aus heiterem
Himmel. Aus den zitierten und vielen weiteren Analysen[3] wird vielmehr deutlich,
dass die Europäische Währungsunion von Anfang ein Hoch-Risiko-Projekt war,
dessen Scheitern keineswegs ausgeschlossen werden konnte. Nigel Lawson, der
ehemalige Schatzkanzler unter Margret Thatcher, bringt die zentralen Schwächen
des Eurosystems prägnant auf den Punkt: „A monetary union, for its very existen-

---

[3] Siehe auch Tsoukalis 1996; Moravcsik 1998, S. 238 ff., 379 ff.; Judt 2006, S. 602 f.; Majone 2014, S. 20 ff.

ce, requires there to be automatic, not occasional and discretionary, transfers from the more successful parts of the union, which in turn requires there to be, at the very least, a single system of taxation and benefits. There also needs to be a high degree of central control of budget deficits. In other words, a single finance ministry within a single government. Even then, it would not be economically beneficial within an area as large and diverse as the European Union" (zit. n. Majone 2014, S. 48).

Der Kern des Problems liegt demzufolge darin, dass mit dem Euro zwar eine gemeinsame Währung, nicht aber gleichzeitig auch jene zusätzlichen Institutionen geschaffen wurden, die zur Bewältigung unerwünschter ökonomischer und gesellschaftlicher Nebenfolgen, wie die Akzentuierung von zwischenstaatlichen Verteilungskonflikten oder die verschärfte soziale Ungleichheit im europäischen Sozialraum, erforderlich sind (siehe auch Nissen und Preunkert in diesem Band). Der „defizitären Institutionalisierung" auf der einen Seite steht eine institutionelle Überintegration auf der anderen gegenüber. So vermag die Europäische Zentralbank, trotz der in der Krise hinzugewonnenen Steuerungskompetenzen und Machtbefugnisse diese mit ihren primär geldpolitischen Instrumenten alleine nicht ausreichend zu kompensieren. Denn es fehlt, wie vielfach in der Literatur hervorgehoben, eine effektive europäische Wirtschaftsregierung. Eine solche müsste sich ebenso auf Beschäftigungs- und Fiskalpolitik wie auf Wachstums- und Sozialpolitik erstrecken, um das notwendige Maß an Flexibilitätsmanagement im europäischen Raum zu gewährleisten (Lepsius 2013, S. 240 ff.).

Stattdessen wurde mit der Währungsunion ein unflexibles und unabänderliches System mit extrem hohen Exithürden geschaffen. Das enge Korsett der einheitlichen Währung als institutioneller Ausdruck der ökonomischen Überintegration hindert seitdem die Mitgliedstaaten daran, mittels Währungsabwertungen und anderer geldpolitischer Maßnahmen die Außenhandelssalden gegebenenfalls zu ihren Gunsten zu beeinflussen, etwa um bestehende Produktivitäts- und Wettbewerbsungleichgewichte auszugleichen (Ehrlicher 1965, S. 248 ff.).

Die Selbstaufgabe der nationalen währungspolitischen Souveränität beraubte die Mitgliedstaaten vor allem eines ihrer effektivsten Anpassungsinstrumente: des autonomen geldpolitischen Interventionismus. Dieser Mechanismus basiert darauf, dass die Zentralbanken in enger Abstimmung mit der Politik und daher nach Maßgabe der jeweiligen Konjunkturerfordernisse sowie der allgemeinen gesellschaftspolitischen Ziele stets einen Kompromiss zwischen den grundlegenden wirtschaftspolitischen Leitkriterien: Preisniveaustabilität, Wechselkursstabilität und Beschäftigungspolitik einen tragfähigen Kompromiss finden mussten (Ehrlicher 1965, S. 246). Eine solche ‚symmetrische‘ Wirtschafts- und Sozialpolitik ist in der Eurozone im nationalen Alleingang nunmehr praktisch nicht nur nicht mehr möglich, sondern europarechtlich gar nicht mehr zulässig.

Gerade diese scheinbar nur instrumentelle, bankentechnische Neuausrichtung der Geldpolitik in Europa erwies sich als von weitreichender, ja geradezu revolutionierender Tragweite: Der unter Bedingungen geldpolitischer Souveränität erfolgende Aushandlungsprozess von kollektiv bindenden Gemeinwohlkriterien wurde gesellschaftlich endgültig obsolet. Die an die Stelle der nationalen und demokratisch legitimierten Akteure getretene Europäische Zentralbank kann die komplexen gesellschaftlichen Funktionen der Interessenaggregation und Kompromissfindung, die jenen Aushandlungsprozessen zugrunde liegen, jedoch nicht übernehmen. Als eine weitgehend entkoppelte Regulierungsagentur fehlt es ihr nicht nur an demokratischer Legitimation und Verantwortlichkeit. Ihr Handlungsspektrum ist zudem durch ihre, primär der Geldwertstabilität verpflichteten Rationalitätskriterien äußerst begrenzt (Lepsius 2013, S. 241).[4] Die konkurrierenden makroökonomischen Zielsetzungen, Preisniveaustabilität, angemessenes und stetiges Wirtschaftswachstum, hohes Beschäftigungsniveau und außenwirtschaftliches Gleichgewicht, sind nicht mehr dem Prinzip des „Magischen Vierecks der Wirtschaftspolitik" unterworfen, wie dies jahrzehntelang zum Beispiel in der Bundesrepublik als Leitnorm sogar gesetzliche Verbindlichkeit besaß (Gesetz zur Förderung der Stabilität und des Wachstums der Wirtschaft, StabG vom 8. 6. 1967; vgl. schon Ehrlicher 1965, S. 254). Stattdessen werden sie systematisch von der europäischen Geldpolitik ausgeklammert und den währungspolitisch völlig entmachteten Mitgliedstaaten zur Bearbeitung überantwortet (hierzu bis heute grundlegend Weinert 2000; ferner Bach 2008, Kap. II). Zudem bedarf es nun stets zäher Verhandlungsprozesse und Abstimmungen im Schatten der Politikverflechtungsfalle unter den 28 Mitgliedstaaten, wobei jeder einzelne nationale Akteur – Regierung wie nationale Zentralbank – sich stets in der Minderheit befindet und die Zeithorizonte sich oft

---

[4] Allerdings konnte die Europäische Zentralbank in den vergangenen Jahren in einem Prozess schleichender Kompetenzausdehnung im Zuge ihres Krisenmanagements ihr geldpolitisches Mandat deutlich ausdehnen, wobei auf diesem Wege auch sozialpolitische Kriterien wieder an Bedeutung gewinnen. Vor allem durch den unbegrenzten Aufkauf von Staatsanleihen am Sekundärmarkt (im Rahmen des sogenannten *Outright Monetary Transactions*-Programms) betreibt die EZB mittlerweile im großen Stile eine Zinssubventionierung, was einer verdeckten Staatsfinanzierung gleichkommt. Diese Politik verstößt nicht nur gegen EU-Vertragsrecht. Indem die EZB damit faktisch die Konkursrisiken von Staaten trägt und als eine Art Versicherung gegen Kapitalverlust von Staaten und Banken aktiv wird, trägt sie zudem wesentlich dazu bei, eine verdeckte Transferunion zu errichten (Illing 2013, S. 35; Peet und LaGuardia 2014, S. 175 f.; Fuest et al. 2014; Sinn 2014, S. 78). Das kann man freilich auch als heimliche europäische Sozialpolitik auffassen, die darauf basiert, dass die Isolierung des Kriteriums Geldwertstabilität aus dem Ensemble jener in Konkurrenz zueinander stehenden makroökonomischen Ziele schleichend wieder rückgängig gemacht wird. Dabei werden Risiken verschleiert, Parlamente umgangen, die Öffentlichkeit (und die Wähler) getäuscht sowie offene politische Auseinandersetzungen vermieden.

über mehrere Jahre erstrecken. Der krisenbedingte Handlungsdruck wird somit an den institutionellen Handlungsblockaden der Europäischen Union gebrochen und bleibt letztlich folgenlos.

9.3 Ökonomische Überintegration und desintegrative Europäisierung

Eine der gravierendsten Folgen der institutionellen Überdetermination in der Wirtschafts- und Währungsunion ist die Externalisierung der Kosten für den Erhalt des Euro in die Peripherie Europas. Damit erreichte der Prozess der negativen Europäisierung einen weiteren Höhepunkt. Unter den Bedingungen großer wirtschaftlicher und gesellschaftlicher Heterogenität bei zugleich äußerst geringer Arbeitskräftemobilität sind bei einheitlicher Währung fatale Konsequenzen unvermeidlich, wie die Theorie der Optimalen Währungsräume lehrt (Mundell 1961). Besonders schwer trifft es dann aber, wie die Entwicklung der vergangenen Jahre in Europa zeigt, vor allem die Peripherie. Sie sieht sich einem hegemonialen Modernisierungsregime wie der Europäischen Union alternativlos unterworfen, kann dessen hohe Anforderungen aber aufgrund ihrer besonderen Wirtschafts- und Sozialstrukturen letztlich aber nicht erfüllen. Damit sind die Länder der Peripherie den wettbewerbsstärkeren und modernen Volkswirtschaften des Nordens gleichsam auf Gedeih und Verderb ausgeliefert. Es spricht somit manches dafür, die *one-size-fits-all*-Politik der europäischen Währungsunion in Anbetracht der sozio-ökonomischen Strukturbedingungen in Europa als ein außerordentlich riskantes, paradoxes und verantwortungsloses Experiment zu bezeichnen. So argumentiert zum Beispiel Lawson: „It is hard to imagine anything more arrogant and irresponsible. It was arrogant since in a democracy, political union requires the consent of the people, which plainly does not exist (in the EU, M.B) […] And it was grossly irresponsible, since it was always clear that should the gamble fail and political union prove unachievable, the consequences of the monetary union alone would be disastrous as we see unfolding today" (Nigel Lawson, zit. n. Majone 2014, S. 48). Ebenso schonungslos urteilt Wolfgang Streeck: „Heute kann die Einführung des Euro als Beispiel dafür gelten, wie eine Gesellschaft – in diesem Falle die hoch heterogene, transnationale Gesellschaft des Eurolandes – in einem, mit Polanyi, ‚frivolen Experiment' im Geist einer Religion gewordenen politisch-ökonomischen Ideologie in eine Marktgesellschaft nach Maßgabe der Blaupausen der Standardökonomie umgebaut werden soll, ohne Rücksicht auf ihre vielfältigen Strukturen, Institutionen und Traditionen." (2013, S. 238) Der entscheidende Hebel dazu war, wie wir sahen, die Ausschaltung der Geldbewertung als Mittel nationaler Finanzpolitik.

Auch die soziale Ungleichheit nimmt in diesem Zusammenhang eine bisher nicht gekannte europäische Qualität an. Darin manifestiert sich ein weiterer wesentlicher Aspekt der negativen Europäisierung. Zum einen entlarvt die Krise das Kohäsions- und Kohärenzversprechen der Europäischen Union als Mythos; zum anderen vertieft insbesondere die Krisenpolitik der Europäischen Union die sozioökonomischen Gräben zwischen Zentrum und Peripherie weiter.

Das mit der Einführung der Währungsunion im Zusammenhang des Maastrichter Vertrages nochmals bekräftigte Kohäsions- und Kohärenzversprechen der Europäischen Union geht vor allem auf die Skepsis des damaligen Kommissionspräsidenten Jacques Delors gegenüber den Selbstregulierungskräfte des Marktes zurück. Die Kommission wollte sich nicht auf den Markt allein verlassen und sie schuf deshalb die Struktur- und Kohäsionsfonds. Mit den beträchtlichen, von Förderperiode zu Förderperiode erheblich anwachsenden Summen[5] sollte einerseits die Verwirklichung der Konvergenz der europäischen Volkswirtschaften und andererseits eine Stärkung der politischen Kohäsion Europas erreicht werden. Beide Ziele waren bereits in den Römischen Verträgen verankert und in der Einheitlichen Europäischen Akte von 1986 nochmals bekräftigt worden (Leonardi 1995). Bereits damals war Delors und seinen Mitstreitern in der Kommission also bewusst, dass sich durch die Währungsunion auch negative Effekten einstellen könnten, welche insbesondere die peripheren Regionen Europas systematisch weiter benachteiligt hätten (ebd., S. 6). Denn im Rahmen einer europäischen Währungsunion würden die Regierungen eben nicht mehr in der Lage sein, die eigene Währung zu manipulieren, um den Außenhandel so zu beeinflussen, dass ihre Konkurrenzfähigkeit erhalten bleibt. Außerdem verloren die nationalen Zentralbanken ihre Funktion als Kreditgeber letzter Instanz (*lender of last resort*), womit ihnen selbst der letzte Ausweg aus der Staatsverschuldung versperrt bleibt: das Gelddrucken (*quantitative easing*) und die Inflation. Doch die Erwartung von mehr Konvergenz im Sinne einer Reduktion der bestehenden sozio-ökonomischen Disparitäten unter den Regionen und Mitgliedstaaten Europas wurde auf breiter Front enttäuscht. Die vor der Verwirklichung des Binnenmarktes und der Einführung der gemeinsamen Währung bestehende territoriale soziale Ungleichheit in Europa hat sich – trotz der Strukturfondspolitik – weitgehend reproduziert. Als einzelne südliche Mitgliedstaaten vor der Staatsinsolvenz standen, gerieten sie in eine fatale Falle: Ihrer

---

[5] Im Zeitraum zwischen 1987–1999 flossen insgesamt rund 200 Mrd. ECU in die Strukturpolitik. Für die Förderperiode 2000–2006 wurden die Mittel auf 213 Mrd. ECU festgelegt, 16 Mrd. kamen 2004 für die neuen Beitrittsstaaten hinzu. Im Rahmen der finanziellen Perspektive 2007–2013 verfügte die Kohäsionspolitik insgesamt über 347,41 Mrd. €, was mehr als 35 % des gesamten Unionshaushalts entspricht (Hartwig 2014, S. 421; Bachtler et al. 2013, Kap. 5).

währungspolitischen Souveränität beraubt, fehlten ihnen die nötigen Instrumente, um dem Teufelskreis exponentiell zunehmender Staatsschulden und abnehmenden ökonomischen Wachstums zu stoppen; gleichzeitig gerieten sie in eine vollständige Abhängigkeit zu den EU-Geldgebern, deren „Solidarität" mit den Krisenländern sich in der Wiederherstellung von deren Zahlungsfähigkeit durch Kreditgarantien erschöpfte, was der Abwärtsspirale weitere Nahrung gab.

Ein weiteres Spezifikum der Staatsschulden- und Eurokrise zeigt sich somit in den massiven sozialstrukturellen Effekten, die insbesondere in der Peripherie Europas gravierende und heute unabsehbare Folgen für den gesellschaftlichen Zusammenhalt und die alltägliche Lebensführung der Menschen haben. Sowohl national als auch in gesamteuropäischer Hinsicht vertiefen die sozio-ökonomischen Disparitäten die bestehenden sozialen Spaltungs- und Konfliktlinien und wirken der kulturellen sowie politischen Integration Europas entgegen. Historische *cleavages* werden durch die institutionelle Überintegration in Europa reproduziert und auf neue Weise strukturiert. Das betrifft vor allem das beträchtliche Wohlstands- und Produktivitätsgefälle zwischen den nordeuropäischen und den Mittelmeerländern (Berend 2006, S. 311 ff., 2013, S. 83 f.; Mau und Verwiebe 2009, S. 264 ff.). Vor dem Hintergrund, dass die Krisenländer des Südens zu den Nachzüglern des Industrialisierungs- und ökonomischen Modernisierungsprozesses gehören, gewinnt die historische Pfadabhängigkeit eine neue Strukturbedeutsamkeit. Die Spaltungslinien werden durch sozio-ökonomische Ungleichgewichte verschärft, die unmittelbar mit denen der monetären Überintegration in der Europäischen Union zusammenhängen (Scharpf 2012; Berend 2013, S. 85). Die empirischen Befunde sind eindeutig: Je länger die Währungsunion in der jetzigen Form aufrechterhalten wird, desto ausgeprägter entwickelt sich die soziale Ungleichheit in Europa.[6] Die historisch überkommenen sozio-ökonomischen Spaltungslinien des europäischen Sozialraumes vertieften sich sogar, sodass von einem Matthäus-Effekt gesprochen werden muss: Die Reichen wurden reicher, die Armen ärmer (Schelkle 2012). Die Krise offenbart somit ein Scheitern beider europäischen Großprojekte: sowohl der Währungsunion als auch der Kohäsionspolitik.

Aber auch auf der Diskursebene gewinnt die soziale Frage eine bisher nicht gekannte europäische Dimension. In der gegenwärtigen Krise der Europäischen Union treten die ökonomischen und sozialen Disparitäten des Sozialraums Europa deutlicher als je zuvor auch in das Bewusstsein der Bürger. In dem Maße wie Ungleichheiten grenzüberschreitend wahrgenommen und debattiert werden, zeichnet

---

[6] Das hat mittlerweile selbst die Kommission erkannt: „Regional economic disparities which were narrowing have stopped doing so, while unemployment has risen rapidly in almost all parts of the EU, poverty and exclusion have also increased" (European Commission 2014, S. 1).

sich die Emergenz einer genuin europäischen Öffentlichkeit ab. Hier zeigt sich wieder eine Paradoxie: Desintegrationstendenzen in sozialstruktureller Hinsicht eröffnen Integrationschancen im Diskursbereich. Ein Novum ist, dass es erstmals auch in der breiteren Öffentlichkeit zu Strukturvergleichen der europäischen Gesellschaften kommt. Gegenstand sind jetzt aber nicht mehr nur die üblichen wirtschaftlichen Makrodaten, wie BIP-Wachstumsraten oder Arbeitslosenquoten. Ins Blickfeld geraten nun vielfach auch die Verteilung des Wohneigentums, die Sozialstandards, wie Alters- und Gesundheitsversorgung, Zahl und Einkommenslagen der Beschäftigten im öffentlichen Dienst, Höhe des gesetzlichen Mindestlohns, Spitzensteuersätze sowie die privaten Vermögen in den betreffenden Ländern.[7] Dabei trat auch Überraschendes zutage: Eine Studie der Bundesbank vom März 2013 etwa kommt zu dem Ergebnis, dass die meisten Haushalte in Deutschland deutlich weniger Vermögen (Geld, Immobilien, Autos abzüglich Schulden) besitzen als etwa diejenigen in Frankreich, Spanien oder Italien (FAZ, 22. März 2013, S. 11). Produktivität und Wettbewerbsfähigkeit einer Volkswirtschaft korrespondieren also nicht zwangsläufig symmetrisch mit hohen Vermögensbeständen. Oftmals verhält sich Reichtum gerade umgekehrt proportional zur nationalen Wirtschaftskraft.

In Anbetracht dieser teilweise überraschenden Befunde gerät immer häufiger auch die bisherige Krisenbewältigungsstrategie der Europäischen Union, die in letzter Konsequenz die Steuerzahler (und Sparer) im Norden Europas in Haftung nimmt, in den Fokus der öffentlichen Kritik. In den wettbewerbsstärkeren Ländern erweist es sich als schwieriger, Transferleistungen für die schwachen Mitgliedstaaten zu rechtfertigen, wenn deren Vermögensbesitzer zur Absicherung von Bankguthaben in den Krisenländern herangezogen werden sollen, deren Umfang ihre eigenen zum Teil beträchtlich übersteigen. Aber auch in den Empfängerländern gerät die EU-Rettungspolitik zusehends in Legitimationsnöte, weil dort die Konditionalitäten, die mit den Kreditgarantien des Europäischen Stabilitätsmechanismus verknüpft sind und zum Teil tiefe Einschnitte erforderlich machen, vielfach als ein Diktat Brüssels und des „reichen" Nordens, allen voran Deutschlands, wahrgenommen werden.

Die Ungleichheitskonflikte, die vor Krisenausbruch üblicherweise fast ausschließlich in nationalen Konflikt- und Diskursarenen ausgetragen wurden (Bach 2008, Kap. VII; Whelan und Maître 2009), artikulieren sich nunmehr auch in einem europäischen Horizont, wenn transnationale Vergleiche der Sozialstrukturen, Einkommens- und Vermögenslagen sowie Sozialstandards in der europäischen

---

[7] Einen vorläufigen Höhepunkt erlebte die Debatte 2013 im Zusammenhang mit der Veröffentlichung der Zahlen der Europäischen Zentralbank zu den Vermögensverhältnissen in Europa (Der Spiegel 16/2013; FAZ, 22. März 2013, S. 11; FAZ, 28. März 2013, S. 37).

Öffentlichkeit an Bedeutung gewinnen. Die skizzierte Entwicklung deutet somit darauf hin, dass im Verlauf der Krise und als Ausdruck der negativen Europäisierung der soziale Raum Europa einem umfassenden, strukturellen und kognitiv-diskursiven Wandel unterliegt. Dieser sprengt den bis dato primär national geschlossenen Deutungs- und Konfliktrahmen von sozialer Ungleichheit und trägt dadurch zu einer politisch handlungsrelevanten *Europäisierung der sozialen Ungleichheit* bei. Die Europäisierung der sozialen Ungleichheit ist schon seit längerem ein Thema der soziologischen Sozialstrukturanalyse (Bach 2008, Kap. VIII). Ohne Vorbild aber ist, dass die europäische Ungleichheit in der Krise zu einem öffentlichen Thema geworden ist und dadurch die Europapolitik eine unerwartete und folgenreiche Politisierung erfahren hat.

9.4 Schluss

Die Eurokrise ist, so lassen sich meine Ausführungen zusammenfassen, zu einem erheblichen Teil als Resultat der institutionellen Überintegration insbesondere auf dem Feld der Währungspolitik zu verstehen und damit als endogen verursacht zu betrachten. Sie ist weder allein auf die Finanzmarktturbulenzen der Jahre nach 2007/2008 zurückzuführen, noch lässt sie sich als das bisher letzte Kampffeld jener „kapitalistischen Landnahme" deuten, von der etwa Wolfgang Streeck spricht. Die jüngsten Krisen Europas auf rein ökonomische Verursachungsmechanismen reduzieren zu wollen, verfehlte ohnedies die wichtigsten gesellschaftlichen Wirkungszusammenhänge. Ein institutionen-soziologischer Ansatz, der die Krisengenese und -dynamik als Folge zahlreicher unbeabsichtigter Effekte der europäischen Institutionenpolitik begreift, vermag dagegen die Dynamik besser zu beleuchten. Unter diesem Blickwinkel wird deutlich, dass, um noch einmal Majone zu zitieren, „the European project is a major casualty of the ongoing sovereign-debt crisis: we are witnessing the failure of the attempt to integrate Europe through ‚positive' law that has neither produced the promised benefits for the people, nor has it been enacted by the people itself" (Majone 2014, S. 184). Zu den wichtigsten Ursachen der Eurokrise ist die Struktur und Arbeitsweise des europäischen Verbandes selbst zu zählen. Die Staatschulden- und Eurokrise trägt daher unauslöschlich den Stempel der Europäischen Union. Sie ist eine Krise neuen Typs, die aus der asymmetrischen Institutionalisierung Europas im Rahmen der Europäischen Union erwachsen ist und der Europäisierung kumulativ desintegrative Tendenzen verleiht (Bach 2014a, b). Deren Folgen reichen weit über die EU-Institutionen hinaus. Eine nachhaltige Destabilisierung der *basic fabric* betroffener Gesellschaften ist die Folge, mithin Anomie.

Die Verwirklichung des europäischen Währungsraums gleicht unter diesem Blickwinkel einer jener leisen Revolutionen, mit denen sich der europäische Integrationsprozess – von der Öffentlichkeit kaum beachtet und überwiegend als Folge nicht-intendierter Effekte komplexer Institutionenpolitiken – tief in die Strukturen der europäischen Gesellschaften einschreibt. Schleichenden Revolutionen ist eine zeitversetzte Selbstoffenbarung eigen: Die ganze Tragweite der Entscheidungen wird oft erst Jahrzehnte später durchschaubar, allerdings meist erst dann, wenn eine Kurskorrektur nicht mehr möglich ist, die Entscheidungen mithin nicht mehr rückgängig gemacht werden können. Oder – wie auch in der gegenwärtigen Krise – wenn die Systemdynamik bereits in einem Ausmaße Dilemmata und Paradoxien hervorgebracht hat, die das Institutionensystem mit dem ihm eigenen, auf paktierter Kooperation und dem Kollegialitätsprinzip basierenden Politikmodus nicht mehr zu lösen vermag.

Literatur

Bach, M. 2008. *Europa ohne Gesellschaft. Politische Soziologie der europäischen Integration.* Wiesbaden: VS Verlag für Sozialwissenschaften.

Bach, M. 2014a. Unity lost? Die gegenwärtige Krise der europäischen Institutionen. *Zeitschrift für theoretische Soziologie* 1:43–55.

Bach, M. 2014b. Paradoxes Europa. Zur (Eigen-)Dynamik der Eurokrise. In *Systemzwang und Akteurswissen. Theorie und Empirie von Autonomiegewinnen*, Hrsg. T. Fehmel, S. Lessenich, und J. Preunkert, 159–174. Frankfurt a. M.: Campus.

Bachtler, J., C. Mendez, und F. Wishlade. 2013. *EU cohesion policy and european integration: The dynamics of EU budget and regional policy reform.* Farnham: Ashgate.

Baddoes, Z. M. 2014. Introduction. In *The economist, debts, deficits, and dilemmas. A crash course on the financial crisis and its aftermath*, Hrsg. Z. M. Baddoes, 3–7. London: Economist Books.

Berend, I. T. 2006. *An economic history of twentieth-century Europe. Economic regimes from laissez-faire to globalization.* Cambridge: Cambridge University Press.

Berend, I. T. 2013: *Europe in crisis: Bolt from the blue?* New York: Taylor & Francis Ltd.

Blumann, C., und F. Picod, Hrsg. 2010. *L'Union européenne et les crises.* Bruxelles: Bruylant.

Dahrendorf, R. 2009. Nach der Krise: Zurück zur protestantischen Ethik? *Merkur* 63 (5): 373–381.

Ehrlicher, W. 1965. Geldtheorie. In *Handwörterbuch der Sozialwissenschaften*, Hrsg. Erwin von Beckerath und Silke Gorny, 231–258. Göttingen: Fischer.

European Commission. 2014. *Investment for jobs and growth. Promoting development and good governance in EU regions and cities.* Sixth report on economic, social and territorial cohesion. Brussels.

Fuest, C., F. Heinemann, und C. Schröder. 2014. Geregelt in die Staats-Insolvenz. *Frankfurter Allgemeine Zeitung.* 18. Juli 2014. S. 16.

Hartwig, I. 2014. Struktur- und Regionalpolitik. In *Europa von A bis Z*, Hrsg. W. Weidenfeld und W. Wessels, 414–424. Bonn: Bundeszentrale für Politische Bildung.

Heidenreich, M., Hrsg. 2006. *Die Europäisierung sozialer Ungleichheit. Zur transnationalen Klassen- und Sozialstrukturanalyse*. Frankfurt a. M.: Campus.

Illing, F. 2013. *Die Euro-Krise. Analyse der europäischen Strukturkrise*. Wiesbaden: VS Verlag für Sozialwissenschaften.

Judt, T. 2006. *Geschichte Europas von 1945 bis zur Gegenwart*. München: Hanser.

Kindleberger, C., und R. Z. Aliber. 2011. *Manias, panics, and crashes. A history of financial crisis*. New York: Palgrave Macmillan.

Leonardi, R. 1995. *Convergence, cohesion and integration in the European Union*. New York: Macmillan.

Lepsius, M. R. 2013. In welchen Krisen befindet sich die Europäische Union. In *Institutionalisierung politischen Handelns. Analysen zur DDR, Wiedervereinigung und Europäischen Union*, Hrsg. M. R. Lepsius, 240–252. Wiesbaden: VS Verlag für Sozialwissenschaften.

Majone, G. 2005. *Dilemmas of European integration. The ambiguities and pitfalls of integration by stealth*. Oxford: Oxford University Press.

Majone, G. 2014. *Rethinking the union of Europe post-crisis. Has integration gone too far?* Cambridge: Cambridge University Press.

Mau, S., und R. Verwiebe. 2009. *Die Sozialstruktur Europas*. Konstanz: UVK-Verl.-Ges.

Moravcsik, A. 1998. *The choice for Europe. Social purpose and state power from Messina to Maastricht*. New York: UCL Press.

Mundell, R. A. 1961. A theory of optimal currency areas. *The American Economic Review* 51:657–665.

Peet, J., und A. LaGuardia. 2014. *Unhappy union. How the euro crisis – And Europe – Can be fixed*. London: Profile Books.

Preunkert, J., und G. Vobruba. 2012. Die Eurokrise – Konsequenzen der defizitären Institutionalisierung der gemeinsamen Währung. In *Entfesselte Finanzmärkte. Soziologische Analysen des modernen Kapitalismus*, Hrsg. K. Kraemer und S. Nessel, 201–223. Frankfurt a. M.: Campus.

Scharpf, F. W. 2011. Monetary Union, fiscal crisis and the pre-emption of democracy. *Zeitschrift für Staats- und Europawissenschaften* IX (2): 163–198.

Scharpf, W. F. 2012. Die Eurokrise: Ursachen und Folgerungen. *Zeitschrift für Staats- und Europawissenschaften* IX (3): 324–337.

Schelkle, W. 2012. Rich versus poor. In *The Oxford handbook of the European Union*, Hrsg. E. Jones, A. Menon, und S. Weatherill. 278–291. Oxford: Oxford University Press.

Schumpeter, J. A. 1961. *Konjunkturzyklen. Eine theoretische, historische und statistische Analyse des kapitalistischen Prozesses*. 2. Bd. Göttingen: Vandenhoeck & Ruprecht.

Sinn, H.-W. 2014. *Gefangen im Euro*. München: REDLINE.

Streeck, W. 2013. *Gekaufte Zeit. Die vertagte Krise des demokratischen Kapitalismus*. Frankfurt a. M.: Suhrkamp.

Touraine, A. 2010. *Après la crise*. Paris: Éd. du Seuil.

Tsoukalis, L. 1996. Economic and monetary union. In *Policy-making in the European Union*, Hrsg. H. Wallace und W. Wallace. 279–300. Oxford: Oxford University Press.

Weinert, R. 2000. Voluntarismus, Oligarchisierung und institutionelle Entkopplung: Institutionenbildung und Institutionenpolitik der Europäischen Zentralbank. In *Die Europäisierung nationaler Gesellschaften*, Hrsg. M. Bach, 68–92. Wiesbaden: VS Verlag für Sozialwissenschaften.

Whelan, C. T., und B. Maître. 2009. The ‚Europeanization‘ of reference groups. A reconsideration using EU-SILC. *European Sociological Review* 29 (6): 283–309.

Eurokrise und Gesellschaftsbildung 10

Georg Vobruba

10.1 Zum Verlauf der Eurokrise

Im Laufe des Jahres 2007 wurden die Probleme der Immobilienkredite an Kreditnehmer mit „no income, no asset" in den USA manifest. Die Fragilität des Bankensystems, die durch die Aufhebung der Trennung zwischen Retail Banking und Investment Banking im Jahr 1999 (Aufhebung des Glass-Steagall Act aus dem Jahr 1933) bereits angelegt war, wurde mit der Insolvenz der Investmentbank Lehman Brothers offenkundig. Sowohl Signaleffekte als auch tatsächliche Verluste von Aktiva führten in der Folge zu einem rasch zunehmenden Risikobewusstsein der Gläubiger weltweit, vor allem aber in der Eurozone. Dies wiederum führte unmittelbar zum Ende des Trends konvergierender Zinsen auf niedrigem Niveau, der seit dem Start der gemeinsamen Währung im Jahr 1999 die ökonomische Entwicklung in der gesamten Eurozone bestimmt hatte.

Für die Euro-Mitgliedsländer, die vor der gemeinsamen Währung relativ hohe Zinsen zu zahlen hatten, bedeutete die Zinskonvergenz auf niedrigem Niveau Zugang zu billigen öffentlichen und privaten Verschuldungsmöglichkeiten und damit Steigerungen des materiellen Lebensstandards. Das gilt für alle südlichen Euro-Mitglieder und für Irland. Das abrupte Ende der Zinskonvergenz brachte private und öffentliche Schuldner in Probleme, die sich entweder zu variablen Zinsen verschuldet hatten, oder fällige Kredite durch die Aufnahme neuer Kredite

G. Vobruba (✉)
Institut für Soziologie, Universität Leipzig, Beethovenstr. 15, 04107 Leipzig, Deutschland
E-Mail: vobruba@uni-leipzig.de

© Springer Fachmedien Wiesbaden 2015
J. Preunkert, G. Vobruba (Hrsg.), *Krise und Integration*,
Europa – Politik – Gesellschaft, DOI 10.1007/978-3-658-09231-3_10

refinanzieren mussten. Sie gerieten rasch in einen Teufelskreis: Zweifel an ihrer Rückzahlungsfähigkeit bildeten sich in steigenden Zinsforderungen ab, steigende Zinsen wiederum gefährdeten die Rückzahlungsfähigkeit öffentlicher und privater Schuldner und bestätigten die Zweifel. In der Folge kamen Gläubiger-Banken in solche Schwierigkeiten, dass sie mit Mitteln staatlicher Budgets gestützt werden mussten. Die sich selbst verstärkenden Wechselwirkungen zwischen öffentlichen und privaten Schuldnern, Banken und Staatsbudgets erzeugten die Dynamik der Eurokrise (Bach 2014; Bach in diesem Band). Manche Euro-Mitglieder waren bereits vor dem Ausbruch der internationalen Finanzkrise bis an die Grenze der Tragbarkeit verschuldet und gerieten durch Zweifel an ihrer Bonität unmittelbar in Finanzierungsprobleme. In anderen Euro-Ländern brachten Kreditausfälle privater Schuldner ihre Gläubigerbanken in Schwierigkeiten und wurden, sofern sie als „systemrelevant" galten, mit öffentlichen Mitteln gerettet, woraus sich in der Folge explodierende staatliche Budgetdefizite ergaben. In beiden Fällen führten zunehmende Budgetdefizite und steigende Zinsen zu Kursverlusten früher emittierter Staatsanleihen und damit zur Erosion der Kapitalbasis jener Banken, die solche Anleihen hielten.

Zwei Probleme dominierten das politische Management der Eurokrise und bestimmten damit maßgeblich ihren Verlauf.

Erstens. Zwischen den beiden Hauptzielen des Eurokrisenmanagements besteht ein Widerspruch. Einerseits erfordert die Überwindung der Eurokrise unmittelbar, Gläubigervertrauen aufzubauen, um die Bereitschaft zur Kreditvergabe wieder herzustellen. Andererseits zeigt die sorglose Kreditvergabe vor der Eurokrise, dass das Risikobewusstsein der Gläubiger gestärkt, das Gläubigerrisiko strikt reprivatisiert und das Ausgabeverhalten der Kreditnehmer diszipliniert werden muss (Vobruba 2012a, S. 138 ff.). Da die Disziplinierung des Ausgabeverhaltens öffentlicher und privater Schuldner die Kehrseite der Reprivatisierung des Gläubigerrisikos ist, und da dies die Rückzahlungsfähigkeit der Schuldner letztendlich wieder stärkt, dienen auch solche Maßnahmenbündel langfristig der Stärkung des Gläubigervertrauens. Der Widerspruch zwischen der Erfüllung von Rückzahlungserwartungen der Gläubiger und der Reprivatisierung des Gläubigerrisikos ist also auch ein Dilemma zwischen dem kurzfristig und dem langfristig Erforderlichen und zugleich ein Interessenkonflikt zwischen gegenwärtigen und zukünftigen Gläubigern.

Aus diesem Dilemma ergeben sich für das Eurokrisenmanagement widersprüchliche Handlungsanforderungen. Die Reprivatisierung von Risiken und die Disziplinierung des Ausgabeverhaltens privater und öffentlicher Schuldner verlangt vom Krisenmanagement, Kapitalmarktrisiken nicht zu absorbieren, also Gläubigererwartungen zu enttäuschen. Dagegen erfordert die Stabilisierung des Vertrauens und der Kreditierungsbereitschaft der Gläubiger, ihnen zumindest eine

Zeit lang Risiken des Kapitalmarktes abzunehmen. In der Krise konterkariert das kurzfristig Gebotene das langfristig Erforderliche.

Das Krisenmanagement kann im Prinzip auf zweierlei Weise vorgehen: Zum einen kann es Finanzmarktakteure Marktzwängen politisch aussetzen. Zum anderen kann das Krisenmanagement Maßnahmen setzen, durch die Gläubiger von Marktrisiken abgeschirmt werden, um Gläubigervertrauen wieder herzustellen. Beiden Arten von Krisenmanagement ist gemeinsam, dass die Wirkungen rasch einsetzen, weit reichende Folgen für Institutionen und Lebensverhältnisse der Leute in den Euro-Mitgliedsländern haben, und politischen Instanzen als Verantwortungsadressaten zugerechnet werden können. Darum haben beide Interventionstypen für das Eurokrisenmanagement Folgeprobleme. Alle Versuche der Wiederherstellung von Gläubigervertrauen erscheinen unweigerlich als einseitige Privilegierung von Bank- und Gläubigerinteressen. Ebenso haben Maßnahmen zur Reprivatisierung des Gläubigerrisikos und zur Disziplinierung des Schuldnerverhaltens soziale Konsequenzen. Insolvenz von Banken und Kreditklemmen einerseits, Kürzungen von Löhnen und Sozialleistungen andererseits sind Folgen, welche diese Maßnahmen als illegitime Eingriffe in die Lebensverhältnisse in den Eurokrisenländern und als unerwünschte Einmischung von außen erscheinen lassen.

Dies ist die Ursache für einen markanten Schub an Politisierung durch die Eurokrise und das Eurokrisenmanagement. Zwischen Akteuren, denen politische Entscheidungen im Rahmen des Eurokrisenmanagements zugerechnet werden, und den davon betroffenen Finanzmarktakteuren entstehen auf diese Weise transnationale, politisierte Beziehungen – mit ambivalenten Folgen: Einerseits führt diese Art von transnationaler Politisierung zu Konflikten und zu Krisen des Eurokrisenmanagements (also zu Folgeproblemen, die wiederum bearbeitet werden, mit weiteren Folgeproblemen und so weiter). Andererseits aber ist das Eurokrisenmanagement ein wichtiger Schritt in Richtung einer europäischen Gesellschaftsbildung. Denn: „Vertrauen in Staatsschulden wird nun definiert als Vertrauen in die Bonität der Regierung sowie in das Eurorettungsprogramm." (Preunkert 2014, S. 188; Preunkert in diesem Band)

Zweitens. Die Eurokrise ist bei weitem nicht nur eine Krise des Finanzsektors. Die Wiederherstellung von Gläubigerverantwortung und Schuldnerdisziplin verursacht hohe soziale Kosten in Form von Einkommensverlusten, Arbeitslosigkeit, gescheiterten Berufseinstiegen und Verarmung in Folge von Kürzungen von Sozialtransfers. Der ökonomisch dominierte Krisendiskurs ignoriert soziale Kosten oder interpretiert sie als bedauerliche aber unvermeidbare Nebeneffekte, die sich mit der erfolgreichen Überwindung der ökonomischen Krise von selbst wieder auflösen. Tatsächlich aber zeichnet sich ein gespaltener Krisenverlauf ab (Preunkert, Vobruba 2013). Während die ökonomischen Indikatoren auf ein Ende der Krise hinweisen, verfestigen sich die sozialen Folgen auf hohem Niveau (dazu auch Nissen in diesem Band). Daran zeigt sich die Asymmetrie der Chancen, Interessen in der Krise durchzusetzen. Gläubigerinteressen müssen vom Eurokrisenmanagement bevorzugt berücksichtigt werden, da Gläubigervertrauen systemisches Funktionserfordernis ist. Eine dem Gläubigervertrauen analoge Koppelung ihrer Interessen an Systemerfordernisse fehlt den Leuten. „Denn solange diese keinen politischen Umbruch wagen, beschränken sich die Kosten auf die jeweils abgewählten bzw. abgetretenen Regierungen. Häufige Regierungswechsel oder instabile Regierungen mögen zwar nicht schön sein, sie sind aber keine Systemgefahr." (Preunkert 2014, S. 190) Im Unterschied zu Gläubigervertrauen ist Leutevertrauen per se nicht systemrelevant. Es ist eine offene Frage, ob die sozialen Probleme Vertrauensverluste der Bevölkerungen nach sich ziehen, welche zu politischen Problemen von solcher Intensität werden, dass sie als Investitionsrisiko auf die Ökonomie zurückwirken. Erst diese Rückkoppelung würde das Leutevertrauen in den Rang eines systemischen Funktionserfordernisses heben, den Gläubigervertrauen immer schon innehat.

10.2   Geld und Währungen

Um die sozialen Konsequenzen der Eurokrise zu analysieren, bedarf es der Unterscheidung zwischen Geld und Währungen. Ich muss dies kurz begründen, da diese Unterscheidung, soweit ich sehe, in den Sozialwissenschaften nicht getroffen wird.[1]

Es gibt nur zwei Extremsituationen, in denen sich die Unterscheidung zwischen Geld und Währungen erübrigt: Wenn nur eine einzige Weltwährung existiert; oder wenn es zwar mehrere Währungen, aber keinerlei ökonomischen Austausch zwischen den unterschiedlichen Währungsgebieten gibt. In diesen beiden – hypothetischen – Konstellationen sind Geld und Währung ident; im ersten Fall, weil es keine Möglichkeit gibt, den Wert der Einheit einer Währung in Einheiten einer anderen Währung auszudrücken; im zweiten Fall, weil keine Notwendigkeit dazu besteht. In einer realen Welt dagegen, mit mehreren Währungen und ökonomischem Austausch zwischen den unterschiedlichen Währungsräumen, entwickelt sich zwingend irgendein Wechselkursmechanismus, also ein Mechanismus der wechselseitigen Preisbildung von Währungen. Das ist der Grund, weshalb man für Analysen, die sich auf die reale Welt beziehen, Geld und Währungen unterscheiden muss.

---

[1] Ähnlich dazu Vobruba 2015.

Soweit sich die Soziologie mit Geld befasst, ist ganz überwiegend von Geld an sich die Rede, sei es als „Symbol", als „Medium" oder als „Kommunikationsmittel", erstaunlicher Weise aber kaum von einem Zahlungsmittel in seinem konkreten institutionellen Kontext (Simmel 1989; Parsons 1978; Ganßmann 2012). Die Analogie von „Geld" und „Sprache", auf die man immer wieder stößt, ist für das ungenaue Geldverständnis der Soziologie besonders bezeichnend: Man kommuniziert nicht mittels „Sprache", sondern in einer der vielen konkreten Sprachen (Gerhards 2010, S. 55 ff.), und man bezahlt nicht mit „Geld", sondern mit Einheiten einer der zahlreichen Währungen. Daraus folgt, dass die Soziologie zu beobachten hat, wie Akteure mit Geld (als Währungseinheiten) in jenen institutionellen Kontexten umgehen, die eine Währung und ihren Gebrauch regulieren, und darum – in der Praxis wie auch in deren soziologischer Beobachtung – berücksichtigt werden müssen.

Der übliche institutionelle Rahmen einer Währung ist der Nationalstaat. Es gibt eine einfache Erklärung, warum die sozialwissenschaftliche Literatur beinahe durchgehend von „Geld" spricht, wenn sie „Einheiten einer Währung" meint. Bis in die jüngste Vergangenheit war die nationalstaatliche Rahmung einer Währung zu selbstverständlich, um reflektiert zu werden. Also wurde die Alltagsbedeutung von „Geld" in den sozialwissenschaftlichen Sprachgebrauch übernommen, und somit war für eine begriffliche Differenzierung von Geld und Währung kein Platz. Aber spätestens mit der Einführung des Euro als einer postnationalen Währung haben sich die praktischen Voraussetzungen der selbstverständlichen Gleichsetzung von Geld und Währung aufgelöst. Die enormen Probleme, die sich aus dem Übergang von nationalen Währungsräumen zum gemeinsamen europäischen Währungsraum ergaben, machten die praktische Relevanz unterschiedlicher politischer Rahmen von Währungen ebenso deutlich wie die Notwendigkeit, die sozialwissenschaftliche Begrifflichkeit darauf einzustellen.

Die Tatsache, dass es zahlreiche Währungen gibt, zeitigt ambivalente Effekte. Diese Effekte haben ihre Ursache darin, dass ökonomischer Austausch zwischen unterschiedlichen Währungsräumen zwingend zur Entwicklung eines Währungsmechanismus führt, durch den sich Preise für Einheiten einer Währung ausgedrückt in Einheiten einer anderen Währung bilden. Und genau hier liegt der Kern der sozialen Ambivalenz von nationalen Währungen. Einerseits bringt ein Wechselkursmechanismus mit sich, dass eine Währung selbst zum Handelsobjekte werden kann, also der Fiktion unterworfen wird, eine Ware zu sein (Polanyi 1978, S. 102 ff.). Daran kann Währungsspekulation ansetzen, mit der Folge, dass die Repräsentation von Güterknappheitsrelationen in Einheiten dieser Währung gestört wird, samt problematischen Rückwirkungen auf die Realökonomie und die materiellen Lebensverhältnisse. Andererseits wirkt ein Wechselkursmechanismus als Interdependenzunterbrecher. Die Möglichkeit, die Relationen zwischen unter-

schiedlichen Währungen (in Grenzen) politisch gestalten zu können, bietet einen
gewissen Schutz vor überlegener Konkurrenz von außen. Solange sich politisch
verfügte Abwertungen einer Währung in solchen Grenzen halten, dass die dadurch
erzielten nationalen Wettbewerbsvorteile von ausländischen Konkurrenten hinge-
nommen werden und darum nicht in einen Abwertungswettlauf münden, hat ein
Wechselkursmechanismus das Potential, weniger produktive Volkswirtschaften
von Konkurrenz abzuschirmen. Generell wird die ökonomische Pufferfunktion
von Wechselkursmechanismen freilich weit überschätzt (Deutschmann 2014).
Denn die Vorteile einer Abwertung für das abwertende Land werden durch mehrere Effekte konterkariert: Preisvorteile in Exportprodukten verpuffen, wenn deren
Herstellung auf Vorprodukten beruht, die aus dem Ausland und darum entsprechend teurer eingekauft werden müssen. Preisvorteile werden ebenso aufgehoben,
wenn eine Abwertung von Weltmarktkonkurrenten nicht toleriert wird und darauf mit Abwertungen von deren Währungen reagiert wird. Dazu kommt fallweise
die Notwendigkeit, importierter Inflation durch eine restriktive Finanzpolitik mit
Arbeitsplatzverlusten entgegenzuwirken. Wechselkursmechanismen wirken als
Interdependenzunterbrecher, allerdings nur unter bestimmten Bedingungen: bei
moderaten Abwertungen und – ironischer Weise – bei nur schwachen internationalen Verflechtungen der Produktion.

Aus der Ambivalenz von Wechselkursmechanismen ergibt sich spiegelbildlich
die soziale Ambivalenz der gemeinsamen europäischen Währung.

Einerseits fällt durch die Schaffung der gemeinsamen europäischen Währung
der intraeuropäische Währungsmarkt weg, und es entwickelt sich eine stärkere
Position der gemeinsamen Währung auf dem Weltwährungsmarkt. Schon lange
vor dem Start des Euro war dieser Effekt ein wichtiger Bestandteil des integrationspolitischen Kalküls (Europäische Kommission 1990). Wie realistisch dieses
Kalkül war, kann man daran sehen, dass während der gesamten Eurokrise der
Außenwert des Euro stabil blieb. Dazu kommt, dass die gemeinsame Währung
die Transaktionskosten senkt und damit ökonomische Kooperation im Euroraum
erleichtert. Auch dieser Effekt war Teil des politischen Kalküls lange bevor der
Euro startete: „Elimination of exchange rate uncertainty and transaction costs,
and further refinements to the single market are sure to yield gains in efficiency."
(Europäische Kommission 1990, S. 11)

Andererseits bedeutet die gemeinsame Währung, dass der Schutz preisgege-
ben wird, den der Wechselkursmechanismus den einzelnen nationalen Volkswirtschaften geboten hatte. Damit nimmt die transnationale Konkurrenz zwischen den
Unternehmen und auch den Arbeitskräften schlagartig zu. Aber auch dieser Effekt wurde – insbesondere als Lohndisziplinierung – lange vor der Einführung
des Euro politisch antizipiert: „A credible monetary union will affect the behavior

of wage-bargainers. They will be more careful about risking becoming uncompetitive, given that devaluation will not be an option." (Europäische Kommission 1990, S. 24; vgl. Spahn 2013) Allerdings wirkt auch die soziale Pufferfunktion eines Wechselkursmechanismus weniger stark als allgemein vermutet. Abwertungen erhöhen die Importpreise, dies führt in der Regel zu allgemeinen Preisniveausteigerungen, und wenn dies kompensierende Lohnsteigerungen nach sich zieht, gerät eine Inflationsdynamik in Gang, deren Bekämpfung Arbeitslosigkeit erzeugt. Dann ist der Unterschied zwischen äußerer und innerer Abwertung nicht mehr groß. Generell lässt sich freilich vermuten, dass Abwertungen eher zu kollektiven Wohlstandsabsenkungen führen, während Disziplinierung des Ausgabeverhaltens in einer Währungsunion („innere Abwertung") eher bestimmte Gruppen, abhängig Erwerbstätige und Transferleistungsbezieher, trifft.

Aus dem Nachweis der ambivalenten Wirkungen der Zusammenführung nationaler Währungen in einem gemeinsamen Währungsraum folgt, dass das Lamento über den Verlust des Wechselkursmechanismus durch den Euro und die Empfehlung, zu nationalen Währungen zurückzukehren, zumindest einseitig sind; denn es wird die grundlegende Ambivalenz des Übergangs von nationalen Währungen zu einer postnationalen Währung übersehen (z. B. Bach in diesem Band). Dazu kommt noch, dass solche Vorschläge den Schutz überschätzen, den ein Wechselkursmechanismus Unternehmen und Arbeitskräften bieten kann, und den Schaden unterschätzen, den Währungsspekulation nationalen Volkswirtschaften zufügen kann. Der Grund für diese Fehleinschätzungen ist, dass die sozialen und wirtschaftlichen Kosten von Abwertungen nicht gesehen werden; ganz zu schweigen von den Kosten, die durch die Auflösung der gemeinsamen Währung entstehen und die über die Kosten ihrer Nichteinführung weit hinausgehen würden. Diese Asymmetrie zwischen der Nicht-Einführung und der Auflösung der gemeinsamen Währung ist der Hauptgrund für die de facto Irreversibilität des Euro und damit für die Irreversibilität des gegebenen Standes der Europäischen Integration.

10.3 Kooperation und Konflikt

Um einen Schritt über Ambivalenzdiagnosen hinaus zu kommen, muss man fragen, in welcher Weise Gesellschaft bildende Effekte durch die Eurokrise manifest werden.

Durch die Preisgabe des Wechselkursmechanismus innerhalb des gemeinsamen Währungsraumes entstehen neue Kooperations- und Konkurrenzkonstellationen. Einerseits reduziert die gemeinsame Währung die transnationalen Transaktionskosten und ermöglicht damit mehr ökonomischen Austausch und intensivierte Kooperation. Andererseits führt der Verlust der Schutzeffekte des Wechselkursmechanismus zu intensiverer Konkurrenz und bringt wettbewerbsschwächere Länder in Probleme. Denn sobald die gemeinsame Währung eingeführt ist, kann man nicht einmal mehr versuchen, „die Folgen der Integrationspolitik durch Abwertung der Währungen der Mitgliedsländer bewältigen zu lassen." (Lepsius 2013, S. 192) Dies hat weit reichende soziale Konsequenzen. Der Übergang von variablen zu fixen Wechselkursrelationen oder zu einer gemeinsamen Währung bedeutet, Indifferenz zwischen den Bevölkerungen durch komplexe Bedingungen einerseits für Konsens und Kooperation, andererseits für Konkurrenz und Konflikt zu ersetzen. Das ist der wichtigste soziale Effekt des Übergangs zu einer gemeinsamen Währung. Dabei muss noch beachtet werden, dass darin ein Selbstverstärkungsmechanismus eingebaut ist: Die gemeinsame Währung führt zu verschärfter Konkurrenz, dies treibt zunehmende Spezialisierung an, um der Konkurrenz Stand zu halten, und dies wiederum steigert die transnationale Arbeitsteilung und damit die wechselseitige Abhängigkeit, etabliert also vermehrte Kooperationsnotwendigkeiten (Münch 2009, S. 48 ff.). In der Eurokrise wurde genau dies sowohl für die wettbewerbsstärkeren als auch die wettbewerbsschwächeren Euro-Mitgliedsländer unübersehbar. Die gemeinsame Währung führte erst zu intensiviertem Intra-EU-Handel mit wachsenden Zahlungsbilanzungleichgewichten, die durch Kreditaufnahme verdeckt wurden. Mit dem Ausbruch der internationalen Finanzkrise und der Eurokrise samt drohenden Staatsinsolvenzen wurden einige Länder zu Bürgen, andere wurden von Bürgen abhängig, sei es direkt im Rahmen bilateraler Beziehungen, sei es indirekt durch die Partizipation an Garantieinstitutionen, wie dem Europäischen Stabilitätsmechanismus ESM. Die Garantiebeziehungen zwischen Euro-Mitgliedsländern wiederum bringen die Bevölkerungen als Steuerzahler, Sozialtransferbezieher etc. zueinander in unmittelbare Beziehungen, die in erster Linie durch Verteilungskonflikte geprägt sind. Diese Konfliktbeziehungen stehen im Zentrum der Frage nach Gesellschaft bildenden Effekten der Eurokrise. Ich muss darum näher darauf eingehen.

Staaten werden zu Bürgen, indem sie an Garantieinstitutionen für „systemrelevante" Schuldner partizipieren. Im Zuge der Eurokrise übernahmen bereits existierende Institutionen, vor allem die Europäische Zentralbank, Garantiefunktionen; und es wurden neue Garantieinstitutionen, wie EFSF und ESM, geschaffen. Die Bedeutung der Existenz von Garantieinstitutionen wird am deutlichsten an der Garantieerklärung von Mario Draghi, dem Präsidenten der EZB, für die Schuldenpapiere der Eurokrisenländer. Diese Deklaration wird allgemein als der Wendepunkt der Eurokrise gesehen: „The ECB is ready to do whatever it takes to preserve the euro. And believe me, it will be enough." (Draghi 2012)

Transnationale Garantien von Staaten involvieren unweigerlich deren Bevölkerungen mit Interessen als Beitragende zu und Begünstigte von öffentlichen
Mitteln. Darum führen transnationale Garantiebeziehungen zwischen Staaten zu
transnationalen Konfliktbeziehungen der Bevölkerungen. Gemeinsam mit bereits
existierenden Konfliktlinien innerhalb nationalstaatlicher Grenzen ergibt sich daraus eine komplexe Konfliktkonstellation (Vobruba 2014).

10.4 Gesellschaft bilden

Einerseits impliziert die gemeinsame Währung die Möglichkeit, dass sowohl in als
auch zwischen Mitgliedsländern soziale Spannungen entstehen, welche den Zusammenhalt der Europäischen Union gefährden. Es ist zwar nicht sehr wahrscheinlich, dass euroskeptische Stimmungen zu politisch relevanter Opposition werden
(Gerhards, Lengfeld 2013), doch lässt es sich nicht völlig ausschließen. Andererseits geraten die Bevölkerungen unterschiedlicher Länder durch die Eurokrise
untereinander in „Streit" – mit seinen potentiell Gesellschaft bildenden Effekten
(Simmel 1992, S. 284 ff.). Dies ist der Anknüpfungspunkt für Möglichkeiten von
Gesellschaftsbildung durch die Eurokrise.

Für die Frage, ob die Eurokrise zur Europäischen Gesellschaftsbildung beiträgt,
ist die Entwicklung des Verhältnisses zwischen Konflikten und Konfliktrahmen
von entscheidender Bedeutung (Fehmel 2014, Fehmel in diesem Band). Simmel
sieht gesellschaftsbildende Effekte von Konflikten dann, wenn „die Gegner ein
Gemeinsames haben, über dem sich erst ihr Kampf erhebt." (Simmel 1992, S. 310)
Er meint damit im Wesentlichen gemeinsam geteilte Wertvorstellungen. Wenn ich
recht sehe, lässt sich diese Idee verallgemeinern und auf Institutionen beziehen.
Mein Argument lautet also, dass Konflikte Gesellschaft bildende Effekte haben,
wenn sie innerhalb eines institutionellen Rahmens stattfinden, den sie selbst nicht
angreifen können. Krisen sind in dieser Perspektive kritische Konstellationen,
denn: „Krisen [sind] Phasen, in denen Konfliktrahmen besonders nachdrücklich
zur Disposition stehen." (Fehmel 2014, S. 151)

Um mögliche, Gesellschaft bildende Effekte der Eurokrise zu untersuchen,
muss man zwei soziale Phänomene in der Krise beobachten: erstens neue Konfliktkonstellationen und zweitens Institutionenentwicklungen, und zwar die Kri-
senresistenz bestehender Institutionen und die Entstehung neuer Institutionen in
Folge der Krise.

10.4.1 Konflikte

Die Konfliktkonstellation, die durch die Eurokrise entsteht, lässt sich am besten als das Zusammenwirken von zwei Konfliktlinien beschreiben (Vobruba 2014). Zum einen sind die bereits existierenden Verteilungskonflikte innerhalb der Länder weiterhin wirksam. Diese Konflikte finden zwischen Beziehern höherer und niedrigerer Einkommen statt, sie sind entlang der Unterscheidung zwischen Kapital und Arbeit robust institutionalisiert und werden (in aller Regel) nach etablierten Regeln ausgetragen. Zum anderen entwickeln sich Konflikte zwischen den Bevölkerungen von wettbewerbsstarken und wettbewerbsschwächeren Ländern. Indem die EZB zur Garantieinstitution wird und neue Garantieinstitutionen entstehen, geraten in der Eurokrise die Steuerzahler von wettbewerbsstarken Ländern in die Rolle von *guarantors of last resort*. Gleichzeitig werden die materiellen Lebensverhältnisse breiter Mehrheiten in den wettbewerbsschwächeren Ländern durch jene Sparzwänge beeinträchtigt, die mit Krediten und transnationalen Garantien verknüpft sind. Die Konflikte, die daraus entstehen, haben keine eindeutigen Adressaten und sind nur schwach institutionalisiert. Das zeigt sich an den uneindeutigen Adressaten-Konstruktionen der Proteste gegen die Austeritätspolitik und ihre sozialen Folgen in den Eurokrisenländern.[2] Man protestiert teils gegen „die Reichen", „die Banken", die korrupte Oberschicht im eigenen Land. Darin manifestiert sich die konventionelle intranationale Konfliktlinie. Teils aber richten sich die Proteste gegen „die Troika", „die Kommission der EU" und gegen die Hegemonie einzelner Staaten im Kern der EU, insbesondere gegen Deutschland. Darin manifestiert sich eine neue transnationale Konfliktlinie und es „wird das Konstrukt ‚Europa' zum unmittelbaren Adressaten von breiten und kontroversen Interessen, Erwartungen und Ansprüchen." (Lepsius 2013, S. 194)

Eine allgemeine Diagnose zu den Folgen transnationaler Integrationsprozesse lautet, dass sie simultan Makro-Homogenität und Mikro-Heterogenität befördern (Münch, Büttner 2006, S. 80 f.). Mit Blick auf dieses Muster lassen sich Wirkungen der gemeinsamen Währung so beschreiben: Zunehmende Makro-Homogenität bewirkt eine starke globale Position der gemeinsamen Währung mit dem Potential zu einer Weltreservewährung samt all ihren Vorteilen. Zunehmende Mikro-Heterogenität führt zu Interessenvielfalt und vielfältigen Konfliktlinien, mit folgenden wesentlichen Merkmalen: Zahlreiche, unterschiedliche Konfliktthemen und -gegenstände, unklare Adressen für Ansprüche und Protest, sowie instabile Akteurskonstellationen. Eine wichtige Konsequenz der komplexen Konfliktkonstellation in der Eurokrise ist, dass alle gegen die Europäische Integration gerichteten

---

[2] Siehe für den Fall Griechenland die Dokumentation von Petropoulos 2014, S. 351 ff.

Interessen fragmentiert, schwach organisationsfähig und politisch kaum effektiv
sind.

10.4.2 Institutionen

Analog der Konfliktkonstellation muss der Fokus der Analyse nun auf dem Spannungsverhältnis zwischen der Entwicklung der Institutionen auf der nationalen und
der EU-Ebene liegen.

Werden nationale Institutionen, die als Konfliktrahmen relevant sind, von Verteilungskonflikten destabilisiert, die aus der Eurokrise resultieren? National gerahmte Verteilungskonflikte („arm" – „reich") sind stabil institutionalisiert. Aber
können transnationale Verteilungskonflikte („wettbewerbsschwach" – „wettbe-
werbsstark") nationale Institutionen angreifen? Die Eurokrise hat die Entwicklung
von Parteien gefördert, die transnationale Konflikte aufnehmen und EU-skeptisch
wenden. Beispiele sind Syriza (Griechenland), Alternative für Deutschland, Front
National (Frankreich) und UKIP (Großbritannien). In all diesen Fällen stehen Um-
verteilungsansprüche, sei es als Forderung, sei es als Bedrohung parteiprogramma-
tisch im Zentrum. Aber zum einen ist es keiner dieser Parteien in der akuten Phase
der Eurokrise gelungen, ihr Programm in Politik auf nationaler Ebene mit Wirkung
auf der europäischen Ebene umzusetzen. Und zum anderen verknüpfen diese Parteien ihre verteilungspolitischen Positionen nicht mit einer Exit-Forderung aus der
Eurozone oder gar der EU.[3] Die Ausnahme ist Großbritannien, doch dieser Fall
weist eher in Richtung Selbstexklusion als auf nationale Selbstbehauptung mit de-
stabilisierenden Effekten für die EU.

Werden EU-Institutionen von Eurokrisen-bedingten Verteilungskonflikten destabilisiert? Ein Teil dieser Frage ist mit den Überlegungen zur nationalen Ebene
schon beantwortet. Da die politische Willensbildung über wesentliche Aspekte der
Entwicklung von EU-Institutionen immer noch auf der nationalstaatlichen Ebene
stattfindet, und da der Krisen-impact auf nationale Institutionen gering ist, ergeben
sich aus diesem Zusammenhang kaum destabilisierende Effekte für Institutionen
als Konfliktrahmen auf EU-Ebene. Die Wahlen zum Europäischen Parlament,
die unter dem unmittelbaren Eindruck der Eurokrise im Jahr 2014 stattgefunden
haben, stärkten zwar EU-kritische Parteien, die anschließenden Probleme bei der
Etablierung der Fraktionen im Parlament aber zeigten deren reduzierte Fähigkeit,

---

[3] Allerdings können politische Versuche, als zu rigide empfundene Kreditkonditionen und
Garantiebedingungen zu revidieren, Dynamiken auslösen, die ein Ausscheiden aus der Eurozone nach sich ziehen, ohne dass es irgendjemand beabsichtigt hat.

Politik in organisierten Rahmen zu betreiben. Im Kontrast zu breit geteilten Erwartungen hat die Wahl durch gesteigerte Personalisierung die Identifikation mit
dem Europäischen Parlament und damit dessen legitimatorische Grundlage gestärkt. Der Begriff „Spitzenkandidaten" ist beinahe über Nacht zu einem terminus
technicus des Euro-English geworden (z. B. The Economist 22. 5. 2014: „Cameron
versus the Spitzenkandidaten").

Die entscheidenden Innovationen des institutionellen Konfliktrahmens auf EU-
Ebene erfolgten durch intergouvernementale Politik, vor allem durch den Fiskalpakt und durch Kompetenzausweitungen bestehender Institutionen, vor allem der
EZB und des EuGH. Beides sind Institutionen, deren Entscheidungen zwar Verteilungskonsequenzen haben, die selbst aber von Verteilungskonflikten in der Gesellschaft kaum erreichbar sind. Insbesondere die EZB hat sich im Zuge der Eurokrise
zur wichtigsten Institution für Gläubigergarantien mit potentiellen Umverteilungs-
effekten entwickelt. Der Widerstand der Bundesrepublik dagegen war erfolglos
(Schieder 2014, S. 380). Der EuGH wiederum ist wichtig für die transnationale
Öffnung nationaler Systeme sozialer Sicherung in kleinen Schritten unterhalb der
Schwelle öffentlicher Legitimationsnotwendigkeit (Eigmüller 2013). Die Stabilität von EU-Institutionen als Konfliktrahmen sieht man daran, dass Klagen gegen
die Ankäufe von Staatsschuldenpapieren (OMT) und Bankkrediten durch die EZB
wegen der damit verbundenen Haftungsausweitung aller Euro-Mitglieder vom
Bundesverfassungsgericht dem EuGH zur Vorabentscheidung vorgelegt wurden.
Es zeigt sich, dass abseits der rechtsförmlichen Klärung von Kompetenzkonkur-
renz zwischen nationalstaatlichen und EU-Institutionen sich die materiale Finanz-
verantwortlichkeit unter dem Druck der Eurokrise von der nationalstaatlichen auf
die EU-Ebene verschiebt: durch Koordinationsregeln für nationale Finanzpoliti-
ken, die Europäisierung der Bankenaufsicht und gemeinschaftliche Haftung im
Rahmen von EMS und EZB. „Dieser inkrementelle Wandel der institutionellen
Grundlagen der Währungsunion seit 2010 führt dazu, dass die EU sich nun im
Spannungsfeld eines nicht mehr funktionierenden Nichtbeistandsregimes und
eines noch nicht existierenden Beistandsregimes neu erfinden muss." (Heidenreich
2014, S. 14) Entscheidend begünstigt wird diese Entwicklung durch den Umstand,
dass die relevanten Finanzmarktakteure sich bereits auf die gemeinschaftliche Haftung für Staatsschulden aller Euro-Mitglieder eingestellt haben. Dieser kollektiven
„Verantwortungszuschreibung" (Preunkert 2014) können sich die Euro-Mitglieder
auf Grund der systemischen Bedeutung des Gläubigervertrauens kaum entziehen.

Der Institutionenbestand, der als europäischer Konfliktrahmen wirkt, ist also
weit davon entfernt, sich in Folge der Krise aufzulösen, vielmehr wird er durch die
Krise stabiler.

Als Ergebnis ist festzuhalten, dass die Eurokrise nationale Institutionen kaum schwächte und dazu führte, dass ein Kompetenztransfer auf die EU-Ebene stattfand, bestehende Institutionen neue Aufgaben übernahmen und neue Institutionen entstanden. Die Konsequenz davon ist, „that much more of what is national sovereignty is going to be exercised at supranational level." (Draghi 2012) Debatten und Pläne zur zukünftigen Institutionenentwicklung der EU weisen in dieselbe Richtung. Die von der Kommission eingesetzte Expertengruppe zu „stability bonds" befasst sich mit Möglichkeiten der Emission gemeinschaftlich garantierter Europäischer Bonds; der Vorschlag des damaligen Präsidenten Polens, und nunmehrigen Kommissionspräsidenten, Donald Tusk zu einer „Energie Union" zielt auf die gemeinschaftliche Koordination der Energienachfrage der EU; die französische „Groupe Eiffel Europe" (SZ 15. 2. 2014, S. 9) argumentiert für die Weiterentwicklung der Europäischen Integration zu einer politischen Union.

Solche Initiativen weisen in Richtung Gesellschaftsbildung Europas, gerahmt durch Institutionenbildung. Gleichwohl: Man kann aus Trends der Institutionenentwicklung nicht auf einen Automatismus der Europäischen Integration und Gesellschaftsbildung schließen.

10.5   Ist Europa notwendig?

Ein kritisches Argument in der Debatte über die Europäische Integration lautet, dass der Integrationsprozess als historisches Projekt ohne Alternative vorgestellt wird, ihm also eine Art Teleologie zugrunde liegt. Ob sich die Soziologie diese Kritik zu Eigen machen sollte, hängt davon ab, an wen sie gerichtet ist. Soziologische Kritik an praktischen Attitüden, Überzeugungen oder auch Rhetorik hat nicht viel Sinn. Die politische Rhetorik der Irreversibilität ist alles andere als ein Beweis, dass der Europäische Integrationsprozess tatsächlich irreversibel ist. Sie belegt nichts als die Absicht von Akteuren, die Integration irreversibel zu machen. Wenn also politische Akteure teleologische Interpretationen der Europäischen Integration präsentieren, hat die Soziologie dies ebenso wie rivalisierende Interpretationen anderer relevanter Akteure als empirische Tatsachen zu nehmen. Teleologische Interpretationen der Europäischen Integration in soziologischen Konzepten selbst müssen dagegen Gegenstand soziologischer Kritik werden (Vobruba 2009, S. 44 f.). Warum?

Die soziologische Gesellschaftstheorie darf nicht teleologisch angelegt sein, weil damit a priori der Eigensinn der Leute übergangen wird und die Theorie alternative empirische Möglichkeiten, wie die Leute die Europäische Integration beobachten, interpretieren und dem entsprechend handeln, nicht erfassen kann. Mit

anderen Worten: Ein teleologisches Konzept einer Soziologie der Europäischen
Integration wäre unfähig, die Eurokrise als eine offene soziale Konstellation zu
erfassen (Vobruba 2009, S. 44 f.). Das ist inakzeptabel, denn „es liegt im Wesen
einer Krise, daß eine Entscheidung fällig ist, aber noch nicht gefallen. Und es gehört ebenso zur Krise, daß offen bleibt, welche Entscheidung fällt." (Koselleck
1973, S. 105)

Man kann sich den Unterschied zwischen einem teleologischen und einem
empirisch offenen soziologischen Verständnis von Krise leicht mit Blick auf die
Mehrdeutigkeit des Begriffs „Notwendigkeit" klar machen. Es mag viele gute
Gründe geben, den Europäischen Integrationsprozess für notwendig im Sinn von
erforderlich zu halten: Europas kriegerische Vergangenheit, die ökonomische
Globalisierung, in der sich Europa behaupten will, die Verteidigung des Europäischen Sozialmodells und viele andere. Aber all diese guten Gründe weisen nicht
auf Notwendigkeit im Sinn von historischer Zwangsläufigkeit. Soziologisch kann
die Europäische Integration nicht als teleologischer Prozess verstanden werden,
in dem sich „objektive historische Notwendigkeiten" realisieren; aus einem einfachen Grund: Im modernen Denken über Geschichte gibt es kein telos.

10.6 Schluss

Was ist das wahrscheinlichste Ergebnis der Eurokrise? Die bisherige Geschichte
der Europäischen Integration liefert starke Anzeichen dafür, dass sie tatsächlich
irreversibel ist. Aber dahinter steht keine historische Gesetzmäßigkeit, sondern
es handelt sich um eine empirische Beobachtung und deren Interpretation. Die
Möglichkeit, dass die Europäische Integration an ihren selbst erzeugten Problemen
scheitert, besteht immer. Darum muss immer wieder sorgfältig analysiert werden,
wie, warum und in welchem Ausmaß Integrationsprobleme durch weiter gehende
Integrationsschritte bearbeitet werden, wie weit „ergänzende Institutionalisierung"
(Vobruba 2012a, b, S. 127 ff.) trägt und an welche Grenzen sie gerät. Wenn man
so fragt, findet man zahlreiche Prozesse, die in Richtung weiter gehender Integration durch ergänzende Institutionalisierung weisen: den Übergang von der Erwei-
terungspolitik zu Europäischen Nachbarschaftspolitik (Vobruba 2007, S. 115 ff.),
vom Schengen Vertrag zur Europäisierung der Kontrolle der EU-Außengrenzen
und zur Institutionalisierung von FRONTEX (Müller 2014); von der Arbeitnehmerfreizügigkeit zur Portabilität sozialpolitischer Rechtsansprüche und zur Europäisierung des Zugangs zu nationalen Sicherungssystemen (Nissen 2009; Eigmüller 2013). „Mit der Währungsunion war die Schwelle von der ‚regulativen' zur
‚distributiven' Europapolitik überschritten." (Lepsius 2013, S. 241) Die gemeinsa-

me Währung führt durch die Eurokrise zu neuen Verteilungskonflikten und zur Institutionalisierung neuer Konfliktrahmen. Gegenwärtig treiben die Probleme unterschiedliche Politiken ergänzender Institutionalisierung an, wie den Fiskalpakt, die Europäisierung der Bankenaufsicht und gemeinschaftliche Haftungen. Man sieht: Die Eurokrise erzeugt Konflikte und führt zu Institutionenbildung. Da diese Institutionen einen weitestgehend stabilen Rahmen für Konflikte bilden, begünstigen sie Gesellschaftsbildung.

Literatur

Bach, M. 2014. Paradoxes Europa: Zur (Eigen-)Dynamik der Eurokrise. In *Systemzwang und Akteurswissen. Theorie und Empirie von Autonomiegewinnen*, Hrsg. T. Fehmel, S. Lessenich, und J. Preunkert, 159–174. Frankfurt a. M.: Campus.

Draghi, M. 2012. Speech by Mario Draghi, President of the European Central Bank at the Global Investment Conference in London 26 July 2012. https://www.ecb.europa.eu/press/key/date/2012/html/sp120726.en.html. Zugegriffen: 25 Jan. 2015.

Deutschmann, C. 2014. The future of the European Union: A ‚Hayekian‘ regime? *European Journal of Social Theory* 17 (3): 343–358.

Eigmüller, M. 2013. Europäisierung der Sozialpolitik. Der Einfluss individueller Akteure auf den Integrationsprozess. *Zeitschrift für Sozialreform* 3 (58): 263–287.

Europäische Kommission 1990. One market, one money—an evaluation of the potential benefits and costs of forming an economic and monetary union. *European Economy* 44. Brüssel. Zugegriffen: Oct. 1990.

Fehmel, T. 2014. Europäisierung durch Konflikt. In *Systemzwang und Akteurswissen. Theorie und Empirie von Autonomiegewinnen*, Hrsg. T. Fehmel, S. Lessenich, und J. Preunkert, 133–157. Frankfurt a. M.: Campus.

Ganßmann, H. 2012. *Doing money. Elementary monetary theory from a sociological standpoint*. Abingdon: Routledge.

Gerhards, J. 2010. *Mehrsprachigkeit im vereinten Europa*. Wiesbaden: VS Verlag für Sozialwissenschaften.

Gerhards, J., Lengfeld, H. 2013. *Wir, ein europäisches Volk?* Wiesbaden: VS Verlag für Sozialwissenschaften.

Heidenreich, M. 2014. Eurokrisen und Vergesellschaftung. Die krisenhafte Europäisierung nationaler Fiskalpolitiken. Eine Einführung. In *Krise der europäischen Vergesellschaftung?* Hrsg. M. Heidenreich, 1–28. Wiesbaden: VS Verlag für Sozialwissenschaften.

Koselleck, R. 1973. *Kritik und Krise*. Frankfurt a. M.: Suhrkamp.

Lepsius, M. R. 2013. *Institutionalisierung politischen Handelns. Analysen zur DDR, Wiedervereinigung und Europäischen Union*. Wiesbaden: VS Verlag für Sozialwissenschaften.

Müller, A. 2014. *Governing mobility beyond the state. Centre, periphery and the EU's external borders*. London: Palgrave Macmillan.

Münch, R. 2009. *Das Regime des Liberalen Kapitalismus. Inklusion und Exklusion im neuen Wohlfahrtsstaat*. Frankfurt a. M.: Campus.

Münch, R., Büttner, S. 2006. Die europäische Teilung der Arbeit. Was können wir von Emile Durkheim lernen? In *Die Europäisierung sozialer Ungleichheit. Zur transnationalen*

Klassen- und Sozialstrukturanalyse, Hrsg. M. Heidenreich, 65–107. Frankfurt a. M.: Campus.

Nissen, S. 2009. Arbeitnehmerfreizügigkeit. Gebremste Europäisierung des Arbeitsmarkts. In *Die Ökonomie der Gesellschaft*, Hrsg. S. Nissen und G. Vobruba, 173–204. Wiesbaden: VS Verlag für Sozialwissenschaften.

Parsons, T. 1978. *Action theory and the human condition.* New York: The Free Press.

Petropoulos, N. 2014. A sociopolitical profile and the political impact of the greek indignados. An exploratory study. In *The dept crisis in the Eurozone: Social impacts*, Hrsg. N. P. Petropoulos und G. O. Tsobanoglou, 342–394. Newcastle upon Tyne: Cambridge Scholars Publishing.

Polanyi, K. 1978 [1944]. *The great transformation.* Wien: Europaverlag.

Preunkert, J. 2014. Vertrauen in der Krise—Vertrauen als Verantwortungszuschreibung. In *Systemzwang und Akteurswissen. Theorie und Empirie von Autonomiegewinnen*, Hrsg. T. Fehmel, S. Lessenich, und J. Preunkert, 175–195. Frankfurt a. M.: Campus.

Preunkert, J. und G. Vobruba. 2013. Die beiden Hälften der Eurokrise. *Gegenworte.* (30): 21–25. Berlin: Berlin-Brandenburgische Akademie der Wissenschaften.

Schieder, S. 2014. Zwischen Führungsanspruch und Wirklichkeit: Deutschlands Rolle in der Eurozone. *Leviathan* 3 (42): 363–396.

Simmel, G. 1989 [1900]. *Philosophie des Geldes.* Frankfurt a. M.: Suhrkamp.

Simmel, G. 1992 [1908]. *Soziologie.* Frankfurt a. M.: Suhrkamp.

Spahn, P. 2013. „One Market, one money" Zwei Jahrzehnte später. *List Forum* 1 (39): 1–15.

Vobruba, G. 2007. *Die Dynamik Europas.* Wiesbaden: VS Verlag für Sozialwissenschaften.

Vobruba, G. 2009. *Die Gesellschaft der Leute.* Wiesbaden: VS Verlag für Sozialwissenschaften.

Vobruba, G. 2012a. *Der postnationale Raum.* Weinheim, Basel: Beltz Juventa.

Vobruba, G. 2012b. The social construction of the European Society. In *Theorizing modern society as a dynamic process*, Hsg. H. F. Dahms und L. Hazelrigg, 263–279. Bingley: Emerald.

Vobruba, G. 2014. The europeanization of distributional conflicts within the eurocrisis. In *The dept crisis in the Eurozone: Social impacts*, Hrsg. N. P. Petropoulos und G. O. Tsobanoglou, 23–31. Newcastle upon Tyne: Cambridge Scholars Publishing.

Vobruba, G. 2015. Währung und Konflikt. Ambivalenzen der Eurokrise. In *Geld und Krise. Die sozialen Grundlagen moderner Geldordnungen*, Hrsg. K. Kraemer und S. Nessel. Frankfurt a. M.: Campus.

If you have any concerns about our products,
you can contact us on
ProductSafety@springernature.com

In case Publisher is established outside the EU,
the EU authorized representative is:
Springer Nature Customer Service Center GmbH
Europaplatz 3, 69115 Heidelberg, Germany

Printed by Libri Plureos GmbH
in Hamburg, Germany